La ÚLTIMA CRUZADA *del* PAPA

Cómo un jesuita estadounidense ayudó a el Papa Pío XI en su campaña para detener a Hitler

PETER EISNER

HarperCollins *Español*

Todas las fotos del inserto son de dominio público con la excepción de:

Página 1, foto 1 y 3; página 2, foto 4; página 3, foto 6; página 11, foto 19; página 12, foto 20; página 14, foto 24, cortesía de la biblioteca de la Universidad de Georgetown. Página 4, foto 8; página 16, foto 26, cortesía de los archivos de la diócesis de St. Augustine, Florida. Página 5, foto 10 y página 15, foto 25: cortesía de AP Images. Página 7, foto 12, cortesía de la biblioteca Schlesinger, el Instituto Radcliffe para Estudios Avanzados en la Universidad de Harvard.

Publicado por HarperCollins Español® en Nashville, Tennessee, Estados Unidos de América.
HarperCollins Español es una marca registrada de HarperCollins Christian Publishing.

Título en inglés: *The Pope's Last Crusade*

Publicado por HarperCollins Publishers.

Editora en Jefe: *Graciela Lelli*
Traducción: *Victoria Horrillo*
Adaptación del diseño al español: *M.T. Color & Diseño, S. L.*

ISBN: 978-0-82970-227-9

Impreso en Estados Unidos de América
15 16 17 18 19 DCI 9 8 7 6 5 4 3 2

A mis padres

Es en general más conveniente mantener separadas teología e historia.

H. G. Wells, *Breve historia del mundo*

ÍNDICE DE CONTENIDOS

PRÓLOGO

Arreglo de cuentas

Nueva York, 20 de mayo de 1963

EL REVERENDO JOHN LAFARGE era plenamente consciente del lugar que ocupaba en el mundo y del momento que estaba viviendo. Se había consagrado a la bondad y a la generosidad, a la paz y a los principios éticos. A sus ochenta y tres años, en el tramo final de su vida, se daba cuenta de que esta había completado un ciclo.

«Si por casualidad la muerte llegara de pronto y sin anunciarse, y ¿quién puede estar seguro de que no será así?», había dicho, «la acogeré como a una amiga. Nuestro postrero amén sonará a verdad, en respuesta al amén primigenio del Creador que nos lanzó a este mundo».

Había logrado muchas cosas, aunque aún quedaba mucho por hacer. Entre sus prioridades en ese momento ocupaba un lugar dominante su apoyo a la inminente marcha de Martin Luther King sobre Washington. LaFarge había hablado a menudo, en términos muy enérgicos, acerca de los derechos civiles como un componente esencial de la América promisoria. Se hallaba en contacto frecuente con King y con otros organizadores de la marcha, especialmente con Roy Wilkins, director ejecutivo del NAACP y amigo suyo desde tiempo atrás. Desde hacía medio siglo, LaFarge era una de las voces que con más claridad abogaban por la justicia racial dentro de la Iglesia Católica.

En su juventud, mientras ejercía como sacerdote jesuita en zonas rurales de Maryland, LaFarge había defendido la necesidad de que los negros desfavorecidos con los que trabajaba, oraba y convivía disfrutaran de igualdad de derechos y oportunidades educativas. Le maravillaba su resistencia: aun viviendo pisoteados y oprimidos, conservaban «esa gran llama de la fe [...], que durante tres siglos había enaltecido las vidas de la población negra de Maryland».

Sabía, no obstante, que «sin escuelas adecuadas, la Fe perecería y el pueblo se vería despojado de su legítimo desarrollo». Ansiaba desde hacía largo tiempo que la Iglesia Católica se pusiera a la cabeza de la lucha contra la discriminación racial. Con anterioridad a la Segunda Guerra Mundial, su voz había resonado solitaria entre el clero blanco en sus llamamientos a poner fin inmediato al racismo. En 1936 había escrito un libro influyente, *Interracial Justice* [Justicia interracial], en el que instaba a las parroquias a ponerse al frente de la lucha contra el racismo. «Tan pronto queda iluminada por la luz de la ciencia», escribía, «la teoría de la "raza" se despedaza y se hace evidente que no es más que un mito». La erradicación de la injusticia racial y de la intolerancia continuarían siendo la obra a la que LaFarge consagró su vida.

Sentía aún el ardor de la justicia y veía motivos para el optimismo. Martin Luther King había encabezado un movimiento de protesta en Birmingham (Alabama), donde mil cien estudiantes afroamericanos habían sido detenidos por desobediencia civil contra la segregación racial tras defender valerosamente el sencillo derecho a sentarse en el comedor, a beber de una fuente o a leer un libro en una biblioteca. El movimiento por los derechos civiles estaba madurando. Habían surgido grandes líderes, y blancos y negros caminaban a la par exigiendo justicia. Se avizoraba el fin del racismo instituido.

Los jesuitas más jóvenes que rodeaban a LaFarge, y que sentían adoración por él, advertían el desaliento que aquejaba al «tío

John», que, demacrado a veces, procuraba disimular su malestar mientras deambulaba por la residencia de los jesuitas en la sede de la revista *America*, en la calle 108 Oeste. En ocasiones parecía sufrir tales dolores que apenas podía dar un paso.

No redujo sus actividades por ello, sin embargo. Nunca se quejaba de sus achaques físicos y siempre conservó su buen humor. Desde 1926 vivía y trabajaba con sus hermanos jesuitas en la sede de *America*, donde había ascendido desde colaborador asociado a editor de la revista, y donde ahora escribía una columna de aparición frecuente. Iba y venía, oraba, comía con sus compañeros y debatía con ellos los acontecimientos de la actualidad.

Y pese a todo el tío John era una figura lejana y misteriosa. Parecía guardar algún secreto. Puede que, en la recta final de su vida, su obstinado silencio comenzara a tambalearse y que estuviera dispuesto a desprenderse de esa carga. Todas las noches, después de cenar, los jesuitas se reunían en la sala de descanso de la planta baja, a charlar y a tomar una copa vespertina. Una noche, LaFarge sacó a relucir un asunto del que no había hablado hasta entonces. Empezó por preguntar si alguna vez les había contado la historia de su viaje a Europa el verano anterior al estallido de la Segunda Guerra Mundial. Sabía que no, y las demás conversaciones se interrumpieron de inmediato.

Exactamente veinticinco años antes, en mayo de 1938, LaFarge había sido enviado a Europa con una misión periodística: debía observar cómo se desenvolvía la Iglesia sometida a asedio y al mismo tiempo tomar el pulso al continente. Había oído con toda claridad lo que se decía de Europa, de Hitler y de la amenaza de la guerra, pero quería pruebas, quería comprender y describir la vida bajo el régimen hitleriano y las probabilidades de que estallara la conflagración. Era su primer viaje a Europa desde hacía décadas y el primero como corresponsal en el extranjero. Su periplo tenía un componente nostálgico: recordar la época de su juventud, cuando, al iniciarse el nuevo siglo, había emprendido la primera aventura de su vida e, imbuido de literatura europea, se había consagrado a su fe.

Pero en Europa todo había cambiado y no estaba seguro de qué iba a encontrar. No se fiaba de las informaciones que aparecían en los periódicos de Nueva York ni de los despachos de las agencias de noticias. ¿Estaba Europa al borde de un cataclismo? ¿Quedaría engullida por una nueva guerra mundial? ¿O era todo exageración? LaFarge quería escuchar, quería preguntar a personas en las que pudiera confiar, a la gente común y a los políticos. Su papel de corresponsal le brindó el privilegio de reunirse con creadores de opinión, con periodistas, políticos clave y amigos dentro del clero. Así, LaFarge pudo asistir en persona a los últimos estertores de la libertad.

En la primavera de 1938, la Gran Alemania de Hitler se anexionó Austria. Para LaFarge no fue una sorpresa que lo siguieran, que vigilaran sus movimientos, que lo sometieran a espionaje.

Luego llegó la parte de la historia que nunca había contado. A mitad de viaje, cambió la índole de su misión. Cuando llevaba dos meses recorriendo Europa llegó a Roma, donde esperaba realizar un peregrinaje de dos semanas antes de regresar a casa. Sin que se sepa muy bien cómo, el papa Pío XI se enteró de que el sacerdote estadounidense se hallaba en la ciudad y lo convocó a un encuentro en privado. Le manifestó a LaFarge que *Interracial Justice* era un libro rompedor, y convino con él en que la Alemania nazi se estaba sirviendo de la misma ideología racista como medio de conquista, violencia y asesinato. El papa se había convertido en el principal abanderado mundial de la oposición al nazismo, al fascismo y a las leyes que ponían en peligro la vida de los judíos europeos. Adolf Hitler veía al papa, un hombre cuyo único ejército eran las Escrituras, como una amenaza para su ambición de alcanzar la dominación mundial. Más cerca del Vaticano, Benito Mussolini compartía el odio de Hitler por aquel papa octogenario y problemático, y veía a Pío XI como un rival por el afecto del pueblo italiano.

El papa consiguió reclutar la ayuda de LaFarge en sus esfuerzos por concienciar a los líderes mundiales de la amenaza inminente de que Hitler precipitara al mundo a una nueva conflagración. Pío XI tenía escasos aliados dentro del Vaticano. La mayoría de los cardenales y obispos que rodeaban al papa prefería mantener el *statu quo*. Muchos eran antisemitas y partidarios de la política de apaciguamiento, y algunos incluso simpatizaban íntimamente con Hitler y Mussolini. De ahí que el papa, en su búsqueda de apoyos fuera del Vaticano, se hubiera fijado en un sacerdote progresista americano. LaFarge tenía previsto regresar a Nueva York en julio, pero cambió de planes y pasó en Europa todo el verano de 1938. Ahora, en 1963, era algo mayor que Pío XI aquel verano. Iba a contarles la historia de lo que había hecho y de lo sucedido durante aquellos cinco meses fatídicos para un continente y un mundo abocados a la guerra. Las caras de los otros jesuitas se reflejaban en las gafas del tío John mientras, con la mirada perdida, recordaba un pasado ya remoto, muy lejos de allí.

CAPÍTULO 1

Nostalgia frente a realidad

A bordo del buque Volendam, *Atlántico norte, mayo de 1938*

Era la primavera de 1938 y reinaba un ambiente agradable en el Atlántico norte: a mediodía, el buen tiempo permitía encarar el viento helado que soplaba en la barandilla del barco y buscar señales de vida (aves marinas, una ballena a veces) o indicios de algún otro navío en el horizonte. De noche, John LaFarge podía contemplar un sinfín de estrellas destacándose en la negrura del firmamento. De vez en cuando veía caer meteoritos, luz celestial, y la luna menguante se distinguía débilmente más allá de las dos columnas de humo idénticas que se alzaban por encima de las cubiertas del *Volendam* mientras el navío surcaba el mar.

La sensación de aislamiento que lo asaltaba cuando miraba hacia arriba era equiparable al vacío que reinaba a bordo. Había tan pocos pasajeros que era casi como si LaFarge estuviera haciendo solo la travesía de diez días hasta Plymouth y, de allí, a Róterdam. Pocos ciudadanos de a pie tenían interés en ir a Europa, o medios para permitírselo. El hecho de que el *New York Times* dedicara una sección fija a informar de los barcos que arribaban y partían del puerto de Nueva York y de los nombres de sus viajeros más prominentes sirve para atestiguar lo infrecuentes que eran en esa época los viajes internacionales. El 23 de abril de 1938 en dicha sección se mencionaba al «reverendo John LaFarge» como uno de los pasajeros que zarpaban ese mismo día en el *Volendam* desde el muelle de la calle Quinta, en Hoboken, Nueva Jersey, a las once de la mañana.

Los barcos zarpaban relativamente vacíos y regresaban cargados de pasajeros que lograban encontrar billete a Nueva York o a cualquier otro destino lejos de Europa. LaFarge, sin embargo, no era un turista. Era un periodista. El editor de la revista jesuita *America* lo había enviado a Europa con la misión de informar sobre el 34º Congreso Eucarístico Internacional de Budapest, un encuentro que se celebraba cada seis años y que reunía a sacerdotes y a seglares católicos de treinta y siete países. Al mismo tiempo, su periplo le daría ocasión de visitar Londres, París, Roma y otras capitales a fin de estudiar diversos asuntos eclesiásticos e informar de las perspectivas de que estallara la guerra.

DURANTE LA TRAVESÍA, LaFarge celebró misa a diario ante una congregación formada por nueve monjas y por cualquier otro fiel que quisiera sumarse a ella. El resto del tiempo lo pasaba leyendo o tomando notas para una posible segunda edición de *Interracial Justice* que pondría al día los capítulos relativos a la represión y a la discriminación contra los negros en Estados Unidos. Cada vez eran más frecuentes en la prensa las noticias acerca del auge del antisemitismo en Alemania y de la persecución a la que Hitler sometía a los judíos y, con creciente asiduidad, también a los católicos. LaFarge veía paralelismos claros entre la discriminación racial en Estados Unidos y lo que estaba sucediendo en Europa. Había colaborado estrechamente con la Conferencia Nacional de Judíos y Cristianos y, justo antes de abandonar Nueva York, había firmado un manifiesto conjunto centrado en la reciente ocupación de Austria por parte de Hitler, que había estado jalonada por nuevos ataques a figuras religiosas, y en especial a judíos.

El manifiesto afirmaba: «Si bien hay diferencias entre católicos, protestantes y judíos [...], todos coinciden en la defensa de las libertades y los derechos humanos. Expresamos, por tanto, nuestra profunda repulsa a la vía de la opresión y la incitación, a la negación de los derechos de las minorías, a la restricción de la libertad de conciencia y a la supresión arbitraria de la igualdad política y civil instituida ya en Alemania y extendida ahora a Austria».

LAS LÍNEAS DE NAVÍOS transatlánticos transmitían diariamente resúmenes de noticias por radio y publicaban la información en los tablones de anuncios de los barcos. Las agencias de noticias informaban de que la Gestapo había comenzado a expulsar a los judíos austriacos y a confiscar sus bienes. Y de que los judíos, frenéticos, hacían cola para solicitar visados en los consulados de Estados Unidos, Gran Bretaña y Australia, entre otros, donde no siempre eran bien recibidos.

LaFarge se tomó aquellos días en el mar como un respiro y como una ocasión para leer, tomar notas, escribir, dormir y comer. En las cartas que envió a su familia calificaba el viaje de «tranquilo». Sus escasos compañeros de travesía lo veían como un sacerdote de mediana edad, con gafas, serio, introvertido y sardónico, de chispeantes ojos marrones y lacio flequillo cayéndole sobre la frente. Era un jesuita de cincuenta y ocho años y ejercía como sacerdote desde su ordenación, a los veinticinco.

Siendo el único miembro de su distinguida familia que había ingresado en el sacerdocio, lucía su alzacuellos con orgullo. Como jesuita y como sacerdote, había hecho voto de pobreza. San Ignacio de Loyola, el fundador de la orden, describía el ideal jesuita como un esfuerzo por ser «una persona corriente». LaFarge interpretaba esto como un llamamiento a desprenderse del orgullo y de la ostentación y llevar una vida modesta y sencilla. Él era, sin embargo, muchas otras cosas y a menudo le inquietaba que pudiera considerársele *a priori* un eclesiástico estrecho de miras. Era un estudioso de la historia y un amante del arte y la música, y tocaba el piano bastante bien. Sentía un interés apasionado por la política de su época y estaba comprometido con la causa de la educación y el desarrollo social.

Había nacido en 1880 y recibido el nombre de su padre, hijo este de un francés de Bretaña llamado Jean Frédéric de La Farge que había escapado del cautiverio tras servir en el ejército de Napoleón. Jonh LaFarge padre era un destacado pintor y diseñador de vidrieras. Se cuenta que Frédéric-Auguste Bartholdi ideó su diseño para la Estatua de la Libertad durante una visita a su estudio en Newport, Rhode Island. La señora LaFarge, Margaret Mason Perry, descendía de Thomas Pence, uno de los primeros colonos de Plymouth (Massachusetts) y era nieta del comodoro Oliver Hazard Perry y, lo que es más relevante, tataranieta de Benjamin Franklin.

En 1897, a los diecisiete años, el joven John LaFarge ingresó en Harvard College para cursar estudios clásicos siguiendo el consejo de un amigo de la familia, Theodore Roosevelt. Roosevelt, que en aquella época era comisario de policía de Nueva York, tenía grandes planes para sí mismo y disfrutaba alentando los de otras personas. Finalmente, tras su exitoso paso por Harvard, LaFarge informó a su padre de que quería ordenarse sacerdote. Sus padres, pese a sus variados contactos con la Iglesia (su madre era mucho más devota y practicante que su padre), se sintieron profundamente decepcionados por la noticia. LaFarge, no obstante, afirmó haber soñado con ser sacerdote desde que tenía doce años.

Recurrió de nuevo a Roosevelt, quien por entonces era vicepresidente de Estados Unidos.

—El chico tiene vocación —le dijo Roosevelt a su padre—. Dios le ha concedido ciertas luces y ciertas gracias, y sería una locura impedirle seguir su llamada.

LaFarge ingresó en el seminario de Innsbruck (Austria) en el verano de 1901 y fue ordenado sacerdote el 26 de julio de 1905.

Ocupó diversos puestos temporales y prosiguió con el estudio de idiomas modernos que había iniciado en Harvard. Aprendió francés y alemán y practicó el italiano, el danés y las lenguas eslavas lo suficiente para hablarlas con cierta fluidez.

Su primer destino permanente como sacerdote novel llegó en 1911, cuando fue enviado al condado de Saint Mary, en Maryland, uno de los distritos más pobres del país. Trabajó allí quince años, intentando sembrar vocaciones y mejorar la educación de la población negra. Colaboró asimismo en la creación de los consejos católicos interraciales, precursores de la Conferencia Católica Nacional sobre Justicia Internacional, considerada esta como una de las impulsoras morales del caso *Brown contra la Junta de Educación* que marcó un hito en la lucha contra la segregación racial.

En 1926 fue destinado a Nueva York como miembro del personal del influyente semanario *America*, fundado por los jesuitas en 1909 y única revista católica semanal de ámbito nacional que se publicaba en Estados Unidos. En 1937 publicó su libro *Interracial Justice*. Basado en sus experiencias cuando trabajaba con afroamericanos en Maryland, este libro audaz y rompedor era en primer lugar un llamamiento a los católicos para que promovieran la igualdad en sus enseñanzas, pero hablaba asimismo a favor de los derechos civiles. La justicia interracial, afirmaba, implica que todos los seres humanos, incluidos los afroamericanos, disfruten del mismo derecho a la vida, a la libertad y a la búsqueda de la felicidad.

En 1938, al partir hacia este su primer destino en el extranjero, hacía ya doce años que LaFarge era subdirector de la revista.

EL *VOLENDAM* ECHÓ el ancla en el puerto de Plymouth la tarde del 2 de mayo de 1938, y LaFarge y otros diecinueve pasajeros fueron transferidos a una lancha en la que recorrieron el corto trayecto que los separaba del puerto, junto a la desembocadura de los ríos

Plym y Tamar. Eran cerca de las cinco y media de la tarde cuando, tras recoger sus maletas y su máquina de escribir portátil, LaFarge se plantó ante un sonriente funcionario de aduanas.

Allí comprobó horrorizado que no entendía una sola palabra de lo que decía el inglés debido a lo cerrado de su acento. No era aquel su primer viaje a Inglaterra, y nunca antes había tenido ese problema. Lo único que se le ocurrió fue responder a las preguntas que, dadas las circunstancias, le parecía plausible que le formulara el funcionario. Su destino esa noche, afirmó, era Bristol, donde lo aguardaban unos primos. Disponía de menos de cuarenta y cinco minutos para tomar el tren. El funcionario, hombre jovial y entrado en años, dijo algo más y LaFarge se quedó de nuevo en blanco. Pero, según relataba él mismo, «el funcionario de aduanas se limitó a menear una tarjeta delante de mis narices, darme la bienvenida a la vieja Inglaterra y meterme a empujones en un taxi rematadamente inglés con el volante a la derecha y un chófer barbudo y malhumorado».

El trayecto en taxi fue rápido y LaFarge llegó con tiempo de sobra para tomar el tren a Bristol. Con intención de prepararse para el viaje de dos horas y media, se asomó al andén por la ventanilla bajada y un vendedor le proporcionó un periódico y una taza de té inglés.

Al salir el tren de la estación de Plymouth, abrió el periódico y leyó un artículo de primera plana acerca de los preparativos de la visita de Hitler a Roma, donde habría de entrevistarse con Mussolini. Coincidiendo aproximadamente en el tiempo con la llegada de LaFarge a Europa, Hitler había subido a un vagón de ferrocarril especial en la estación berlinesa de Anhalter con destino a Roma. Decenas de miles de personas se agolparon a lo largo de la ruta del ferrocarril hasta la frontera alemana, a través de la Austria ocupada y hasta el interior de Italia. Cada vez que el tren aminoraba la marcha, Hitler saludaba a las masas levantando el brazo con la palma abierta y una sonrisa que no dejaba ver sus dientes.

La maquinaria de propaganda nazi anunciaba el viaje a bombo y platillo como una prolongación de la primera gran victoria del Reich alemán un mes y medio antes en Austria. El 12 de marzo, la Wehrmacht se había abierto paso hacia el sur atravesando la frontera austriaca y a las pocas horas Austria pertenecía a Hitler. Gran Bretaña se estaba rearmando y, con la esperanza de que se mantuviera la paz, no hacía nada, como tampoco hacía nada Francia, más preocupada por la reclamación germana sobre Alsacia y por el resto de sus casi quinientos kilómetros de frontera con Alemania.

Al seguir triunfalmente a sus tropas a Austria en un carro blindado descubierto, Hitler había declarado que la victoria de Alemania era el primer paso hacia el Reich de los mil años. Y, cuando alcanzó Viena, la Iglesia Católica sirvió de heraldo a su llegada y tañeron las campanas de las iglesias. El arzobispo de Viena, cardenal Theodor Innitzer, manifestó de inmediato su apoyo al Führer. «Pedimos a los católicos de la diócesis de Viena que el domingo den gracias a Dios Nuestro Señor por que este gran cambio político se haya efectuado sin derramamiento de sangre», declaró. «*Heil* Hitler».

El respaldo inesperado de la Iglesia Católica satisfizo a Hitler, pero en el Vaticano el papa Pío XI no salía de su asombro. A su modo de ver, Innitzer era un cobarde y un pusilánime. Tras la declaración del cardenal, varios miembros de la Iglesia austriaca que estaban en desacuerdo con él y que se oponían a los nazis fueron detenidos y apaleados.

Indignado, el papa convocó a Innitzer a Roma y le reprochó duramente su actitud durante un encuentro privado de dos horas. El secretario de Estado del Vaticano, cardenal Eugenio Pacelli, que abogaba siempre por la moderación, había aconsejado a Pío que no exigiera la dimisión de Innitzer. El papa accedió, pero se mostró inflexible en su deseo de hacer un gesto público y obligó a Innitzer a publicar una retractación de sus alabanzas hacia Hitler.

A Hitler nada de esto le interesaba, pero le sirvió para constatar que el papa Pío XI seguía siendo el enemigo conflictivo que había sido siempre, igual que la Iglesia Católica. Sus secuaces procedieron a recortar drásticamente las libertades en Austria y mandaron a decenas de miles de opositores (judíos y católicos, demócratas y comunistas) a campos de concentración. Dado que la libertad de prensa fue una de las primeras víctimas de esta política, la retractación de Innitzer nunca llegó a publicarse en la prensa ni en las cadenas de radio austriacas y alemanas.

El viaje de Hitler el 2 de mayo fue su primera incursión más allá de Alemania y Austria y tenía como fin cimentar la alianza del Eje. El *Times* de Londres informó de que «la visita de *Herr* Hitler [...] parece destinada a convertirse en legendaria, habida cuenta de los fabulosos preparativos que la han precedido. Su coste se estima entre tres y cuatro millones de libras esterlinas (entre doscientos y trescientos millones de dólares de 2012). Se ha construido una nueva estación ferroviaria, así como una nueva carretera (el *Viale* Adolf Hitler) para la llegada del Führer a Roma [...]. Se han dispuesto grandiosos efectos de decoración e iluminación, no solo en Roma sino también en Florencia y Nápoles».

El viaje de Hitler a Roma despertó gran expectación en todo el mundo, y especialmente en Estados Unidos, cuyos dignatarios vigilaban atentamente la suntuosa bienvenida que se estaba dispensando al Führer. Unas horas antes de la llegada de Hitler, el embajador William Phillips, acompañado por su esposa, Caroline Drayton Phillips, viajó en un tren de pasajeros de línea regular siguiendo la misma ruta desde el norte de Italia a Roma tras pasar un fin de semana en el norte. «Todas las estaciones, hasta media hora antes de llegar a Roma, estaban engalanadas con banderas alemanas e italianas y en buena parte del trayecto cada casa, villa y choza cercana a la vía del tren exhibían [sic] las dos banderas», recordaba Phillips. El embajador advirtió que las banderas y los adornos servían para tapar la pobreza y los cuchitriles del paisaje rural. «Solo espero que a los pobres desgraciados que habitan en esas casuchas se les permita quedarse con las banderas que les han proporcionado. Podrían convertirlas en la ropa que tanta falta les hace», escribía también.

El periódico que LaFarge leyó en el tren a Bristol incluía información detallada sobre el viaje de Hitler. Decidido a superar la majestuosa bienvenida que le había dispensado Hitler el año anterior, Mussolini había convertido Roma en un decorado grotesco y resplandeciente. El Führer fue recibido por una ciudad iluminada con antorchas y monumentos bañados en luz. El *Times* de Londres describió el acontecimiento como «uno de los recibimientos más fastuosos y espléndidos de los que se tiene noticia en los anales de la Ciudad Eterna».

Había dos nuevos datos de especial interés relativos al viaje de Hitler a Roma. En primer lugar, miles de policías protegerían a Hitler y Mussolini y, cosa preocupante, durante los ocho días que duró la visita de Hitler fueron detenidos numerosos judíos alemanes en Roma, Nápoles y Florencia, según informó la prensa.

El periódico de LaFarge informaba asimismo de que el papa Pío XI había decidido ausentarse de Roma tres días antes de la llegada de Hitler. El *Times* vinculaba la partida del papa a la llegada del Führer e informaba de que «en ciertos sectores se percibe la tendencia a atribuir intencionalidad política a la decisión papal».

CUANDO LEVANTABA la mirada del periódico, LaFarge veía poco de la campiña inglesa, envuelta como estaba en la oscuridad de última hora de la tarde. Desde el tren ni siquiera distinguía los contornos de los pueblecitos que jalonaban el trayecto. No era de extrañar, pues aquellas zonas de Inglaterra rara vez disponían de alumbrado nocturno, pero, al recordarlo años después, la escena se confundiría en su memoria con los apagones que aquejaron a Gran Bretaña y a toda Europa cuando los alemanes comenzaron sus campañas de bombardeo. A medida que el tren avanzaba hacia su destino, LaFarge fue cobrando conciencia de que estaba visitando una Inglaterra que, pese a hallarse en calma, esperaba que el terror golpeara de un momento a otro.

LaFarge dejó el periódico y se dispuso para la visita a sus primos de Bath. Se apeó en la estación de Temple Meads, en Bristol, la más antigua de las grandes estaciones ferroviarias del mundo. Desde hacía cien años, la torre del reloj de Temple Meads, semejante a la de una catedral, dominaba el centro de la ciudad con sus chapiteles de estilo Tudor, su espectacular y colorida vidriera y sus intrincadas tallas en piedra y madera. LaFarge hizo transbordo rápidamente al tren local que llevaba a Bath, donde lo aguardaban su prima, Hope Warren, y el marido de esta, Robert Wilberforce. «Qué curiosa sensación», recordaría después, «la de circular casi a medianoche en aquel ferrocarril por un país totalmente desconocido, apenas unas horas después de haberme bajado del barco».

La mañana del 3 de mayo despertó fresco y descansado. Acostumbrándose enseguida a la sensación de hallarse de nuevo en tierra, fue de excursión con sus primos por la campiña que había conocido en su juventud. Con intención de rememorar el esplendor intemporal de Inglaterra, visitó la iglesia sajona de Bradford on Avon, del siglo VIII, y Glastonbury Tor, la loma cuyo poblamiento humano se remonta al periodo neolítico. Allí dedicó una plegaria a José de Arimatea, que aparece en las leyendas relativas al Santo Grial. Todo ello sin que dejara de llover, como es típico de Inglaterra.

Visitó luego la abadía de Bath, fundada en el siglo VIII y reconstruida en el XVI. Caminó sobre la lápida bajo la que está enterrado el teniente general Henry Shrapnel, que dio nombre en inglés a las granadas de metralla. Contrariamente a lo que dedujo LaFarge («¡Supongo que reventó!»), Shrapnel falleció de muerte natural en 1842, a los ochenta años, y gracias a su invento disfrutó hasta su muerte de un generoso estipendio concedido por el Gobierno.

Las primeras impresiones de LaFarge tuvieron el resultado esperado: un marcado contraste con la preocupación reinante en Estados Unidos por la situación política y la guerra. «Tal y como preveía», le escribió a su hermana Margaret al día siguiente de su llegada, «aquí la gente parece mucho menos preocupada que en casa por la situación política. Cada vez me impresiona más el aislamiento total, fuera de unos pocos contactos superficiales, que hay entre esto y aquello. Es otro mundo».

Sin embargo, tras pasar unos cuantos días más en Europa, LaFarge se vio obligado a abandonar esta idea. El presentimiento de que se avecinaba una guerra era imposible de soslayar. Le asaltaba continuamente el recuerdo de la Europa de su juventud, la de 1905, que representaba un mundo perdido, «como si nunca hubiera puesto un pie más allá del océano [...], como si hubiera visitado París, o Londres, o Roma en una vida anterior».

EL 4 DE MAYO, tras dos días de estancia con su familia, LaFarge viajó a Londres con intención de realizar varias entrevistas y reunirse con diversas personas. Puesto que tenía previsto visitar Checoslovaquia durante su viaje, fijó un encuentro para almorzar con Jan Masaryk, el embajador checo en Gran Bretaña, un hombre obsesionado hasta la desesperación con el futuro de su país. Masaryk era hijo de uno de los padres fundadores de Checoslovaquia, Tomáš Garrigue Masaryk, pero era de madre americana y se había educado en Estados Unidos.

Masaryk acababa de regresar del número 10 de Downing Street, donde se había entrevistado con el primer ministro británico, Neville Chamberlain, y con el ministro de exteriores, lord Halifax. La conversación había girado en torno a las negociaciones que se estaban llevando a cabo con Inglaterra respecto a la acusación de Hitler de que los checos estaban oprimiendo a los alemanes que vivían en la región de los Sudetes, una franja de territorio en forma de guadaña que bordeaba la frontera checa con Alemania. La mayor parte de los tres millones de habitantes de origen alemán que tenía Checoslovaquia vivía en los Sudetes, territorio este que había sido cedido al recién instituido estado checoslovaco mediante el Tratado de Versalles de 1918, al finalizar la Gran Guerra. Hitler avisaba de que, aunque Alemania era una nación pacífica, estaba dispuesta a luchar para poner remedio a las humillaciones a las que había sido sometida desde el final de la guerra.

Chamberlain quería que Checoslovaquia apaciguara a Hitler y cediera a sus exigencias. El *New York Times* declaró: *Gran Bretaña da por perdida a Checoslovaquia como estado independiente.*

Masaryk contó a LaFarge que Chamberlain y su ministro de exteriores no habían querido darle una respuesta clara respecto a si había lugar para nuevas negociaciones. «Si Gran Bretaña no va a apoyarnos», le dijo a LaFarge, «me limitaré a hacer mi valija, viajaré a Berlín y pondré todas las cartas sobre la mesa delante de Hitler. Se destapará el juego, y sencillamente tendré que aceptar lo que Hitler decida dejarnos». Pero ni siquiera serían una migajas: en secreto, Hitler había ideado ya un plan para la conquista de Checoslovaquia.

Masaryk predijo asimismo que Hitler y Stalin acabarían por unir sus fuerzas. Por malos que pudieran ser Hitler y los nazis, LaFarge, el Vaticano y el clero en general consideraban mucho peores a los comunistas. De ahí la lentitud y la cautela con la que la Iglesia Católica reaccionó al peligro que suponían Hitler y Mussolini.

Los católicos romanos tenían motivos para creer que el comunismo era el mayor enemigo del cristianismo. En el convulso periodo que siguió a la Revolución Rusa, se cerraron las iglesias y los católicos fueron objeto de numerosos ataques. En España se había masacrado a curas y monjas. Si el nazismo y el comunismo se aliaban —se decían muchos católicos—, la amenaza para el catolicismo y para el mundo en su conjunto se vería redoblada.

LaFarge no olvidó el desánimo de Masaryk, su rabia para con los británicos, ni sus predicciones. La reunión con el embajador checo fue su primera aproximación al centro de la política y la intriga internacional. Creía ver espías por todas partes y le preocupaba que los agentes nazis estuvieran interceptando sus comunicaciones. Antes de salir de Estados Unidos había ideado un sistema de cifrado rudimentario compuesto por expresiones propias de la oración, por si surgían problemas de seguridad. Le dijo a su editor, Francis X. Talbot: «Si mando una postal desde Alemania o Austria, los saludos del final significarán lo siguiente:

> ***Oremus pro invicem*** [Oremos los unos por los otros]: "las cosas están muy mal, peor de lo que imaginas".
> ***Orad por mí:*** "Más o menos como sabíamos en Estados Unidos".
> ***Orad por mí mientras estoy de viaje:*** "No es para tanto, claras muestras de resistencia", etc.
> ***Saludos y oraciones:*** "Situación complicada y difícil de analizar"».

LaFarge esperaba que lo siguieran, que lo espiaran, que lo denigraran, incluso que lo rechazaran violentamente los «antirreligiosos» y los comunistas, pero aun así necesitaba ver el impacto que estaban teniendo Hitler y los nazis sobre Europa. Los acontecimientos y su propio periplo estaban a punto de acercarlo mucho más de lo que imaginaba al meollo de la cuestión, donde un jesuita podía ejercer, en efecto, alguna influencia.

CAPÍTULO 2

Una «cruz torcida»

Castel Gandolfo, 4 de mayo de 1938

EL PAPA PÍO XI se había retirado una semana antes de lo previsto a su palacio de verano en Castel Gandolfo, a unos treinta kilómetros al sureste del Vaticano. Sabía que aquel gesto sería interpretado como lo que era: un desaire cargado de intención. El papa no quería tomar parte en los fastos que estaban teniendo lugar en Roma para celebrar el estrechamiento de las relaciones entre Alemania y el estado fascista de Mussolini.

El 4 de mayo comentó por primera vez en público la presencia de los nazis en Roma. «Suceden cosas tristes, cosas muy tristes, tanto lejos como cerca», dijo en una audiencia general. «Y entre esas cosas tristes está esta: que no se considere fuera de lugar o inapropiado enarbolar la insignia de una cruz que no es la Cruz de Cristo».

Sus palabras resonaron en toda Roma, en Italia y en el mundo entero. Pero no era la primera vez que el papa expresaba su repulsa al nazismo y a Hitler. Disponía de un arsenal considerable de armas retóricas de las que servirse contra Hitler y Mussolini. Incluso desde Castel Gandolfo podía llegar más allá del Vaticano como muy pocos podían hacerlo, a través de la radio y de la prensa internacional. Impulsivo por naturaleza, el papa no podía contenerse.

Unas horas antes de abandonar el Vaticano, convocó una reunión de mandatarios de la Iglesia. La Gran Guerra, como se conocía a la Primera Guerra Mundial, «iba a ser la última guerra», dijo en dicha reunión, celebrada el 30 de abril. «Dijeron que iba a ser el comienzo de una era de paz. Pero, ¡atended!, por el contrario, ha sido heraldo y precursor de un infierno de confusión y contradicciones». Aunque el lenguaje que empleaba el Vaticano no fuera directo, el mensaje estaba claro: la política nazi conducía a una nueva guerra mundial.

El 30 de abril, pasadas las cinco de la tarde, los sirvientes cerraron las ventanas de la residencia papal en el Vaticano y el papa tomó el ascensor a la planta baja. Para no llamar la atención, se había puesto una sencilla sotana negra de sacerdote. La *piazza* estaba relativamente vacía, pero unas cuantas personas se congregaron y lo saludaron entre vítores al verlo aparecer en un extremo de la plaza de San Pedro. Entre su séquito se hallaba su secretario privado, monseñor Carlo Confalonieri, varios miembros de la Guardia Suiza y uno de sus médicos oficiales. Había dado orden de que los museos vaticanos permanecieran cerrados al público entre el 3 y el 10 de mayo, mientras durara la gira de Hitler por Italia. La explicación pública que dio el Vaticano fue que había que «reorganizar» las instalaciones. Había enviado asimismo una carta al clero en la que reiteraba su rechazo a Hitler y Mussolini, calificando de anatema sus ambiciones totalitarias y declarando que promovían el racismo a través de la falsa ciencia. Advertía a los miembros de la curia de que evitaran todo acto oficial, cena, celebración o recepción en honor de Hitler. Además, el *Osservatore Romano*, el órgano oficial del Vaticano, la única publicación que escapaba a la censura fascista en toda Italia, no debía informar de la visita de Hitler.

El periódico informó en tono burlón de que el Santo Padre no se ausentaba «por mezquinos motivos diplomáticos, sino sencillamente porque el aire de Castel Gandolfo le sienta bien, mientras que este aire le pone enfermo».

La noticia de que el papa iba camino de Castel Gandolfo se extendió rápidamente. La gente comenzó a apostarse junto a la Vía Apia tan pronto el séquito papal, formado por cuatro coches, dejó atrás los suburbios de Roma. Para cuando llegó al pueblecito de Albano, cientos de personas se habían congregado en la plaza principal para saludar con vítores el paso del papa. Fueron miles las que se reunieron en la plaza mayor de Castel Gandolfo, donde Pío fue recibido con música de banda cuando su séquito arribó a la verja del palacio.

Se abrieron los portones de madera y el papa fue conducido al patio interior. Tomó el pequeño ascensor para subir a sus habitaciones en la segunda planta y al poco rato salió al balcón del palacio para dar su bendición. El pequeño gentío gritaba entusiasmado y agitaba banderas: la *tricolore* italiana, verde, blanca y roja, se mezclaba con la bandera amarilla y blanca del Vaticano, ondeando al viento. La banda tocó la marcha real italiana, el himno papal y por último, para disgusto del pontífice, la marcha fascista. Eran los tiempos que corrían.

El papa saludó con la mano una vez más, dio media vuelta y se retiró a su capilla privada y a sus aposentos al otro lado del edificio, de espaldas a la plaza. Desde allí podía contemplar el Mediterráneo a lo lejos o salir al balcón situado junto al Observatorio Vaticano. Disfrutaba, además, de una hermosa vista del lago Albano: un otero perfectamente apacible desde el que contemplar el mundo que se extendía más allá. Castel Gandolfo suponía siempre un alivio respecto a las estrechuras de San Pedro. Desde aquel lugar recoleto, el papa podía poner en juego su estrategia y reagrupar sus fuerzas.

Pío XI poseía una notable capacidad para atraer la atención del mundo entero. Era el jefe supremo de unos 350 millones de católicos (el equivalente al dieciséis por ciento de la población mundial) y no había ninguna otra figura religiosa o moral que pudiera compararse con él. Sus palabras eran traducidas a decenas de idiomas, leídas y difundidas en las primeras planas de los periódicos de todo el mundo. Durante sus dieciséis años en la cátedra de san Pedro había publicado treinta y dos encíclicas cuya influencia había superado con creces el ámbito de la fe católica. Con el surgimiento del telégrafo y la radio, disponía de una audiencia universal para sus pronunciamientos en cuestiones de moralidad y acerca de la condición humana. Esa era su arma contra la tiranía.

Hablaba diariamente a través del *Osservatore Romano* y Radio Vaticano, que publicaban con regularidad comentarios políticos sobre los asuntos europeos. Durante los meses siguientes, tendría que hacer uso de ese poder con extrema cautela. El mundo se enfrentaba al abismo, arrastrado hasta allí por Adolf Hitler. Pero el pontífice no era el único convencido de que el Führer alemán estaba loco.

LAS SEMANAS QUE precedieron a la retirada del papa a Castel Gandolfo habían sido intensas. Dos semanas antes, el 17 de abril, Domingo de Resurrección, el papa había dedicado su bendición anual *Urbi et Orbi* «a la ciudad de Roma y al mundo» ante una muchedumbre de cien mil personas que desbordaba la plaza de San Pedro.

Dado que se estaba recuperando de diversos achaques de salud, entre ellos una angina de pecho y un posible infarto, se vio obligado a saludar y a pronunciar su bendición ante los fieles desde una silla. Utilizaba, además, un aparato de madera que lo sostenía por la espalda cuando se sentía tan débil que no se tenía en pie, semejante al que usaba Franklin Roosevelt para apoyarse y hacer ver que estaba erguido. Quienes vieron al pontífice desde la plaza, enmarcado por las esculturas de los apóstoles de Bernini, del siglo XVII, tuvieron la impresión de que se encontraba sorprendentemente bien y de buen humor. Un periodista del *New York Times* afirmó que el papa «estaba más bien pálido y había perdido bastante peso, pero los ojos le brillaban con extraña vivacidad tras las gruesas lentes de las gafas, y sus gestos, cuando levantó la mano derecha para dar la bendición, parecían haber recuperado su antigua energía».

Esa era la imagen que Pío XI se esforzaba por dar y por mantener. En efecto, había recuperado considerablemente sus fuerzas desde que sufriera un ataque al corazón a fines de 1936. En su entorno, fueron muchos los que pensaron que posiblemente no pasaría de esa Navidad. Pero llegaron las fiestas y su estado mejoró. Como era de esperar, en la prensa comenzaron a aparecer especulaciones acerca de su salud y de su aspecto físico. En su afán por ser las primeras en dar la noticia de su muerte, las agencias de noticias lo vigilaban constantemente. Era un negocio macabro.

Pero había llegado otra Navidad, y el papa seguía estando bastante bien. «A pesar de sus ochenta años y del grave revés de salud que sufrió recientemente», informaba el *New York Times*, «el papa aguantó muy bien las cinco horas de ceremonia con su pesada casulla pontificia, aunque al final estaba visiblemente cansado y se fue a la cama nada más terminar la ceremonia para disfrutar de un largo descanso».

Pío XI gobernaba la Santa Sede con estilo imperial y mirada fulminante. Se había resistido con obstinación a los argumentos bienintencionados de quienes le rodeaban, que solían importunarlo con comentarios acerca de su salud, y se mostraba irritado y áspero en sus réplicas cuando sacaban a relucir sus achaques.

El cardenal Carlo Salotti le dijo un día:

—Habéis sido un ejemplo a seguir por todos. Nadie se esfuerza más que Su Santidad por Dios y por Su Iglesia. Pero el trabajo arduo requiere descanso a su debido tiempo... ¿Por qué no os tomáis unas largas vacaciones?

Pero el papa no tenía tiempo para descansar, y se enfadó con Salotti solo por atreverse a planteárselo.

—El Señor os ha dotado con muchas buenas cualidades, Salotti. Pero os ha negado el ojo clínico —replicó Pío XI.

Finalmente, los cardenales lo convencieron de que se hiciera visitar por alguien que sí tenía ojo clínico: el jefe del servicio de salud del Vaticano, doctor Aminta Milani. El papa confesó a Milani que se encontraba mal. Le dolían las piernas, a veces le costaba respirar y tenía dificultades para dormir. Tras examinarlo, Milani dictaminó que sufría problemas circulatorios y que tenía la tensión peligrosamente alta. Los médicos de aquella época sabían identificar, por lo general, las enfermedades cardiovasculares y eran conscientes de que los fallos cardíacos eran una de las principales causas de muerte entre los mayores de cincuenta años. Podían medir la presión sanguínea y comprendían sus consecuencias para la salud, pero contaban con escasos remedios. Milani, un respetado médico que había estudiado patología en la Real Universidad de Roma a principios de siglo, le prescribió reposo, inyecciones de estimulantes de vez en cuando y sangrías.

El papa afirmó, sin embargo, que no tenía intención de meterse en cama y, sin dar más explicaciones, se negó a que le practicaran una sangría, procedimiento terapéutico este que había progresado muy poco desde la Edad Media. La eficacia de las sangrías había sido puesta en duda en los últimos cien años, y numerosos médicos de Estados Unidos y de gran parte de Europa las consideraban inútiles.

Los cardenales advirtieron al papa, no obstante, de que si no seguía el tratamiento prescrito por Milani las consecuencias podían ser graves. Pío dio su brazo a torcer, pero afirmó que solo se sometería al tratamiento bajo ciertas condiciones. El procedimiento se llevaría a cabo mientras estuviera trabajando en las oficinas pontificias, no en la cama, y no reduciría su agenda de actividades.

El biógrafo personal del papa, el estadounidense Thomas B. Morgan, de United Press, describió la operación. El día señalado, el médico vino al despacho del papa y le practicó una pequeña «punción detrás de la oreja». Fue «en su sillón de biblioteca y aguantó con la fortaleza de un mártir», escribiría más tarde Morgan. «Cuando acabó el procedimiento y tras la colocación de un apósito sobre la herida, el Santo Padre le dijo al médico que ya era suficiente». Se llevaron la bacía con la sangre que se le había extraído y el papa ordenó que el médico se retirara también. Luego siguió con su agenda de reuniones y audiencias el resto del día. Todos aquellos que estuvieron cerca de él notaron que sostenía un pañuelo pegado a la oreja con evidente malestar. «No pedía que se interesaran por su estado», afirmaba Morgan, y «se molestaba cuando alguien lo hacía». El papa sobrevivió al tratamiento.

Algún tiempo después, pidió a Milani y a los demás médicos que lo atendían que le dijeran claramente y con exactitud cuánto tiempo le quedaba de vida. Le contestaron que sobreviviría, pero que nadie podía afirmar por cuánto tiempo.

Pío XI comprendió entonces que sufría una grave afección cardíaca que tal vez desembocara en su muerte. Pero tenía ganas de vivir y respondió: «No nos es posible contemplar la juventud sin un amor sincero y cierta envidia». El poco tiempo que le quedaba, lo invertiría en lanzar la campaña más importante de su pontificado.

Aunque sus críticas venían de lejos, Pío intensificó desde entonces su oposición a Hitler, consciente como era del peligro del nazismo y de la violencia enloquecida que amenazaba no solo a los judíos, sino a toda la humanidad. Se distanció de otros miembros de la curia romana más preocupados por la revolución bolchevique rusa y por la famosa máxima de Karl Marx, «la religión es el opio del pueblo». Dicha facción vaticana coincidía con Hitler en su determinación de erradicar el comunismo y creía que, sobre esas bases, no podía ser tan malo.

El papa había chocado con el Führer ya antes de que este se alzara con la cancillería de Alemania mediante maquinaciones políticas en 1933. Dos años antes, en 1931, Hitler había enviado a Roma a su mano derecha, Hermann Göring, pero el papa se había negado a recibirlo. El Vaticano había firmado un acuerdo diplomático con Alemania conocido como «concordato» poco después de que Hitler llegara al poder en 1933. El papa, sin embargo, comenzó a cuestionar de inmediato la violencia nazi. Los documentos pontificios (entre ellos un informe que afirmaba que el nacionalsocialismo podía calificarse con más acierto de «nacionalterrorismo») censuraban los métodos y la legislación nazis.

En la primavera de 1937, el pontífice dio comienzo a una nueva andanada de ataques. Menos de cuatro meses después de que le administraran los últimos sacramentos creyendo que se hallaba al borde de la muerte, publicó una encíclica sorprendente que equivalía a una condena de Hitler y el nazismo. La encíclica, *Mit Brennender Sorge* [Con viva preocupación], había sido redactada en secreto. Pío XI ordenó que el texto fuera introducido clandestinamente en Alemania, donde se leyó desde el púlpito el 21 de marzo de 1937, Domingo de Ramos. La encíclica criticaba al Gobierno nazi por haber sometido a los católicos a la «opresión y prohibición» de su fe. No permanecería callado ante semejante abuso, afirmaba el papa. Oraba «por quienes se han visto perseguidos y han sufrido en razón de su fe hasta el punto de haber sido enviados a la cárcel y a campos de concentración». Al hablar de dichos fieles sin especificar su fe, podía fácilmente referirse a los judíos, tanto como a los católicos que afrontaban la ira de los nazis. Criticaba asimismo de manera expresa la noción hitleriana de la raza superior: «Solamente espíritus superficiales pueden caer en el error de hablar de un Dios nacional, de una religión nacional, y emprender la loca tarea de aprisionar dentro de los límites de un pueblo solo, en la estrechez étnica de una sola raza, a Dios, creador del mundo».

Hitler se tomó la encíclica como una declaración de guerra. Prometió tomarse la revancha, afirmando que «abriría tal campaña contra ellos en la prensa, la radio y el cine que no sabrían de dónde les venían los golpes». Lo hizo, sin embargo, con cautela, a su manera: era consciente de la importancia de mantener las buenas relaciones con la Iglesia Católica, dado que el papa gozaba de considerable influencia moral. «No hagamos mártires entre el clero católico», dijo, «es más práctico hacer ver que son criminales». Al día siguiente, la Gestapo se desplegó por el país y requisó todas las copias disponibles del mensaje papal.

En junio de 1937, dos meses después de publicarse la encíclica, Pío XI convocó un sínodo de obispos a fin de criticar el acoso creciente que sufrían los católicos en Alemania, con la advertencia implícita de que el Vaticano podía romper relaciones diplomáticas con Berlín. Exigió que se pusiera fin a las detenciones y al maltrato de sacerdotes, obispos y seminaristas. «Nuestros hermanos estaban cumpliendo con sus deberes como eclesiásticos. No han interferido en la esfera política, ni han quebrantado la ley en modo alguno [...]. Mientras no se anulen tales medidas, no puede haber garantías de libertad religiosa o libre elección».

El papa planeaba ampliar sus quejas contra el régimen nazi y sabía que podía ser un baluarte contra la locura si conseguía sobrevivir un poco más. Quizá pudiera convencer a los líderes mundiales para que emprendieran acciones antes de que fuera demasiado tarde. Quería vivir.

ANTES DE CONVERTIRSE en obispo, Pío había sido monseñor Achille Ratti, más conocido posiblemente como pionero del montañismo por haber sido en su juventud un osado alpinista de primera fila. Su vida como pontífice era en cierto modo un trasunto de aquellos tiempos en los que acometía la escalada de un pico aparentemente inalcanzable, solo que ahora su objetivo era concienciar al mundo de la inexorable marcha de Hitler hacia la guerra.

La práctica del montañismo exigía resistencia física y valentía. Atender la política eclesiástica y los asuntos internacionales requería, además, astucia y habilidades especiales. «Así como, con el arduo esfuerzo de la escalada, donde el aire es más puro y escasea el oxígeno, nuestra fortaleza física cobra vigor, así también, al afrontar dificultades de todo tipo, crecemos en fortaleza para encarar los arduos quehaceres de la vida», escribía en 1922.

Ahora estaba echando mano de esa fortaleza de espíritu para plantar batalla a un enemigo en términos morales. En un raro momento de introspección, el papa instó a Thomas Morgan, el periodista estadounidense con el que trabó amistad, a indagar sobre su pasado y extraer sus propias conclusiones.

—La Divina Providencia —le dijo a Morgan— nos ha llamado a trabajar, y el alpinismo se ha terminado. Usted también tendrá muchas cosas que hacer. Pero puede ver las montañas. Vaya a ellas, donde el aire es puro y donde uno puede renacer de verdad y sentirse refrescado en cuerpo y alma.

Ambrogio Damiano Achille Ratti había nacido en la región norteña de Lombardía el 31 de mayo de 1857. Su pueblo natal, Desio, estaba a dieciséis kilómetros de Milán, en las estribaciones de los Alpes, una región que el Imperio Austriaco había dominado intermitentemente durante 150 años. Era una época de fronteras políticas cambiantes: el ejército italiano atacó Lombardía en 1859, avanzó hacia el norte, expulsó a los austriacos tras una serie de batallas y anexionó Lombardía al recién nacido estado italiano.

A mediados del siglo XIX Desio había conocido una afluencia de campesinos pobres y obreros, atraídos por la promesa de trabajo en los talleres de fabricación de seda de la comarca. Entre ellos se hallaba el padre de Ratti, Francesco, hombre industrioso que consiguió ascender de peón a operario de una máquina y, posteriormente, a encargado de una sedería. En aquella época era raro encontrar un caso de ascenso social semejante: prácticamente de la servidumbre a una clase obrera emergente. Andando el tiempo, Francesco se convertiría en propietario de un taller textil. La buena marcha de sus negocios permitió a la familia ascender económicamente y vivir bastante bien.

Morgan visitó las sederías de Desio e imaginó cómo era allí la vida a mediados del siglo XIX. Mientras exploraba la campiña, conoció a un señor mayor, Battista Cittario, que se acordaba de ver al pequeño Achille Ratti corriendo, brincando y peleando, «el más ágil de todos los niños. Todo se le daba bien», aseguraba Cittario. «Iba mucho a la iglesia con su madre, que era una mujer muy devota». Morgan visitó también el colegio público, a escasos kilómetros de su pueblo, al que lo mandaron a estudiar con diez años. Un boletín de notas de 1867 que figuraba en los archivos del colegio demostraba que el chico sacaba dieces en todas las materias. Gracias a la intercesión de uno de sus tíos preferidos, don Damien Ratti, párroco de la cercana localidad de Asso, Achille Ratti fue enviado a estudiar a un seminario. El joven parecía abocado (predestinado, en opinión de Morgan) a tomar las órdenes, aunque no a convertirse en un sacerdote corriente.

Su tío introdujo al joven Ratti en la vida religiosa, pero también lo llevaba de excursión, escribía Morgan, «a las vertiginosas alturas de la cordillera alpina [...]. Le entusiasmaban la amplia llanura y la belleza de las laderas agrestes y empinadas que descendían hasta las profundidades aparentemente insondables de las azules aguas [del lago Como]. Y cuando miraba hacia el norte, los Alpes, erguidos como centinelas gigantescos que desafiaran el valor de los hombres, parecían contemplar ceñudos la Tierra y dominarla».

Luego de su ordenación en 1879, Ratti sirvió durante años como maestro, profesor de cultura clásica (tenía tres doctorados) y bibliotecario, primero de la Biblioteca Ambrosiana de Milán, fundada en el siglo XVII y afamada por sus manuscritos griegos y de Oriente Medio, y finalmente como director de la Biblioteca Vaticana de Roma. Estudió hebreo, de paso, con un erudito de las enseñanzas rabínicas con el que trabó una amistad que duraría toda la vida y, de no ser por sus hazañas como escalador, podría haber pasado por un simple ratón de biblioteca.

Con el paso de los años fue asumiendo nuevos desafíos, cada vez más arriesgados. «No es exagerado afirmar que, en su práctica deportiva, el nombre de Achille Ratti tiene tanto eco en los anales del Club Alpino de Italia como el de [...] Babe Ruth en el béisbol», escribía Morgan.

Ratti siguió escalando hasta 1913, cuando cumplió cincuenta y seis años. Para entonces había coronado numerosos picos cuya escalada se había intentado pocas veces, entre ellos el Monte Rosa, una ascensión que la Asociación Alpina Británica calificaba de «peligrosa y arriesgada».

Morgan describió algunas de sus expediciones alpinas más osadas con tal detalle, vivacidad y color que daba la impresión de que el propio pontífice le había echado una mano, o incluso que le había dictado algunos pasajes. Su asalto al Monte Rosa, de 4.634 metros de altura (unos 175 metros más bajo que el Mont Blanc, el pico más alto de los Alpes), tuvo lugar en 1889 y fue la primera ascensión de su especie en la historia. «Las horas se hicieron interminables», escribía Morgan. Ratti compartió aquel calvario con su compañero de sacerdocio monseñor Luigi Grasselli.

«Se estaba haciendo de noche», proseguía Morgan. «Contuvieron la respiración al ver cómo los envolvía la oscuridad amenazadora e inexorable sin que ninguno de ellos tuviera un lugar en el que mantenerse en pie sin tener que aferrarse a la pared de roca. Eran como prisioneros sometidos a la tortura medieval del águila de sangre. No podrían soportar semejante tormento con el frío creciente de la noche. Pero soltarse equivaldría a una catástrofe».

El año siguiente coronaron con éxito el Mont Blanc y, más adelante, el monte Vesubio, de acometida más fácil pero más peligroso. «El volcán», le contó el papa a Morgan, «nos recibió con un profundo rugido seguido por una explosión que, iluminando el fondo, o más bien toda la cuenca del cráter, nos asombró con la aterradora grandeza del espectáculo que estaba teniendo lugar ante nuestros ojos [...]. Las llamas saltaban desde la base hasta la boca del monstruo, pues del fondo del cono, del que brotaba la lava como de un pozo de fuego vivo, surgía un elegante (no puedo calificarlo de otro modo) surtidor de material incandescente. Aquella fuente gigantesca se vertía [...] sobre las empinadas laderas del cono como lluvia feérica».

ACHILLE RATTI había oído hablar a su familia del gobierno autoritario cuando era niño, en los años finales de la larga ocupación del norte de Italia por parte del Imperio Austriaco. Los italianos sentían escaso aprecio por sus ocupantes de habla alemana, y es posible que Ratti extrapolara esa antipatía años después aplicándola al régimen nazi de Adolf Hitler, que también era austriaco. El papa Ratti, como lo llamaban los italianos, tenía experiencia internacional. En 1918 el papa Benedicto XV lo había nombrado embajador pontificio en Polonia, país este que, acabada la Gran Guerra, había recuperado su independencia. Este nombramiento pondría fin a su carrera como bibliotecario.

Ratti se hallaba en su puesto en Varsovia en 1920, cuando el ejército polaco rechazó a los invasores soviéticos. Aquella experiencia contribuyó de manera significativa a la visión que del mundo tenía el obispo Ratti, del mismo modo que anteriormente habían contribuido a ella las lecciones derivadas de la dominación austriaca sobre su Lombardía natal. Desde el derrocamiento del zar Nicolás II por la Revolución Rusa, la Iglesia Católica sufría continuos ataques. Los bolcheviques de Lenin destruían iglesias y encarcelaban a los sacerdotes a lo largo y ancho de Rusia. Con todo, durante la década de 1920, siendo ya papa, Ratti buscó un gesto que pudiera facilitar la vida de los católicos que aún quedaban en Rusia. Envió ayuda alimentaria al recién creado Estado marxista-leninista, pero no por ello consiguió mejorar las relaciones con Moscú. El nacimiento de la Unión Soviética puso de moda entre el clero católico la expresión «comunismo sin Dios».

La Iglesia se enfrentaba al dilema de si Hitler era un aliado válido contra el comunismo, si «el enemigo de mi enemigo es mi amigo» o si era un enemigo más.

Era este un asunto central para el Vaticano cuando el papa Benedicto XV murió de neumonía en 1922 y Achille Ratti, que por entonces contaba sesenta y cuatro años, se convirtió en la solución de compromiso para sustituir al pontífice fallecido. El Colegio Cardenalicio lo eligió papa en la decimocuarta votación, después de que otro prelado rechazara el cargo. Sus oponentes arguyeron que no era lo suficientemente mundano para gobernar y que había pasado toda su vida entre libros. Pero, a pesar de que había sido bibliotecario largo tiempo, sus críticas carecían de fundamento. En cuanto a temeridad y espíritu aventurero, no había otro sacerdote (ni otro papa, ni antes ni después) que hubiera sido capaz, como él, de atravesar pasos de montaña que ahora llevan su nombre, o que tuviera la resistencia física necesaria para escalar picos inalcanzables. En algún lugar, en el núcleo de su oposición cada vez más vehemente a Hitler y Mussolini, se hallaba ese mismo impulso de romper el molde y de llevar a cabo lo que otros no querían o no podían hacer. Esas no eran las aspiraciones de un hombre volcado en los libros y aislado del mundo.

DESPUÉS DE 1936, mientras se recuperaba de su enfermedad, el papa siguió con su actividad normal: aún le quedaba mucho por hacer. Entre sus prioridades ocupaba un lugar central su intención de proseguir, incluso de acelerar el ritmo de sus ataques contra Hitler y Mussolini, de rechazar el antisemitismo y de buscar nuevas vías para advertir al mundo del creciente peligro de que estallara una guerra en Europa. Sus iniciativas y declaraciones recientes preocupaban enormemente a Hitler y Mussolini, sirva ello como medida para calibrar la influencia moral del papado. Pío XI sabía muy bien que sus discursos y los titulares que generaban en todo el mundo hacían montar en cólera a Hitler. Criticaba a los nazis y sus diatribas antisemitas con redoblado vigor, con la esperanza de que ello moviera a actuar a la comunidad internacional antes de que fuera demasiado tarde.

Además de su discurso del 4 de mayo criticando la visita de Hitler a Roma, el papa autorizó la publicación de una declaración similar redactada por su intérprete y asistente, monseñor Joseph Hurley. Esta nueva declaración recalcaba el símil de las dos cruces: la cristiana y la cruz torcida del nazismo. El pontífice había prohibido que se diera cobertura periodística al viaje de Hitler, pero ni en Radio Vaticano ni en el órgano pontificio, el *Osservatore Romano*, escasearon las expresiones de repulsa.

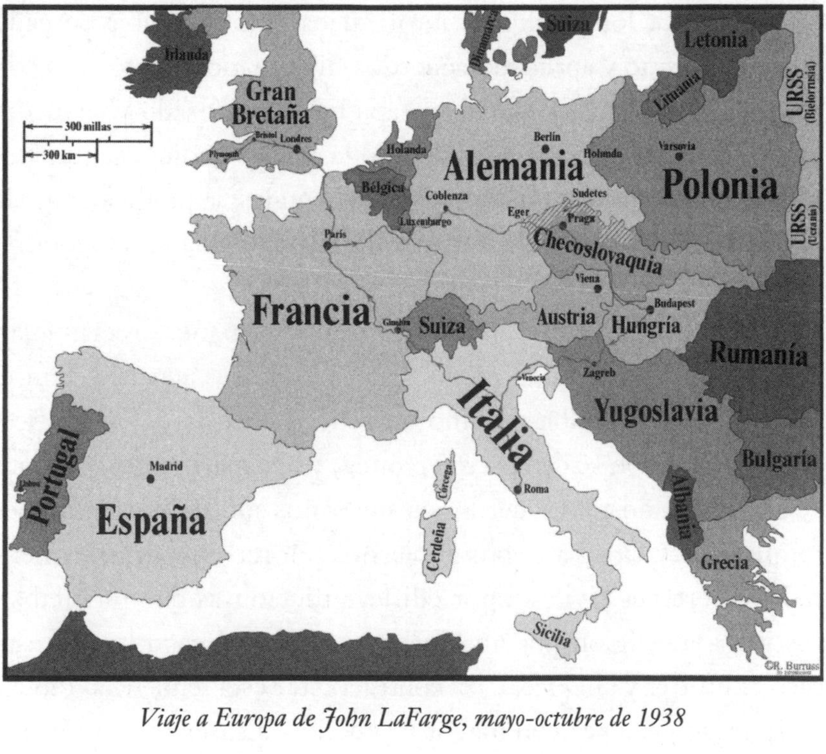

Viaje a Europa de John LaFarge, mayo-octubre de 1938

«Hay ahora dos cruces en Roma, la una junto a la otra [...]: la cruz de la Cristiandad y la cruz torcida del neopaganismo», afirmaba la declaración sin mencionar la autoría de Hurley. Las palabras anónimas de Hurley fueron traducidas y leídas en italiano, inglés, alemán y francés en Radio Vaticano y publicadas en el *Osservatore Romano*. El manifiesto puso furioso a Hitler. Mussolini, por su parte, ordenó que fueran requisados y destruidos todos los ejemplares del diario pontificio que circulaban fuera de los muros del Vaticano.

En el Vaticano, los cardenales reaccionaron con temor, preocupados por las posibles represalias contra los católicos de Alemania, Austria e Italia. Gran Bretaña y Estados Unidos acogieron con sorpresa el vigoroso discurso papal. Hasta entonces habían considerado a Pío XI un papa conservador que no solo había dado su aquiescencia a los regímenes autoritarios, sino que había buscado con entusiasmo y aprobado acuerdos diplomáticos históricos con Hitler y Mussolini. En efecto, el papa había autorizado los concordatos con ambos países a fin de que la Iglesia pudiera seguir llevando a cabo sus dos misiones fundamentales: la predicación y la educación de los fieles. A cambio, la Iglesia había accedido a no inmiscuirse en la política alemana e italiana.

Mussolini y Hitler, ambos católicos romanos, reclamaban cierta legitimidad moral como resultado de sus acuerdos con el Vaticano, que exhibían como refrendos tácitos del pontífice. Dicha impresión se demostró errónea, y el papa encontró formas de sacar partido a los acuerdos en sus tratos con ambos regímenes totalitarios. Criticó a ambos gobiernos por recortar drásticamente las libertades civiles y por edificar dictaduras que intentaban sustituir la religión por una forma de culto al caudillo, en este caso al Führer y al Duce. Para contrarrestar esta tendencia, Pío XI se arriesgó cada vez con mayor frecuencia a suscitar la ira de los nazis, y Hitler, que había emprendido su propia campaña propagandística, tomó nota de ello.

Tras la invectiva del papa contra los nazis y su esvástica, el Vaticano ignoró el resto de la gira de Hitler por Italia. Pero, como es lógico, otros medios periodísticos sí informaron de la visita. Oficialmente, el viaje de Hitler fue un rotundo éxito salvo por la llamativa ausencia del papa Pío XI. Su opinión sobre Hitler se comentó en todas partes. A fin de cuentas, el papa era el vicario de Roma y su decisión de eludir los fastos suponía algo más que un desaire. El mundo sabría, afirmó el secretario del pontífice, monseñor Carlo Confalonieri, que «al menos una persona no se dejaría doblegar: un viejo pontífice octogenario». El silencio papal era una declaración en sí mismo, al pueblo italiano y al mundo entero.

París, 12 mayo de 1938

En Inglaterra, LaFarge tomó el ferry para cruzar el Canal de la Mancha y pasó una semana en París con la comunidad jesuita local. Tanto en la capital francesa como en el transcurso de todo su viaje no dejó de sorprenderle que la gente supiera quién era. Meses antes había escrito un artículo para el boletín de la Catholic Students' Mission Crusade en el que llamaba a los misioneros a involucrarse más en la ayuda a la desfavorecida población afroamericana. El artículo se había traducido a diversas lenguas europeas, y la gente se le acercaba diciendo: «Usted debe de ser el padre LaFarge. Vimos su fotografía en el boletín de la CSMC de junio». Tanto interés despertaban sus opiniones en París que el 17 de mayo dio una conferencia ampliamente publicitada con el título «La democracia americana: sus éxitos y sus problemas», a la que asistieron varios centenares de personas.

¿Qué es probable que haga el presidente Roosevelt? ¿Cómo protegerá a Francia y a Inglaterra contra Hitler? ¿Lucharán los americanos?, le preguntaba la gente. Pero esa primavera de 1938 resultaba imposible dar respuesta a tales preguntas mientras

Hitler, decidido a suplantar a la Roma imperial y a la propia Iglesia, viajaba a Italia y las muchedumbres se inclinaban ante él.

LaFarge comparó sus impresiones con un artículo escrito por la famosa columnista del *New York Times* Anne O'Hare McCormick. Pese a su temor de que su correspondencia fuera interceptada, escribió a sus amigos de Nueva York recomendándoles que leyeran los comentarios de O'Hare acerca de Hitler y su viaje a Roma.

«Cuesta explicar», escribía McCormick, «por qué el espectáculo de Hitler paseándose triunfal por la Vía Imperial de Roma resulta más perturbador que su aparición en la *Ringstrasse* como conquistador de Viena». Tal vez fuera, añadía, porque Hitler tenía sus propias ínfulas imperiales.

«Cree ser el líder ungido de la raza alemana. Se ve a sí mismo como un sabio, como el profeta de una nueva religión nacional que unificará a todos los alemanes y los llevará a la victoria [...]. Mientras tanto, los mejores cerebros del mundo no están llegando muy lejos en cuanto a prever o atajar la marcha de este Napoleón moderno. Una de dos: o ese intelecto nebuloso e informe funciona como debe, o bien estamos viendo en Hitler la verdadera personificación del tiempo loco en el que vivimos».

CAPÍTULO 3

La imposición del Reich

19 de mayo de 1938, frontera franco-alemana

—*BLEIBEN SIE HIER, BITTE* —le dijo un guardia fronterizo alemán a John LaFarge—. Espere aquí, por favor.

El desconfiado oficial nazi parecía creer que el jesuita podía ser un agente católico porque iba vestido de cura, era estadounidense y llevaba consigo mapas de Italia y Checoslovaquia. LaFarge fue conducido a una sala vacía donde esperó, como le habían dicho.

Había tomado el tren que salía a última hora de la tarde de París y que, tras cinco o seis horas de viaje, llegaba a la frontera alemana. Asaltado por el temor a que sucediera algo, fue incapaz de concentrarse en la lectura durante el trayecto. La Europa central acababa de salir de un periodo de sequía, y la lluvia que estaba cayendo podía ser un engorro para un viajero solitario y abrumado por el peso de su equipaje, pero para los campos cuarteados era un regalo del cielo. LaFarge pasó gran parte del viaje en el vagón restaurante, donde se servía con esmero cocina internacional y pudo disfrutar de una provisión ilimitada de patatas fritas. El tren estaba lleno al salir de París, pero con cada parada había ido vaciándose de pasajeros. Cuando llegó a la frontera alemana, solo quedaban dos: LaFarge y una señora polaca de ojos melancólicos y vestido negro que, según decía, iba a cruzar Alemania para regresar a casa.

Cuando el tren entró en la estación del lado germano de la frontera, LaFarge no pudo sustraerse a la gloria de la nueva Alemania que por todas partes se proclamaba con descaro. «Bastó echar una ojeada por la ventanilla», escribió en sus notas de viaje. «*EIN VOLK, EIN REICH, EIN FÜHRER* [Un pueblo, un Reich, un Führer] era el saludo que lo recibía a uno, escrito en letras enormes. El alfabeto latino cambiaba bruscamente al gótico alemán. Las esvásticas y los *heils* brotaban como por arte de magia. Estábamos en el país de Hitler. Estaba en el país de Hitler, junto con sesenta millones de alemanes».

Pasado un rato lo llamó un funcionario de aduanas prusiano, entrado en carnes y en años, que al parecer había llegado a la conclusión de que necesitaba refuerzos, pues dos agentes vestidos de paisano y de aspecto amenazador inspeccionaron los libros y el material de lectura de LaFarge, preocupados por que llevara un manual abreviado de gramática italiana. ¿Qué se traía entre manos aquel hombre?

—Entonces —dijo uno de los agentes—, ha estado en Roma.

—No, voy a Roma —contestó LaFarge.

—¿Estaba en Roma cuando estuvo allí Hitler?

—No, no he estado en Roma —le dijo LaFarge al funcionario—. Tengo pensado ir a Roma después de pasar por Coblenza y Budapest.

Uno de los funcionarios le preguntó entonces para qué iba a Coblenza.

Contestó que iba a visitar a un viejo amigo que vivía allí.

Los agentes siguieron interrogándolo hasta que se dieron por satisfechos, a pesar de no estar del todo convencidos de que LaFarge no supusiera un peligro inminente. Estaba claro que su pasaporte no llevaba estampado el sello de Italia. A menos que hubiera entrado y salido clandestinamente del país, eso probaba que aún no había estado allí. Pasando a otro tema, los alemanes fruncieron el ceño y conferenciaron una vez más tras sacar un libro sobre España que LaFarge había recibido como regalo.

—¿Se da cuenta el señor de que este podría ser un libro prohibido? —le preguntó uno con aire triunfal.

No, ni siquiera había abierto el libro, contestó LaFarge indicándoles las páginas todavía sin separar.

Los inspectores examinaron hoscamente cada documento, cada carta, nota y prenda de ropa limpia o sucia, antes de decidir que el «libro prohibido» quedaba confiscado y tal vez le sería remitido por correo posteriormente.

Finalmente, LaFarge recibió permiso para esperar el siguiente tren a Coblenza. Liberado de los dos inspectores, el viejo guardia fronterizo prusiano se volvió de pronto jovial y su actitud casi compensó la manera en que había tratado a LaFarge. Incluso lo ayudó a subir al tren al llegar este.

Al salir de la estación LaFarge se sentía nervioso, aliviado y un poco estúpido por no haber pensado en lo que metía en la maleta, ni haber tenido cuidado con lo que decía. Los guardias no se habían dirigido a él de la manera adecuada, con el tratamiento de *hochwerden*, el equivalente alemán a «padre» o «reverendo». Lo habían llamado «señor». Habrían pensado que no era de verdad un sacerdote, a pesar de ir vestido como tal. Hablaba un alemán excelente, y pensaban que había estado en Roma; decían que llevaba, además, un libro sospechoso, aunque en realidad no lo fuera en absoluto.

Habrían llegado a la conclusión de que era un espía americano. En su estado de paranoia exacerbada, le parecía que había tenido suerte en una cosa: los inspectores no habían encontrado su mapa de Polonia, lo último que un espía querría que le descubrieran encima en la Alemania de Hitler.

La lluvia golpeaba con fuerza las ventanillas cuando el tren entró en la estación de Coblenza. Un taxi lo condujo a la casa parroquial de la venerable y antigua Liebfrauenkirche, la iglesia de Nuestra Señora, donde le dio la bienvenida su viejo amigo el reverendo Heinrich Chardon, pastor de aquella iglesia construida en el siglo XII. LaFarge y Chardon habían estudiado juntos en el seminario de Innsbruck treinta y cinco años antes. El párroco sacó enseguida una polvorienta y añeja botella de vino del Rin. En la etiqueta, le informó Chardon, había un morral y un cayado de peregrino, y la imagen del apóstol Santiago, patrón de los peregrinos.

—Tiene veinte años —agregó—. La tenía reservada para esta visita.

Estuvieron levantados, hablando, hasta las dos de la madrugada. LaFarge tenía muchas preguntas. «Pronto descubrí que el ambiente hitleriano no era nada imaginario, sino tan espeso que se podía cortar con un cuchillo». La censura era absoluta, había informantes por todas partes y una falta total de noticias. «No se podía escribir. Evidentemente, tampoco se podía llamar por teléfono, y era peligroso mandar mensajes. En cuanto a los periódicos, venían desprovistos de información».

Chardon le reveló que tanto él como su personal estaban obligados a informar constantemente de sus idas y venidas. Más allá de los hermosos campos, de las granjas y los bellos edificios antiguos, Alemania se estaba transformando en un país aislado y contaminado, donde el recién llegado debía mantenerse siempre alerta o asumir las consecuencias.

LaFarge durmió bien esa noche y al despertar vio un cielo espléndido, sin rastro alguno de lluvia. Pronto se encontró con fieles de la parroquia que parecían tener tantas preguntas que hacerle como los guardias fronterizos. Cuando se reunieron en torno al extranjero (la visita de un estadounidense era un acontecimiento inusitado), uno de ellos le preguntó por dónde había estado viajando. LaFarge les contó que acababa de estar en Londres y en París.

—Qué suerte ha tenido... de escapar —comentó otro—. Tenemos entendido que en París la sangre corre por las calles. Hay una revolución terrible y los judíos y los bolcheviques están matando a la gente.

LaFarge les aseguró que Francia no estaba viviendo semejante oleada de violencia ni corría peligro alguno, pero solo algunos dieron crédito a sus palabras. Les dijo también que no estaba huyendo, sino realizando un corto viaje y que pronto reservaría un pasaje para embarcar de regreso a América.

—¡América! —exclamó otra señora—. ¿Y va a volver allí? Aquí está a salvo y América es tan horrible... Tengo entendido que en Nueva York hay una persona ahorcada en cada farola, que está llena de gánsteres y de linchadores y que uno corre peligro de muerte a cada momento.

La maquinaria propagandística de Hitler había consumido a las masas alemanas ofreciéndole una visión retorcida de las cosas. Era hora de que LaFarge se sirviera de su código para enviar un mensaje cifrado a su editor, Francis Talbot. *Oremus pro invicem*, escribió. «Oremos los unos por los otros». Quería decir sencillamente «las cosas están muy mal, peor de lo que imaginas». La propaganda, el aislamiento y el frenesí estaban transformando el continente. La gente de Coblenza, sin noticia alguna del mundo exterior, daba crédito a rumores disparatados.

Ese mismo día, LaFarge pudo contemplar la ciudad desde las alturas de Ehrenbreitstein, desde donde se divisaba la hilera de fortalezas que desde hacía un milenio guardaba la región renana. Coblenza, la ciudad dos veces milenaria ubicada en la confluencia de los ríos Mosela y Rin, era un punto focal del odio de Hitler hacia las potencias occidentales a raíz del armisticio europeo de 1918. La ciudad había sido sede del Alto Comisionado Interaliado de Renania, creado por los Aliados tras su victoria en la Gran Guerra. Alemania, la nación derrotada, había estado sometida a vigilancia durante más de una década desde las oficinas del Alto Comisionado.

LaFarge presenció marchas de las juventudes hitlerianas, vio a soldados de las SS apostados en cada esquina. Vio que los efectos del nazismo refrendaban el lamento fatalista de Chardon: «Tarde o temprano vamos a acabar todos en Dachau, así que ¿para qué molestarse?». Dachau, el primer campo de concentración alemán, servía como centro de internamiento para presos políticos desde 1933.

Chardon compartía el miedo que se palpaba en Roma y en toda Europa. Tanto él como otros eclesiásticos alemanes se enfrentaban a agresiones cada vez más graves y se veían empujados hacia la clandestinidad. LaFarge se preguntaba si el catolicismo conseguiría sobrevivir a la avalancha del nazismo. Chardon, que apenas podía poner un pie fuera de su iglesia, le pidió que celebrara una misa clandestina en la capilla de los Hermanos Franciscanos de los Enfermos, en Coblenza. El año anterior, los franciscanos se habían convertido en blanco de ataques al recrudecerse el acoso nazi a la Iglesia Católica a raíz de la publicación de la encíclica en la que el papa criticaba el nazismo.

Ciento setenta miembros de la orden habían sido acusados falsamente de corrupción de menores y detenidos. El Gobierno había cerrado ya la capilla, y la diócesis funcionaba prácticamente en secreto, ya fuera llevando a cabo un programa de actividades recreativas en un edificio tan destartalado que los nazis no se molestaban en apropiarse de él, o en la propia capilla. Ese sábado, Chardon dio a LaFarge «la enorme llave mediante la cual debía entrar por la puerta de atrás». «No debía hablar con nadie», comentaba LaFarge, «tenía que limitarme a celebrar misa y a marcharme después. Venían a misa, me dijo, para pedir a Dios que les librara de Hitler. Así pues, a la mañana siguiente abrí la puerta de la sacristía, me encontré al monaguillo esperándome, salí al altar y vi que una congregación silenciosa llenaba ya la capilla. No se oía ni un ruido, como no fueran las respuestas murmuradas del acólito. En toda mi vida me he sentido tan cerca de una congregación».

Todos los presentes recibieron la comunión. Al concluir la misa, LaFarge se marchó en silencio, salió a la calle por la puerta de atrás y cerró con llave. Regresó a la casa del cura, se despidió de Chardon y se dirigió a la estación de tren, donde compró un billete para su nuevo destino: Praga. Ese fin de semana descubriría que Checoslovaquia y Alemania estaban al borde de la guerra.

De Coblenza a la frontera checa, 21 de mayo de 1938

LaFarge notó que algo iba mal cuando los revisores del tren nocturno de Coblenza a Praga bajaron las cortinillas del vagón restaurante. Al regresar a su asiento en el vagón, advirtió que también habían bajado el alumbrado: únicamente los pasillos estaban iluminados por una luz azulada y tenue. Los empleados del ferrocarril, temerosos de alarmar a los pasajeros, no quisieron decir qué estaba pasando. La posibilidad de que Alemania atacara Checoslovaquia aterrorizaba a la gente, y el personal de a bordo no quería que el convoy se viera desde el aire y se convirtiera, por tanto, en blanco de posibles bombardeos. En ese momento Alemania estaba desplazando tropas hacia la frontera checoslovaca, muy cerca de la ruta que seguía el tren nocturno a Praga. Checoslovaquia había llamado a filas a cientos de miles de reservistas y los había enviado a la frontera de los Sudetes, la región de la discordia. La guerra parecía inminente.

Los europeos eran conscientes de que, al igual que el asesinato del archiduque Francisco Fernando de Austria había actuado como detonante de la Primera Guerra Mundial, cualquier provocación real o imaginaria podía precipitar la invasión de Checoslovaquia por la Wehrmacht de Hitler. Sabían también que esa provocación podía ser fabricada por los propios alemanes, como en efecto parece que lo fue.

Antes de que amaneciera esa mañana de sábado, dos checos de origen alemán montados en una motocicleta intentaron saltarse un control en el paso fronterizo checo de Eger. Consiguieron sortear a uno de los guardias y se fueron derechos hacia el segundo, que, aunque dijo haber intentado disparar a las ruedas de la motocicleta, acabó hiriendo a ambos hombres cuando escapaban monte arriba. Los dos individuos, George Hoffman Fonsau y Nicholas Boehm Oberlohna, eran viejos conocidos de la policía checa de los Sudetes: agitadores filonazis que ya antes habían tenido encontronazos con las autoridades y habían pasado tiempo en prisión. Fonsau y Oberlohna murieron en el cuartel local de la policía.

La noticia del incidente corrió como la pólvora, y el ejército alemán marchó hasta detenerse a escasos kilómetros de la frontera. El presidente checoslovaco, Edvard Beneš, envió rápidamente a cuatrocientos mil reservistas a la zona fronteriza de los Sudetes. Beneš lanzó un llamamiento a la calma, pero el hecho de que eligiera la radio nacional para hacerlo produjo el efecto contrario: sus palabras aumentaron el temor a una guerra inminente. «Estamos viviendo el momento más grave desde el fin de [la Primera Guerra Mundial]», afirmó. «La situación exige calma [y] templanza [...]; ello significa que no debemos conocer el miedo en los días que se aproximan. Que, de hecho, debemos desterrar el miedo y resistirlo todo».

Cuando sir Neville Henderson, embajador británico en Alemania, preguntó al ministro de exteriores alemán Joachim von Ribbentrop por los movimientos de tropas, este le respondió que «se ocupara de sus asuntos [...], que Alemania no quería causar problemas, pero que no podía mantenerse de brazos cruzados mientras en Checoslovaquia se derramaba sangre alemana».

Todo esto sucedió durante el largo viaje de LaFarge por ferrocarril. Dado que no había radio en el tren y el personal de a bordo seguía guardando silencio, LaFarge ignoraba lo que estaba pasando. Percibió, sin embargo, lo tenso y crispado del ambiente durante todo el trayecto hasta la frontera checoslovaca. Para colmo de males, el puesto fronterizo era el de Eger, el lugar donde horas antes habían muerto Fonsau y Oberlohna. El tren llegó a la frontera a última hora de la tarde. La inspección aduanera a ambos lados de la raya fue inusitadamente rápida y somera, silenciosa y tensa. Ya en el lado checo, le dijeron por fin lo que estaba pasando. Había «miedo generalizado a una invasión alemana inmediata» y Checoslovaquia se estaba preparando para defenderse del temido ataque nazi.

El tren siguió avanzando por territorio checo durante otras tres horas, en dirección este, hacia Praga. Las luces del tren no volvieron a encenderse hasta que llegaron a la estación central de Praga. En el andén, la gente llamaba a gritos a los mozos de equipaje en un guirigay de alemán, checo y francés, entre otros idiomas. Un mozo llevó afuera las maletas de LaFarge, medio arrastrándolas, en busca de un taxi. Llovía intensamente, y el mal tiempo parecía agravar la sensación de tristeza y desesperación.

El mozo, sin embargo, abandonó de pronto a LaFarge cuando un imponente militar alemán exigió que le atendiera a él primero. «Medio paralizado por el miedo, el mozo soltó mis cosas en la acera y acarreó las grandes maletas dentro de la estación sin que el alemán dejara de apuntarle con el dedo», recordaba LaFarge. Aquel incidente se le antojó una alegoría de lo que estaba pasando entre los dos países. «Detrás de esa voz amenazadora estaba la voz de Hitler, y esa voz no hablaba checo, sino un alemán imperioso».

Cuando por fin encontró un taxi, estaba empapado por la lluvia. Intentó llegar lo antes posible a la residencia del seminario jesuita donde iba a pasar la noche, pero las calles y carreteras estaban atestadas de vehículos militares y soldados que se dirigían hacia el oeste, camino de los Sudetes. El sábado había sido día laborable, y el llamamiento del presidente Beneš a la batalla era tan apremiante que los hombres se presentaban en sus puestos militares sin siquiera pasarse antes por casa. El ambiente era turbulento.

En la residencia jesuita, atiborrada de gente, reinaba un caos similar al que se había apoderado de toda Praga. El anfitrión de LaFarge, el padre Jaroslav Ovecka, le preparó una cama improvisada en el museo de geografía del seminario. LaFarge durmió «entre mapas, globos terráqueos y cartas geográficas. Esa noche Checoslovaquia seguía estando en el mapa».

El domingo dejó de llover y, aunque los noticiarios afirmaban que se había reducido el peligro de ataque, el zumbido constante del tráfico militar sugería lo contrario. De Inglaterra, de Francia y de todas partes llegaron llamamientos a la paz y la moderación. Sin embargo, el periódico nazi *Angriff* mantuvo en funcionamiento la maquinaria propagandística nazi proclamando que los checos serían considerados responsables de cualquier agresión contra «miembros de la gran nación alemana [...], el Reich alemán, que, como única gran potencia de Europa central, ostenta la responsabilidad suprema de mantener la paz en esta parte del mundo».

Las proclamas nazis tergiversaban, naturalmente, la verdad. Hitler y los nazis eran los responsables de la paz en el sentido de que el Führer era el único que podía decidir si daba comienzo a la guerra o no. Lo sucedido en el puesto fronterizo de Eger había sido una oportunidad prometedora, pero Hitler se mantenía expectante respecto a Checoslovaquia. Sus generales le decían que la Wehrmacht no había completado aún los preparativos. Todo a su debido tiempo. No era el momento de lanzar la invasión, y menos aún hallándose Checoslovaquia movilizada y a la espera. El ejército nazi avanzaría cuando el país vecino estuviera menos preparado y tuviera menos posibilidades de defenderse. Joseph Goebbels, el encargado de redoblar la campaña propagandística, anotó en su diario: «El Führer [...] sabe lo que quiere. Hasta ahora, siempre ha dado con el momento preciso para actuar».

Cuando dos semanas antes LaFarge se había entrevistado con Jan Masaryk, tenía solo una comprensión difusa de la cuestión checoslovaca. Ahora entendía el fatalismo de Masaryk. La aparente inevitabilidad de la guerra resultaba deprimente. Recordaba también que el embajador checo casi le había suplicado que se entrevistara con Beneš cuando llegara a Praga. Masaryk parecía creer de algún modo que el periodista jesuita escucharía, comprendería y acto seguido movería montañas sirviéndose tan solo de la lógica y de su discurso pacifista. LaFarge se enteró de que Masaryk había viajado desde Londres y se encontraba en Praga, pero decidió no reunirse con los mandatarios checos.

«Con tanta agitación, no tuve valor para entrevistarme ni con el señor Beneš, ni con el señor Masaryk». Temía que su encuentro fuera irrelevante y que lo consideraran «un cura pelmazo». «No veía qué podía hacer respecto a todo lo que estaba pasando».

Mientras caminaba por las calles de la ciudad, y después en Bratislava, camino del Congreso Eucarístico de Budapest, presintió que aquellos eran los últimos días que viviría Checoslovaquia libre de la tiranía.

Budapest, 27 de mayo de 1938

Los compañeros de LaFarge en Nueva York se veían obligados a recomponer los fragmentos que el jesuita les enviaba por cable. Sus telegramas carecían de artículos y partículas porque cada palabra costaba cinco dólares o más, y LaFarge solo disponía del magro presupuesto de un sacerdote. Los mensajes, plagados de erratas debido a que los telegrafistas no eran de habla inglesa, eran parcos en palabras. El que envió desde Budapest decía:

IMPOSIBLE EXAGERAR IMPLACABILIDAD ENEMIGO TRAGEDIA SITUACIÓN EXTRANJERA... DRAMA MUNDIAL DESARROLLA

Lo que venía a ser: «Sería imposible exagerar la implacabilidad del enemigo al que nos enfrentamos y la trágica situación que se vive en el extranjero. Estoy siendo testigo de un drama mundial que se desarrolla ante mis ojos».

El desastre se agravaba sin cesar. En Austria, los judíos habían sido despojados de sus derechos y propiedades, y vagaban en busca de un puerto de abrigo que se les escapaba. Convertidos en extranjeros en su propio país, estaban siendo expulsados de Austria por la Gestapo, Checoslovaquia les cerraba sus fronteras y en Hungría, donde también se rechazaba su presencia, eran perseguidos y expulsados nuevamente por la administración. Los jesuitas de la Casa América leían también los informes. Un periodista del *New York Times* fue testigo de cómo los matones nazis uniformados maltrataban a judíos aterrorizados:

> *Se ha convertido en práctica habitual que escuadrones de camisas pardas hagan la ronda por los cafés de Viena, ordenen levantarse a los judíos y los hagan salir a la calle, arrodillarse en el arroyo y fregar el suelo [...]. En el agua ponen lejía o ácido hidroclórico. El tiempo (y normalmente en esta época hacía frío y llovía) no les impedía llevar a la práctica su entretenimiento. Las víctimas acababan muy pronto con las manos y las rodillas en carne viva.*

Personas cuyas familias vivían desde hacía siglos en el mismo país se veían de pronto excluidas y a merced de la maldad más cruel. Los judíos de Alemania, Austria, Yugoslavia, Rumanía y ahora también Hungría habían perdido toda esperanza. LaFarge ya los había visto huir de la barbarie. Para su consternación y la de otros, los propios líderes católicos se hallaban divididos entre pro y antisemitas.

Tal era el ambiente imperante en Hungría, la siguiente parada de la gira europea de LaFarge. El 27 de mayo el jesuita tomó otro tren, esta vez con destino a Budapest, acompañado por miles de peregrinos católicos. Asistir al Congreso Eucarístico de Budapest era el principal propósito de su viaje. Se suponía que el congreso iba a ser una gran celebración de la fe, pero la reunión estuvo lastrada por la caída de Austria, el desmoronamiento de Checoslovaquia y la sensación de que aquello era solo el principio.

Apenas dos semanas después de que el papa Pío XI desairara a Hitler en su visita a Roma, el caudillo nazi cumplió la amenaza que llevaba tiempo haciendo: cualquier alemán (y por tanto cualquier ciudadano de la recién conquistada Austria) que quisiera asistir al Congreso tendría que solicitar un visado para viajar. La solicitud del visado obligaba implícitamente a los futuros viajeros a declarar su activismo dentro de la Iglesia Católica, declaración esta que sin duda los colocaría en una lista de víctimas potenciales del acoso y la represalia nazis. Nadie, ni siquiera los cardenales alemanes y austriacos, se había atrevido a solicitar permiso para viajar a Budapest, y ninguno de los veinticinco mil alemanes y treinta mil austriacos que se preveía que asistieran pudo estar presente en el Congreso.

Era la primera vez que una reunión de tales características cobraba un cariz tan político. El Gobierno húngaro, recién formado, había aprobado nuevas leyes antisemitas que recortaban el derecho de los judíos a participar en la política y la vida civil. Fue la primera legislación antisemita de esa índole fuera de la jurisdicción alemana.

El representante personal del papa en el Congreso Eucarístico era el cardenal Eugenio Pacelli, el elegante y austero secretario de estado del Vaticano. Pacelli llegó a Budapest el día del anuncio de las nuevas leyes antisemitas. Pacelli (que se alojaba en el Castillo Real, invitado por el regente húngaro, almirante Nicholas Horthy) fue el encargado de pronunciar la principal alocución del Congreso, y eludió toda crítica al antisemitismo húngaro o a los nazis. Por el contrario, algunos de sus comentarios sonaron como un ataque velado a los judíos. Jesucristo, afirmó, «que tan a menudo fue objeto de la ira de sus enemigos, que sufrió la persecución del propio pueblo al que pertenecía, triunfará en el futuro». Al mismo tiempo que los judíos eran desposeídos de sus derechos en

Hungría, Pacelli parecía hacer alusión al prejuicio ancestral de la Iglesia según el cual los judíos habían matado a Jesucristo pese a ser uno de ellos. Es probable que LaFarge, al igual que muchos de los asistentes, no pudiera analizar detenidamente el discurso de Pacelli esa noche. Vio al cardenal de lejos, pero no se entrevistó con él. Lo mismo que Pacelli, se alojaba con la nobleza húngara, en la villa de unos viejos amigos, el barón y la baronesa de Hedry, cuya hermana había apoyado la labor misionera de LaFarge en las zonas rurales de Maryland.

Con algo de esfuerzo, LaFarge se dejó empapar por el espíritu de exaltación que reinaba en Budapest. El Congreso Eucarístico era una celebración fastuosa. Los niños llevaban flores a los peregrinos que llegaban a la ciudad, entre ellos a LaFarge. Por todas partes se veía ondear la bandera amarilla y blanca del papado. El espectáculo principal era una ceremonia de mística belleza a lo largo del Danubio, que divide la ciudad vieja de Buda de la mucho más nueva Pest, en la orilla este del río. El agua rielaba a la luz de los millares de velas que sostenían los fieles próximos a la ribera. La ciudadela medieval del monte Gellért y el Bastión de los Pescadores (el baluarte de piedra restaurado en el que, cinco siglos antes, los húngaros habían sido incapaces de rechazar el asedio y la posterior invasión de los turcos) aparecían sucesivamente en relieve, iluminados por cinco reflectores que barrían la campiña.

Pacelli se arrodilló en la proa de un vapor, en el Danubio, ante un altar eucarístico de casi un metro de alto, incrustado de plata y gemas. Lo rodeaba un ejército de clérigos católicos, monseñores, curas y monjas, todos ellos provistos de cirios. La luz de las velas brillaba trémulamente a lo largo del río cuando la procesión emprendió su marcha al anochecer.

La juventud católica enarbolaba antorchas, y cantaba un coro compuesto por mil niños. Cientos de miles de personas se arrodillaban en las orillas del río. Casi todas ellas portaban también una vela parpadeante. Todo aquel calor y aquella luz parecían ser, mucho más que una procesión religiosa, un símbolo que, mediante la fuerza del número y el espíritu, consumía la realidad de la guerra inminente y la arrastraba hasta hacerla desaparecer.

«Una ciudad y una nación, y delegados de numerosos países, abrieron sus corazones en solemne adoración de la Majestad Eucarística, con toda la dignidad y el esplendor de que fueron capaces», escribió LaFarge en sus notas de viaje.

LaFarge se hallaba entre ellos, viendo cómo el cardenal Pacelli «portaba la Sagrada Forma en una urna de cristal iluminada por un foco, en la proa de un vapor que se deslizaba velozmente por el oscuro Danubio, y que se destacaba simbólicamente sobre la enorme y poderosa masa rocosa del peñón de Buda». LaFarge, sin embargo, no logró sacudirse del todo un sentimiento de terror y fatalidad: «Uno percibía cómo iba espesándose el odio totalitario, como un telón de fondo, durante la misteriosa procesión nocturna».

Más tarde se oyó hablar por los altavoces al papa Pío XI a través de Radio Vaticano. Oró por la paz y pidió que Dios «atajara la oscuridad y la perturbación espiritual que tanto nos preocupa». Añadió que tal vez hubiera «esperanza de tiempos mejores, que disipen las nubes que parecen amenazarnos con nuevas tormentas, iluminando esa oscuridad y desvaneciendo ese desasosiego espiritual».

Pío se hallaba sentado en un estudio de radio en Castel Gandolfo, a unos ochocientos kilómetros de allí. Mientras pronunciaba estas palabras estalló una tormenta sobre Budapest y la lluvia empapó la ceremonia de clausura del Congreso Eucarístico. Al dispersarse los participantes, entre ellos LaFarge, en busca de cobijo, no pudieron menos que advertir lo irónico de la situación, y es posible que algunos incluso vieran en la tormenta una señal de mal agüero.

CAPÍTULO 4

El plan de batalla del papa

Aún no está contado el cuento. La respuesta al acertijo,
será la historia quien la desvele.
Anne O'Hare McCormick

Castel Gandolfo, 23 de junio de 1938

DOS DÍAS DESPUÉS del Congreso Eucarístico, el papa celebró su ochenta y un cumpleaños. Se había recuperado tan bien de su enfermedad de un año y medio antes, que los médicos del Vaticano habían dejado de montar guardia constante en sus habitaciones de Castel Gandolfo. Pío se despertaba todos los días a eso del amanecer, desayunaba y celebraba a continuación una serie de reuniones, retomando así el pleno control del gobierno de la Iglesia. Al subir las temperaturas a fines de la primavera, retomó también sus paseos diarios por detrás del palacio de verano, por los setos esculpidos adornados aquí y allá con esculturas romanas, por las arboledas donde uno podía detenerse a meditar, y por una balaustrada desde la que se contemplaba todo el valle de Albano.

Se mostraba sumamente esquivo durante esos paseos, y no aceptaba fácilmente consejo de nadie, ni siquiera de Pacelli, que venía a reunirse con él al menos cuatro veces por semana. La campaña antisemita de Hitler se había convertido en su gran preocupación. La cuestión no era proteger únicamente a los católicos, sino a toda la humanidad. Era la responsabilidad moral de la Iglesia.

AL REDOBLAR LOS nazis sus amenazas contra los judíos, el papa comprendió que hoy eran los judíos, pero que luego serían los católicos y, finalmente, el mundo entero. Veía a diario en las noticias que perseguían la dominación mundial y que no se conformarían con menos.

Imaginó un gesto que fuera más allá de las condenas cotidianas contra las atrocidades cometidas por los nazis. Buscaba una ofensiva verbal, un manifiesto contundente que atacara los puntales de la maquinaria nazi. Parecía haber encontrado el vehículo indicado: había recibido un ejemplar de un libro, *Interracial Justice*, escrito por un jesuita estadounidense llamado John LaFarge. El libro retrataba las vidas de negros americanos que ocupaban los estratos más pobres de la sociedad, y afirmaba que la Iglesia debía instituirse como una fuerza moral en la lucha contra el racismo en Estados Unidos. Pío, sin embargo, ignoraba que LaFarge estaba en Europa y que iba camino de Roma.

Era fácil encontrar similitudes entre la descripción del racismo americano y la amenaza del antisemitismo en Europa. El libro de LaFarge trataba de los padecimientos de los negros en Estados Unidos, pero el mismo concepto podía aplicarse, escribía, «a hombres de toda raza y condición [...], a todas las tribus y razas, a judíos y gentiles por igual». Pío comprendió que los escritos de LaFarge podían volcarse en una declaración pontificia que atrajera la atención internacional, en un manifiesto que hiciera saltar la alarma y advirtiera a los líderes mundiales, en términos claros e inequívocos, acerca del peligro que representaban tanto nazis como fascistas.

Era el momento de atacar. En marzo de 1937, el papa había publicado una encíclica (la declaración de mayor rango que puede emitir el jefe del Vaticano) condenando el nazismo. Pero se sentía impelido a publicar otra, sirviéndose esta vez de las palabras de un jesuita americano que conocía la insania del racismo. Esta vez, su encíclica se difundiría por todo el orbe y respondería al loco afán de conquista con verdades elementales.

Roma, 24 de junio de 1938

Los días de sequía de la primavera habían quedado interrumpidos por alguna que otra lluvia de principios de verano. Nada, sin embargo, podía aguar el entusiasmo del padre John LaFarge en su primera visita a Roma desde 1905, cuando era un joven seminarista.

Se alojaba en una habitación de la Universidad Gregoriana, el colegio jesuita cuatro veces centenario situado no muy lejos de la escalinata de la plaza de España. Era una ubicación privilegiada, próxima al centro de la política y al corazón del catolicismo y de la cultura occidental más eterna. Al dirigirse a pie a la residencia, LaFarge bordeaba el palacio del Quirinale, situado a otro nivel y a varias manzanas de allí en dirección contraria, donde apenas un mes y medio antes Hitler había sido recibido triunfalmente por Mussolini y por el monarca titular, Víctor Manuel III. El monumento al abuelo del rey, Víctor Manuel II, recién terminado, estaba colina abajo, frente a Piazza Venezia. Era un batiburrillo de columnas, chabacano y feo, al que los romanos se referían en broma como «el pastel de boda».

LaFarge había llegado a Roma el 5 de junio procedente de Yugoslavia, había cruzado la frontera en Trieste y a continuación había puesto rumbo al sur desde Venecia. Al instante comenzó a ver por todas partes la prognata cara del Duce: Mussolini, el gran caudillo, apoyando al ejército italiano; *il Duce* solidarizándose con su pueblo; un perfil conjunto de Hitler y Mussolini con sus uniformes y la esvástica bien visible en el hombro del Führer... *¡Viva, viva Mussolini!*, rezaban las pintadas de las paredes. LaFarge anotó en su diario que «espléndidos eslóganes exhortaban al pueblo a la moralidad, al esfuerzo, a la lealtad y a otras virtudes, todos ellos firmados con la misteriosa letra «M». Al preguntar a un amigo italiano qué significaba la M (podía ser de «moralidad», o de «Maquiavelo», o de cualquier otra cosa), recibí por toda respuesta una mirada de pasmo».

Una mañana, un jesuita compatriota suyo de la Universidad Gregoriana organizó para LaFarge una visita exclusiva a la ciudad cuyo guía sería un miembro de alto rango del consistorio fascista. El funcionario llegó tarde y alegó que le había entretenido una reunión con Mussolini.

—¿Sabe?, estábamos celebrando la reunión del consistorio y le he dicho a Mussolini que tenía una cita a las once con el padre LaFarge —le informó el funcionario—. Pero *il Duce* ha dicho: «pues que espere el padre LaFarge. Los asuntos de Estado son más importantes».

LaFarge era tan susceptible a los halagos como cualquiera, pero dudó de la veracidad de aquella anécdota. El funcionario lo llevó a recorrer exhaustivamente los grandes proyectos de bienestar social de Mussolini, incluido un programa de repoblación rural, pueblos de nueva fundación construidos en antiguas marismas drenadas y recuperadas.

«Nada que yo haya visto en Estados Unidos, ni siquiera en el lejano Oeste, era tan nuevo como aquellas construcciones extraordinarias», comentó LaFarge. Los edificios estaban «espléndidamente construidos, todos en estilo italiano», anotó, «con calles anchas, plazas inmensas, edificios municipales imponentes y adornadas iglesias, una de las cuales, con buen espíritu medieval, incluía a Mussolini como esforzado segador en el mosaico que representaba la Asunción de Nuestra Señora».

Cuando visitaba sus proyectos urbanísticos, Mussolini solo admitía la más absoluta perfección. *Il Duce* estaba reinventando Italia. En una ocasión, mientras recorría uno de los pueblos que había construido en las marismas, preguntó por qué los edificios tenían mallas en las ventanas. Cuando le dijeron que era una precaución contra los mosquitos, contestó «los mosquitos han sido abolidos», y los obreros retiraron las mallas de inmediato.

Los proyectos urbanísticos de Mussolini tenían como fin, teóricamente, el realojamiento de personas procedentes de barrios obreros superpoblados en bloques con menor nivel de hacinamiento, buen alcantarillado, agua corriente y servicios municipales. Pero a veces las expectativas en cuanto a dotación de servicios no llegaban a cumplirse, y los obreros realojados se veían obligados a recorrer largas distancias para llegar a sus lugares de trabajo. Por otra parte, no todos los proyectos de viviendas se completaban de manera tan perfecta como el barrio modélico que visitó LaFarge. El jesuita, que había salido ya por su cuenta, había llegado a la conclusión de que aquellos proyectos faraónicos no eran más que gestos de cara a la galería, y había podido ver con sus propios ojos que los romanos del extrarradio vivían en la miseria. El poblado de chabolas conocido popularmente con el nombre de «Shanghai» era peor que los peores arrabales que hubiera visto en el sur de Estados Unidos. Otro poblado albergaba a soldados del ejército italiano sin recursos, veteranos de la reciente campaña fascista de Etiopía. Vivían hacinados en cuarentena en escuálidos vagones de carga, esperando nuevo destino si es que conseguían sobrevivir a las enfermedades que algunos habían traído consigo.

LaFarge, pese a todo, amaba la Ciudad Eterna de Roma, los vestigios del imperio, los restos arqueológicos y las iglesias. La cúpula de San Pedro, visible desde muchos puntos de la ciudad, le recordaba su fe y era para él una fuente de deleite y consuelo. El Foro romano destacaba por encima de todo, y el Coliseo se hallaba a escasa distancia de la universidad. Le emocionaba la posibilidad de decir misa en una capilla de la iglesia de Santa Brígida, en Piazza Farnese, y en sus paseos por Roma disfrutaba de la comida, de las carnes frescas, del queso *bel paese* y el buen vino.

El miércoles 22 de junio, quiso poner el broche de oro a su visita a Italia asistiendo a la audiencia general de Pío XI en Castel Gandolfo. No era fácil conseguir acceso a aquellas audiencias en grupo, pero Vincent McCormick, el rector jesuita de la Universidad Gregoriana, lo hizo posible. El día anterior, McCormick había preguntado al jefe de personal del papa si el pontífice podía sacar tiempo «para decir una palabra en alabanza de mi trabajo durante la audiencia general», anotó LaFarge en su diario. El jefe de personal salió a su encuentro cuando llegaron a Castel Gandolfo y los informó de que la petición había llegado demasiado tarde.

—Lo único que puede hacerse —les dijo— es solicitar una audiencia privada.

Pero tales entrevistas solían organizarse con semanas de antelación. LaFarge tenía previsto marcharse de Roma el 29 de junio, y el jefe de personal le dio pocas esperanzas.

McCormick y LaFarge entraron en la residencia de verano del pontífice a tiempo para la audiencia general y se quedaron junto a un grupo de eclesiásticos mientras otros avanzaban en tropel para esperar al papa. Montaban guardia cuatro alabarderos de la Guardia Suiza armados con lanzas y vestidos con sus singulares uniformes a rayas con los colores de la familia Médici, azul, amarillo y rojo, y morrión metálico adornado con plumas de avestruz rojas. Por fin entró Pío XI, sonriente y aparentemente robusto y de buen humor pese a las informaciones acerca de su mala salud.

La audiencia fue bastante breve e impersonal y acabó rápidamente. El pontífice habló sobre el matrimonio, la familia y la labor de los misioneros y bendijo a los presentes. Cuando se dispersó la reunión, LaFarge y McCormick subieron a la tercera planta del palacio apostólico para visitar al astrónomo papal, el padre Johan Stein, otro jesuita. El sacerdote y científico holandés les enseñó con orgullo sus instalaciones y les aconsejó que caminaran con cuidado: los aposentos privados del pontífice estaban justo debajo de ellos.

LaFarge y McCormick regresaron luego a Roma. LaFarge, satisfecho con cómo había transcurrido la jornada, no dio más importancia al acontecimiento que la de sumar un nuevo papa a su lista: había visto ya a tres, siempre de lejos.

Dos días después, el viernes 24 de junio, estaba haciendo los preparativos para poner fin a su periplo por Europa (haría un rápido viaje a España, donde Francisco Franco estaba consolidando su poder, y regresaría a París y de allí a Róterdam para poner rumbo a casa) cuando llegó un mensajero con un sobre blanco y amarillo, cerrado y estampado con el inconfundible membrete del Vaticano. Solo había una persona que usara aquel papel timbrado con el sello de la corona y las llaves cruzadas de san Pedro. Era una carta del papa o, mejor dicho, una citación en la que se convocaba al reverendo John LaFarge, de la Compañía de Jesús, a una audiencia privada el sábado 25 de junio a las doce menos cuarto de la mañana.

LaFarge se sintió honrado y abrumado al mismo tiempo. ¿Cómo era posible? «Estaba perplejo», anotó en su diario. La convocatoria le produjo «una sensación de maravillado asombro» como no podía habérsela causado ninguna otra cosa en el mundo. ¿Cómo era posible que un sacerdote estadounidense poco conocido, sin púlpito ni beneficio eclesiástico alguno, recibiera un mensaje directo del Santo Padre?

La invitación le dio tanto que pensar que esa noche no pegó ojo. Se decía que el papa Pío XI, de ochenta y un años de edad, se hallaba muy débil pese a lo saludable que parecía durante la audiencia de un par de días antes, y que estaba reduciendo cada vez más la frecuencia y la duración de tales entrevistas privadas.

LaFarge pidió consejo al padre McCormick, que le recomendó que tomara algunas notas acerca de su vida y de los principales hitos de su labor pastoral para poder recitarlas cuando fuera preguntado, además de recordatorios que le permitieran responder a cualquier pregunta que pudiera dirigirle el papa. Había quedado claro que LaFarge debía presentarse solo, y no sabía a qué atenerse.

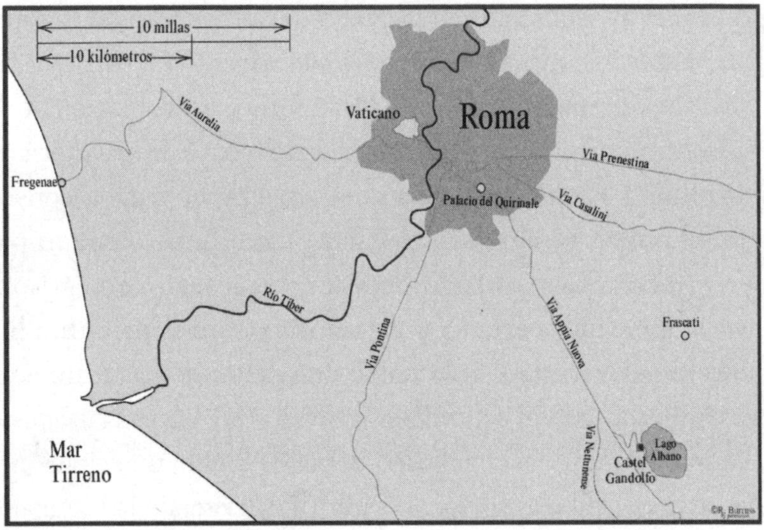

Roma y sus alrededores

No es de extrañar que John LaFarge no durmiera bien ese viernes por la noche. La mañana de la visita, tomó café, desayunó y a media mañana tomó prestado un coche del parque automovilístico de la universidad para hacer el trayecto por la nueva Vía Apia. El calor del verano había caído sobre Italia y sobre toda Europa, con temperaturas que superaban los treinta grados. Bajar las ventanillas aliviaba un poco el calor. La sinuosa carretera discurría en paralelo a la famosa calzada romana del mismo nombre, que seguía existiendo, aunque llena de baches y apenas practicable para los coches.

LaFarge salió de Roma por el sureste pasando junto a ruinas romanas e iglesias antiguas, avanzó por el tramo de la carretera que discurría subiendo y bajando por los montes Albanos, a la sombra de los olivares, y llegó por fin al puente bautizado en honor de Pío IX, el papa del siglo XIX que, en el transcurso de un pontificado extraordinariamente largo, pues duró treinta y un años, había decretado la infalibilidad papal y rechazado cualquier medida conducente a la modernización de la Iglesia Católica romana.

LaFarge se hallaba en un estado de profunda agitación mental. No esperaba ni remotamente poder celebrar una entrevista de tal importancia, y se esforzaba por memorizar el pequeño discurso que pensaba recitar ante el papa acerca de su labor pastoral y ensayística. El jesuita sabía muy bien que Pío era hombre de letras. Conocía también su fama de escalador y sabía que era el primer pontífice que había puesto un pie fuera del Vaticano en más de medio siglo, el primero que había montado en automóvil y el primero cuya voz se había emitido por radio.

El papa tenía reputación de ser hombre duro, cabezota y de imponente presencia. Era cierto: el programa del pontificado lo marcaba él, no sus subordinados, fueran cuales fuesen las verdaderas opiniones de estos en materia de doctrina o sus tendencias políticas. Ni siquiera los consejeros más cercanos al pontífice (como el cardenal Pacelli, el secretario de Estado que, según se decía, se estremecía ante la sola idea de contradecir al papa aunque fuera en los asuntos más nimios) se atrevían a desafiar a Pío cara a cara.

A LaFarge le sorprendió la facilidad con que pudo acercarse a la residencia papal pasando junto a conocidos cardenales que se paseaban por la *piazza* adoquinada y aparcar sin que nadie se lo impidiera bajo los olivos que brindaban algún cobijo del calor abrasador. Una vez dentro del palacio de verano, fue conducido a través del patio central, hasta un pequeño ascensor que llevaba a los aposentos del papa. Había llegado mucho antes de la hora prevista y un monseñor le informó de que las audiencias iban con retraso. Delante de él había tres cardenales. Tendría que esperar cuarenta y cinco minutos, como mínimo.

Se abrió la puerta del ascensor y de él salió el que quizás era el miembro más prominente del Colegio Cardenalicio: el cardenal Pacelli. El cardenal miró ceñudo a LaFarge sin apenas advertir su presencia y se alejó. Poco después, cruzó el patio el cardenal Eugène Tisserant, estrecho colaborador del papa y uno de sus mejores amigos. Ambos cardenales eran como la noche y el día: mientras que Pacelli era pálido y larguirucho, de aspecto incluso fantasmal, el francés Tisserant era un hombre robusto y corpulento y lucía una barba larga y agreste, negra y veteada de gris. No pareció reparar en LaFarge.

Pasado un rato, un asistente hizo pasar a LaFarge a una antesala donde vio que varios eclesiásticos y seglares entraban y salían del despacho del papa, en cuya puerta de acceso se leía en un cartel *Pius XI, Pontifex maximus*. Finalmente le tocó el turno de entrar. El papa debía de haber tocado algún timbre silencioso para indicar a sus secretarios que estaba listo. Iba a ser una reunión privada con el pontífice. LaFarge se levantó, nervioso. «Me hicieron pasar al despacho del papa a mí solo», escribió LaFarge. «No [había] nadie conmigo, y [la] puerta se cerró».

Se quedó un momento parado ante el papa Pío XI, el sucesor número 258 de san Pedro, y a continuación se arrodilló en la alfombra para besarle los pies. Pío le indicó con un gesto que se levantara y tomara asiento ante su escritorio. LaFarge paseó la mirada por la habitación. Apoyado en una mesa cercana al escritorio había un bastón para caminar y el solideo blanco del papa descansaba sobre la mesa. LaFarge tuvo la impresión de que el pontífice había estado dando un paseo al aire libre hacía poco rato. Veía los suntuosos jardines y los senderos bordeados de árboles más allá del balcón que tenía enfrente, desde el que se divisaba también, muy a lo lejos, el Mediterráneo.

Para tranquilizarlo, el papa se puso a charlar de esto y aquello en tono informal. El primer obstáculo fue escoger el idioma en el que hablarían. Pío entendía el inglés pero lo hablaba entrecortadamente, y el italiano de LaFarge no daba para mantener una conversación. Al papa le hizo gracia el azoramiento de LaFarge. Alternaron un rato entre alemán y francés y después se decantaron por el francés. A LaFarge le impresionó la energía del pontífice, «un vigor natural que muy pocos pueden disfrutar a esa edad».

Finalmente, el papa le comentó que el ascenso del nazismo le quitaba literalmente el sueño. «Se lamentó de la división que imperaba en el mundo y del aumento del racismo, condenado por la razón, por la ciencia y por la fe», recordaba LaFarge.

Le dijo que había leído *Interracial Justice* y que lo consideraba una joya. LaFarge vio un ejemplar del libro sobre el aparador del papa, en lugar destacado. Los estadounidenses, afirmó el pontífice, tenían una visión más amplia de aquellos asuntos en parte porque podían acceder al libro de LaFarge. Pero había llegado a la conclusión de que el libro había ayudado asimismo a explicar el deterioro de la situación en Europa, y de que «racismo y nacionalismo eran esencialmente lo mismo [...]: la cuestión más candente de la actualidad».

A LaFarge le sorprendió que el papa hubiera oído siquiera hablar de su libro, que estaba escrito en inglés, se había publicado hacía muy poco tiempo y se distribuía principalmente en Estados Unidos. *Interracial Justice* era una exhortación a la Iglesia Católica de Estados Unidos a aceptar y poner en práctica el contenido de la Declaración de Independencia, que afirmaba que todos los hombres eran iguales por nacimiento, y que los afroamericanos no podían ni debían ser tratados de modo distinto, ni despreciados, ni privados de los derechos humanos y civiles más elementales.

En su libro, LaFarge iba más allá y, asumiendo una postura radicalmente progresista, escribía que «la antropología y la etnología modernas rechazan sin ambages la teoría según la cual incluso los rasgos puramente físicos se heredan de manera fija e inmutable dentro de un grupo de seres humanos amplio y reconocible. Es una analogía falsamente extrapolada de la raza animal: una analogía nada improbable cuando se trata a los seres humanos como animales».

El papa se interesó por su opinión acerca de la cuestión racial en América y ambos debatieron acerca de su paralelismo con el caso de los judíos en Alemania. Pío le informó de que llevaba un tiempo buscando a la persona adecuada para colaborar con él en su próxima incursión en política, abordando la cuestión más acuciante y peligrosa del momento. Y ahora, providencialmente, LaFarge había llegado a Roma.

—Vamos a publicar una encíclica sobre estos temas, una encíclica que debe preparar usted —le dijo el papa.

LaFarge debía escribir la encíclica sirviéndose de los mismos argumentos que empleaba al hablar del racismo en Estados Unidos. Debía explicar que el acoso creciente de Hitler a los judíos se basaba en un mito. Había que plantar cara a ese mito, así como a la barbarie y a la inhumanidad que empezaban a campar por sus respetos en Europa. Debía escribir una declaración pontificia como nunca se hubiera visto otra parecida, que expresara firme y categóricamente la opinión de la Iglesia respecto a la conflagración a la que se enfrentaba Europa. Sería el manifiesto más contundente emitido por la Iglesia, una encíclica que condenaría el antisemitismo y la doctrina nazi que lo acompañaba. Al hacerlo, LaFarge expresaría la visión oficial del papado, y su discurso sobre la raza y la condición humana quedaría incorporado a la doctrina católica y sería analizado en todo el mundo, convirtiéndose en referente moral. Era una tarea abrumadora, un paso con el que un humilde jesuita de Newport apenas podía soñar. LaFarge estaba estupefacto y lleno de dudas.

¿Cómo, preguntó al papa Pío, haría tal cosa? El papa sonrió y le dio carta blanca. «*Dites tout simplement ce que vous direz si vous étiez Pape, vous-meme*», escribió LaFarge reproduciendo las palabras exactas del pontífice. «Diga sencillamente lo que diría si usted fuera el papa». LaFarge repuso que se sentía incapaz de llevar a cabo semejante tarea, e indigno de ella. Pío no quiso ni oír hablar del asunto.

—Podría haber elegido a otro para escribir la encíclica, a escritores de mayor rango y mejor conocidos dentro de la Iglesia —le dijo el papa.

Pero añadió que no le cabía duda de que LaFarge era capaz de escribir lo que era necesario decir. Y que era un encargo que tal vez equivaliera a la mayor oportunidad que tenía el papado de movilizar al mundo contra el nazismo.

—He decidido que usted es la persona indicada para la tarea —le dijo a LaFarge—. Dios lo ha enviado a mí para que se ocupe de esto. Es usted un enviado del cielo.

El papa esperaba que la declaración fuera tan firme, directa e inflexible como en su opinión era el discurso de LaFarge respecto al racismo en Estados Unidos. Dejó muy claro que nadie dentro de la curia romana estaba al corriente de su decisión de publicar la encíclica, seguramente ni siquiera Pacelli, y menos aún, desde luego, Wlodimir Ledóchowski, el general de la orden jesuita y, por tanto, el superior de LaFarge.

—En rigor, debería haber consultado con el padre Ledóchowski antes de hablar con usted —dijo el papa. Pero no lo había hecho—. Imagino que no habrá problema. A fin de cuentas, un papa es un papa.

Pío le dijo a LaFarge que esperaba que llevara a cabo su encargo en secreto y respondiendo únicamente ante él.

—Se dice que un secreto del papa de Roma es un secreto a voces —un secreto que todo el mundo sabe, pero que nadie reconoce saber—. Pero no debería ser así. Y en este caso se trata de un verdadero secreto que solo conocemos usted y yo —afirmó el papa, y añadió que quedaba a la espera del documento definitivo.

ESA TARDE, MIENTRAS regresaba en coche a Roma, LaFarge se decía una y otra vez que estaba perplejo por lo sucedido. Se hallaba ahora al servicio del papa. Disponía de poco tiempo y tenía que ponerse manos a la obra de inmediato. Estaba envuelto en una telaraña de sombras y maquinaciones encubiertas, y aún no se explicaba cómo había llegado a fijarse el papa en él. El Vaticano le había pedido directamente que saliera a actuar en un escenario mundial lleno de peligros. «Francamente, estoy atónito», les dijo LaFarge a sus amigos en confianza. La tarea era ingente y había poco tiempo. «La Roca de Pedro me ha caído en la cabeza».

DESDE HACÍA MÁS de medio siglo, el papa era conocido como «el prisionero del Vaticano». Encerrados en el ritual y las formas y rodeados de acólitos, muchos papas habían tenido miedo a pasearse de nuevo entre la gente de a pie. Durante siglos, la Iglesia Católica y sus pontífices habían gobernado Roma, sus alrededores y una ancha franja de territorio en la Italia central: los llamados Estados Pontificios. En 1870, tras décadas de lucha (las guerras napoleónicas, la guerra francoprusiana), el rey Víctor Manuel II había consolidado la Italia moderna y tomado Roma, reduciendo los territorios en poder del papado a los límites del Vaticano. Durante cincuenta y nueve años, los papas no habían ido más allá de los muros que circundaban San Pedro. Pío había tomado la decisión estratégica de firmar un tratado histórico con el Estado italiano que sirviera para garantizar legalmente la existencia del Vaticano y, en última instancia, para inaugurar una nueva era de influencia política y estabilidad económica para la Iglesia. Las negociaciones, conducidas con éxito, culminaron con la firma de los Pactos de Letrán de 1929, que designaba al Vaticano como ciudad-estado y le devolvía el territorio de cincuenta y cinco hectáreas entre Castel Gandolfo y la Santa Sede. Como resultado de ello, el Vaticano se convirtió en un país como otro cualquiera. Ahora, el papa buscaba extender su influencia por todo el orbe.

Castel Gandolfo, topónimo de origen incierto, había sido refugio predilecto de la nobleza en época renacentista y era desde hacía casi dos mil años un lugar de recreo y esparcimiento para los romanos. Era residencia papal desde fines del siglo XVI, pero al iniciarse el XX había caído en el abandono. Tras firmarse los Acuerdos Lateranenses de 1929, Pío XI había autorizado una reforma a fondo del palacio. Las obras y los nuevos jardines unieron villas de trescientos años de antigüedad con terrenos en los que, en el siglo I de nuestra era, el emperador romano Domiciano había construido un palacio que posteriormente agrandaron sus sucesores. Pío XI veía Castel Gandolfo no solo como residencia de verano pontificia, sino también como una explotación agrícola moderna y una comunidad autosuficiente: había lechería, establos, gallinas y patos, un olivar y un huerto con viviendas para una docena de peones agrícolas y otros empleados. Un periodista que recorrió la finca durante las obras de reforma a principios de la década de 1930 afirmó que Castel Gandolfo sería «un lugar de rara belleza [...], uno de los lugares más encantadores de la tierra».

El papa se trasladó al palacio, ya reformado, en 1934 y desde entonces acudía a él todos los años. En 1937, pasó seis meses enteros en Castel Gandolfo. Esperaba hacer lo mismo ese año, 1938. Sus principales consejeros llegaban de Roma a pasar el día y algunos se instalaban en el palacio toda la temporada veraniega, de modo que el papa pudiera seguir ocupándose de los asuntos cotidianos del gobierno de la Iglesia. Pero durante su tiempo de ocio, siempre que su edad y sus achaques se lo permitían, el papa empuñaba su bastón y se iba a pasear por los kilómetros y kilómetros de senderos frescos y sombreados del palacio.

El ambiente de Castel Gandolfo era, en efecto, un estímulo importante para el papa, mejor que estar encerrado en San Pedro. El aire fresco y los suaves y verdes barrancos que rodeaban el lago Albano solazaban su espíritu. Los espacios abiertos, el campo y las montañas habían formado parte de su vida antes de que ocupara el trono de San Pedro.

Ya sus primeros gestos al asumir el pontificado en 1922 pusieron de manifiesto que el nuevo papa tenía una visión más amplia del papel que debían desempeñar tanto el Vaticano como el papado. Salió al balcón exterior que dominaba la plaza de San Pedro y pronunció desde allí la bendición *Urbi et orbi* («a la ciudad y al mundo»), cosa que no sucedía desde 1870. Su decisión de salir del sanctasantórum del Vaticano presagiaba un cambio significativo del papel del propio pontífice y de su proyección más allá de la Iglesia Católica. Fue después de esto cuando decidió recuperar Castel Gandolfo para el papado.

Del mismo modo que años antes coronaba picos nunca antes escalados, buscó ahora nuevas cotas. A pesar de que hubo quien criticó los Acuerdos Lateranenses de 1929 con Mussolini por considerarlos una forma de acatamiento del Estado fascista, Pío XI se sirvió del nuevo papel de la Iglesia para inaugurar una nueva era.

Pero, más allá de eso, el papa promovió y abrazó la ciencia moderna con un interés que superaba con creces el de sus predecesores y que le valió una rara distinción: en noviembre de 1931, la revista estadounidense *Popular Mechanics* dedicó un extenso artículo al papa y a su empleo de la tecnología. «El siglo xx se impone por doquier y lo viejo da paso a lo nuevo», afirmaba el artículo. «La Ciudad del Vaticano es hoy en día símbolo y ejemplo vivo de que ciencia y religión pueden convivir en perfecta armonía». Entre las innovaciones introducidas por el papa, la revista mencionaba el Observatorio Vaticano, que ese mismo año se había trasladado de San Pedro a Castel Gandolfo (incluido su telescopio de refracción de cuarenta centímetros fabricado por la firma alemana Zeiss) y que iba camino de convertirse en punto de encuentro internacional para expertos en astronomía. El papa creó asimismo una nueva flota de automóviles que eliminó los carruajes centenarios tirados por caballos, ordenó la instalación de ascensores modernos en el Vaticano, así como de un sistema telefónico automatizado y una nueva imprenta, y consideró la posibilidad de comprar una flotilla de helicópteros para sus desplazamientos por los alrededores de Roma.

PÍO XI QUISO SEÑALAR su noveno aniversario en la cátedra de san Pedro, el 12 de febrero de 1931, con una ceremonia que tendría profundas repercusiones. Precedido por el clamor de las trompetas de plata que tocaba una guardia de honor formada por seis hombres, entró en un despacho lleno de cables y tubos para saludar a Guglielmo Marconi, hijo predilecto de Italia, padre de la radio y ahora también miembro del Senado italiano. Radio Vaticano acababa de inaugurar sus oficinas. A instancias de Marconi, el pontífice giró diales y tiró de palancas, Marconi habló un momento mientras el papa, vestido de blanco, se sentaba ante el micrófono, y anunció:

—Esta es la primera vez en la historia que la viva voz de un papa va a oírse simultáneamente en todos los rincones del globo.

El papa habló primero en latín y luego en italiano. En sus primeras palabras citaba un pasaje de Isaías: «Oíd y escuchad, oh gentes de países lejanos. Hablamos primero a todas las cosas y todos los hombres, les hablamos aquí y como sigue con las palabras mismas de las Sagradas Escrituras: oíd, cielos, lo que diré, y escucha, Tierra, las palabras de mi boca. Escuchad, pueblos todos, prestad oídos todos los que habitáis el orbe, unidos hacia el mismo fin. Tanto ricos como pobres. Escuchad, oh islas, y escuchad, oh pueblos lejanos».

Cuando acabó, monseñor Francis Spellman tradujo las palabras del papa al inglés. En su discurso, el papa alabó a Marconi «por este nuevo invento», la radio, que describió como «el culmen de la ciencia y la tecnología». Marconi, dijo, «nos había prometido uno de los aparatos más modernos. Y ha cumplido tan magníficamente su promesa que tal vez se pregunte si le queda algo por hacer para perfeccionar la radio».

Se puso extremo cuidado en la transmisión del discurso papal. Se moduló el sonido, transformado en una serie de ondas de radio. Alrededor del mundo, los ingenieros recibieron y amplificaron la señal de onda corta y la transmitieron a través de la red planetaria de estaciones repetidoras. A cada paso, los operadores ajustaban la señal y volvían a lanzarla al aire. A nivel local, la señal era transferida a las bandas de radio de AM para su transmisión directa.

«Los oyentes de Estados Unidos cuentan que oyeron un "chillido que subía y bajaba", mezclado por momentos con las palabras del papa», informó el *New York Times*. «Por lo demás, el programa se oyó con notable claridad y libre de interferencias».

A los operadores de radio de Londres les resultó más fácil captar la señal de una estación de radio que emitía desde Estados Unidos, pero el resultado no fue bueno. Había tantas interferencias que no se entendía el latín con acento italiano del papa, ni la traducción de Spellman. Con todo, fue un paso de gigante para el Vaticano.

La radiodifusión inalámbrica, que en algunos países empezaba a llamarse simplemente «radio», existía ya desde hacía una generación, pero la novedad de aquel acontecimiento era tal que el papa estaba casi redefiniendo el significado y el uso de la radio: con su voz, dio una nueva proyección a las emisiones por radio. Su discurso inaugural de Radio Vaticano fue declarado un milagro en sí mismo, como ejemplo de lo que podía lograr la humanidad. El papa no solo podía predicar a los fieles, sino también aconsejar a los no católicos, difundir consignas y crear un frente unido entre sus legiones de sacerdotes dispersos por todo el mundo. No habría ya duda ni retraso a la hora de interpretar lo que opinaba la Santa Sede, o su visión respecto a lo que ocurría en el mundo: hete aquí al jefe supremo de la Iglesia Católica romana hablando con absoluta inmediatez.

Pío XI comenzó a hablar por radio con regularidad, tanto haciendo declaraciones generales como comentarios más focalizados. Fue internándose cada vez con mayor frecuencia en el ámbito de la política y multiplicando sus llamamientos a la paz. «Pocos acontecimientos en la historia del mundo pueden compararse con la profunda repercusión que ha tenido la alocución directa del jefe de la Santa Sede ante el planeta entero», afirmaba el editorial del *New York Herald*. «Ningún papa anterior podía haber previsto tal cosa. Es un milagro tanto de la ciencia como de la fe», concluía el editorial.

Quizá fuera, si no un milagro, sí un triunfo de la ciencia. En cualquier caso, Radio Vaticano había brindado a Pío XI una audiencia global. Ahora, siete años después, en 1938, la voz del papa y la traducción de su palabra no llegaba únicamente a los fieles del catolicismo: pese a hallarse cada vez más solo, se había convertido en creador de opinión, podía ejercer una fuerza política, incluso moral, en aquellos tiempos de desafío a los nazis. Radio Vaticano, que emitía en italiano, inglés, alemán y francés, se había instituido en alternativa y en brújula moral para Europa y más allá. No había otra voz en el mundo que pudiera tener tanta repercusión, generar tanta controversia e influir en las emociones como la del papa sirviéndose de su púlpito electrónico y de su imprenta vaticana, de cuyas prensas salía el *Osservatore Romano*.

Pío sabía que, como líder espiritual, la radio le brindaba la oportunidad de escapar a las limitaciones del espacio y llevar su voz muy lejos en tiempo real. El poder de la tecnología constituía a todas luces una nueva oportunidad. Los demás medios de comunicación, la radio y los diarios de Italia, estaban controlados por los fascistas de Mussolini, que arremetían contra el papa por su «hosco» silencio ante la visita de Hitler a Roma.

Durante dicha visita, el *Times* londinense informó de las críticas que, trasladando las opiniones del propio Mussolini, vertía un diario fascista italiano que reprochaba violentamente al papa y al Vaticano que ningún otro periódico del mundo «hubiera ignorado la presencia de Hitler en Roma. Ciertamente, dista mucho de ser edificante ver cómo un diario antiguo y sobrio como el de la Ciudad del Vaticano pierde la razón y el sentido de la medida».

CAPÍTULO 5

El cardenal volante

Hyde Park, Nueva York, junio de 1938

EL PRESIDENTE ROOSEVELT estaba muy interesado en lo que sucedía en Roma durante la primavera y el verano de 1938 y recibía informes privados y directos de William Phillips, el embajador americano en Italia. Roosevelt había elegido a Phillips para el puesto en 1936, una elección interesante y significativa. Phillips se había graduado en la Universidad de Harvard en 1900, tres años antes que Roosevelt y uno antes que LaFarge. Después pasó tres años más en Cambridge, como alumno de la Facultad de Derecho de Harvard. No hay indicios de que LaFarge y Phillips se conocieran en esa época. Si Phillips y Roosevelt no eran amigos ya en Harvard, su relación se estrechó a partir de 1910, cuando Phillips se casó con Caroline Astor Drayton, prima segunda de Roosevelt y heredera de la fortuna Astor. Phillips y su esposa estaban muy unidos a Franklin y Eleanor Roosevelt (que, naturalmente, también era pariente de Caroline: ambas habían jugado juntas de niñas) y celebraban veladas privadas en la Casa Blanca siempre que sus agendas se lo permitían. Phillips era republicano, pero la diferencia de partidos no suponía un obstáculo. Aparte del parentesco que los unía, Roosevelt pensó que Phillips sería un buen intermediario con Mussolini: formando parte de la oposición republicana, los italianos podían considerarlo una figura accesible y con criterio independiente. Con anterioridad, Phillips había ocupado el puesto de subsecretario de Estado, segundo en la jerarquía del ministerio de exteriores estadounidense a las órdenes de Cordell Hull, también por designación de Roosevelt. Como muchos otros miembros del Departamento de Estado durante la década de 1930, Phillips había tardado en cobrar conciencia del peligro que representaban Hitler y el Partido Nazi. Los diplomáticos destinados en Alemania, y especialmente el embajador estadounidense en Berlín, William E. Dodd, habían advertido en fecha temprana acerca de la política de rearme que estaba llevando a cabo Hitler y de su trato a los judíos, pero el Departamento de Estado había prestado escasa atención a sus advertencias. La consigna era tratar con Alemania, como siempre, conforme a la cortesía de la diplomacia de guante blanco.

En los dos años que llevaba en Italia, Phillips se había dado cuenta rápidamente de que los avisos de Dodd desde Alemania eran acertados. Roosevelt le había encargado ahora una tarea general: propiciar una buena relación con el Gobierno italiano y recurrir a todos los medios posibles para disuadir a Mussolini de que estrechara su alianza con Hitler. El presidente lo había animado a saltarse el protocolo y, además de sus informes rutinarios al Departamento de Estado, esperaba que su embajador, pariente y amigo le enviara noticias frecuentes comentando de manera más personal la situación en Italia. Cuando faltaba a este compromiso, Roosevelt le regañaba instándole a mantener la correspondencia.

Gracias a las cartas del embajador Phillips, al presidente no le sorprendió enterarse de que el papa Pío XI se mostraba muy hostil hacia Hitler. Pío ya se había opuesto sin ambages a los nazis, a pesar de que sus principales colaboradores no parecían estar del todo de acuerdo con él. En 1936, Roosevelt se había reunido con el cardenal Eugenio Pacelli, el mandatario católico romano de mayor rango que había visitado nunca Estados Unidos. El presidente se hallaba por entonces exultante, lo cual no era de extrañar teniendo en cuenta que acababa de conseguir la reelección con una sorprendente y aplastante mayoría de votos. Dos días después de su victoria en las urnas, se mostró relajado e incluso divertido cuando Pacelli llegó a Hyde Park para mantener una charla mientras almorzaban.

Los medios de comunicación llamaban a Pacelli «el cardenal volante», debido a su gira en avión por Estados Unidos, un viaje sin precedentes que, durante una semana, lo llevaría de una costa a otra del país. La gente se inclinaba ante él cuando depositó una corona en la casa de George Washington en Mount Vernon, cuando visitó el Empire State Building, la presa Hoover y el Gran Cañón, o cuando bendijo las cataratas del Niágara y el Golden Gate. Sus pronunciamientos públicos se habían limitado a blandas declaraciones a favor de la paz y llamamientos a observar los preceptos cristianos.

Había quien especulaba con la posibilidad de que la visita fuera un intento de restablecer las relaciones diplomáticas entre Estados Unidos y la Santa Sede, rotas desde la disolución de los Estados Pontificios en 1867. Los diplomáticos de Estados Unidos y Gran Bretaña, gobiernos laicos de países con mayoría protestante, cuestionaban la importancia de consolidar sus relaciones con el Vaticano, pero Roosevelt era consciente de la ventaja política que ello podía brindarle respecto a los votantes católicos de estados clave de la Unión. El papa tal vez quisiera vincular la postura internacional del Vaticano a la de Estados Unidos en su total oposición al nazismo.

Joseph P. Kennedy, el adinerado partidario e impulsor de Roosevelt y presidente de la Comisión Marítima estadounidense, acompañaba al emisario pontificio, al igual que el reverendísimo Francis Spellman, que, tras pasar un tiempo en el Vaticano, era ahora obispo auxiliar de Boston. Spellman y Kennedy eran prominentes católicos americanos, ambos con un prometedor futuro por delante.

El cardenal y su séquito habían tomado un tren matutino en Nueva York, ocupando un vagón privado. El radiante sol otoñal se reflejaba en el majestuoso río Hudson mientras el tren salía serpenteando de la ciudad, pasaba junto a la prisión de Sing Sing y circulaba cerca de la orilla del río, donde las gaviotas y los patos se alimentaban en el Tappan Zee, cuyos vecinos temían que la proyectada construcción de un puente dañara los humedales. La legación vaticana llegó a Poughkeepsie, a pocos kilómetros al sur de Hyde Park, poco después de mediodía.

Pacelli declinó cambiarse de ropa como le había sugerido Spellman, que, al igual que el resto de los sacerdotes católicos que acompañaban al cardenal, vestía un sencillo traje negro con alzacuellos. Pacelli destacaba entre los demás, majestuosamente ataviado con su hábito coral, su muceta y su gran crucifijo metálico. Roosevelt había enviado un comité de bienvenida de la Casa Blanca a la estación para recogerlos.

La Casa Blanca informó de que el presidente y el cardenal «debatieron acerca de la situación social en Estados Unidos e intercambiaron opiniones acerca de las tendencias que observaban en el país». Pero, de hecho, la conversación fue mucho más concreta, y habría acabado mal de no haber mantenido Roosevelt su buen humor. El presidente descubrió enseguida que Pacelli estaba obsesionado con el comunismo.

Seis años después, Roosevelt recordaría aquel encuentro en el transcurso de una cena. Según Florence Kerr, una funcionaria de la administración que estaba presente en la cena, el presidente describió su entrevista con Pacelli como «un combate de boxeo mental» y afirmó que el cardenal y él «estuvieron rumiando el asunto durante tres días. Él [Pacelli] volvió a Roma diciendo que el mayor peligro que corría América era volverse comunista. Yo le dije que no sería así. Le dije que me parecía igual de probable que nos volviéramos comunistas que nos volviéramos fascistas». El toma y daca continuó: el presidente contestó en tono burlón y el cardenal insistió.

—El principal peligro que corre América es volverse comunista —repitió Pacelli más de una vez.

—El principal peligro que corre América es volverse fascista —replicó Franklin Delano Roosevelt.

—No.

—Sí.

—¡No! —repitió Pacelli con mayor énfasis—. Señor presidente, usted sencillamente no entiende la importancia terrible del movimiento comunista.

—Y usted sencillamente no entiende al pueblo americano —repuso el presidente.

La conversación acabó en punto muerto, al parecer civilizadamente. A media tarde, el cardenal subió a su vagón de tren para regresar a Nueva York.

Dos días después, tras ser recibido por miles de escolares católicos frente a la catedral de Saint Patrick, Pacelli llegó en coche al muelle 59 y subió a bordo del transatlántico italiano *Conte di Savoia* para su viaje de regreso a Italia.

EN 1937, el papa Pío publicó *Con viva preocupación*, su primer gran invectiva contra el nazismo, una encíclica pontificia que arremetía contra Hitler y su Gestapo. Los Gobiernos de Estados Unidos y Gran Bretaña tomaron nota. De pronto, Pío XI parecía estar en la misma onda que Roosevelt. Los mandatarios de Washington y Londres pensaron que tal vez pudieran reclutar al papa en su lucha contra Hitler, y más en concreto contra el estrechamiento de sus relaciones con Mussolini. Aunque el papa no pudiera «presionar a Hitler», comentó un analista británico, «sin duda podía presionar a Mussolini. Tal vez incluso pudiera apartarlo de Hitler».

En 1937, muchos de quienes antaño habían criticado al papa, entre ellos diversos diplomáticos y líderes judíos, alababan a Pío XI como una de las voces más contundentes en defensa de la paz y la libertad. Los nazis intentaron diseminar el rumor de que el papa, nacido en una familia tradicional del norte de Italia, era en realidad un comunista y un criptojudío. De Roosevelt decían disparates parecidos.

Puede que el recrudecimiento de las críticas papales a Hitler despertara el interés de Washington, pero en el Vaticano causó gran preocupación, especialmente en el caso del cardenal Pacelli. Aparte de que se le considerara la mano derecha del pontífice, Pacelli era desde siempre un «papable»: un futuro candidato al trono de Roma.

Eugenio había nacido en 1876 en el seno de una familia con cuatro hijos. Su padre, Fillippo, un eminente jurista canónico, acabaría siendo decano de la Sacra Rota Romana, el alto tribunal de apelación de la Santa Sede. Su madre, Virginia, tenía doce hermanos, entre ellos dos curas y dos monjas. Pacelli estaba muy apegado a su madre, que se aseguró de que su educación girara en torno a la iglesia. Durante su infancia vivió en varios pisos del centro de Roma, modestos pero de clase pudiente, siempre a menos de media hora andando del Vaticano. Fue monaguillo y a veces se disfrazaba de cura y jugaba a que celebraba misa. Estudió en escuelas católicas y más tarde en un colegio público laico donde destacó por sus excelentes notas. Era además muy aficionado a la música clásica, y tocaba el violín y el piano acompañando a sus dos hermanas.

A los trece años escribió un perfil autobiográfico en el que describía con notable franqueza su apariencia física:

Soy de estatura media, de complexión delgada, tengo la cara más bien pálida, el pelo castaño y suave, los ojos negros, la nariz tirando a aguileña. No diría gran cosa de mi pecho, que, para ser sincero, no es nada robusto. Por último, tengo un par de piernas largas y finas, con pies bastante pequeños.

Comenzó sus estudios religiosos en la Universidad Gregoriana, cercana a su casa familiar, pero abandonó la universidad al cabo de unos meses por motivos de salud sin determinar. Su hermana diría posteriormente que su dolencia estaba relacionada con la comida que tomaba en el seminario. Al recuperarse, recibió un permiso especial para formarse como sacerdote sin tener que vivir nunca en un seminario. A su ordenación, celebrada en 1899, asistieron obispos e incluso cardenales. Era infrecuente que un novicio atrajera tanta atención, pero por lo visto a sus veintitrés años ya iba camino de ser «papable».

Gracias a su tesón ascendió rápidamente, desde un puesto subalterno en la Secretaría de Estado del Vaticano al cargo de subsecretario y más tarde al de secretario de asuntos eclesiásticos. Se zambulló de lleno en los asuntos diplomáticos cuando en 1901 fue enviado a Inglaterra para transmitir las condolencias de León XIII por la muerte de la reina Victoria. Conoció a Winston Churchill en su segundo viaje a Londres, en 1908. En aquel momento tenía treinta y dos años y Churchill, que contaba treinta y cuatro, era miembro del Parlamento desde hacía ocho.

En 1917, Pacelli fue nombrado representante oficial del papa en Baviera, y posteriormente para toda Alemania. Continuó siendo el legado apostólico en Alemania hasta 1929, cuando regresó a Roma a instancias de Pío XI, quien más tarde lo nombró secretario de Estado. De sus años en el extranjero le quedó una profunda pasión por todo lo alemán. Le entusiasmaban los automóviles germanos y, según monseñor Joseph Hurley, que trabajó para él, «era un apasionado de la música de [Richard] Wagner, de la más enérgica, triunfal y exaltante, no de las composiciones más suaves». Pasaba las vacaciones de verano en Suiza, donde podía practicar su fluido alemán y tenía, además, un ama de llaves alemana bastante mandona y discutidora, sor Pasqualina Lehnert, que le sirvió durante cuarenta años.

Pío y Pacelli tenían bagajes sorprendentemente distintos. El papa procedía del norte; Pacelli era romano. El cardenal era alto y larguirucho; el papa, bajo y recio. Pero quizá lo más notable era que, frente a la impulsividad del papa, que tenía tendencia a tomar decisiones precipitadas, Pacelli era un diplomático sesudo, parsimonioso y metódico en su toma de decisiones.

El cardenal ponía mucho cuidado en someterse humildemente a los deseos del papa, pero no siempre cumplía sus órdenes al pie de la letra. Había veces en que retrasaba o alteraba las instrucciones del pontífice o sus declaraciones públicas. Otras, discutía comedidamente con el papa para que rebajara el tono de sus invectivas contra Hitler y Mussolini. Creía prudente no suscitar su revanchismo haciendo declaraciones precipitadas.

A pesar de tener personalidades tan distintas, Pío y Pacelli se compenetraban bien. En el Vaticano eran muchos lo que afirmaban que el propio Pío se daba cuenta de que era un líder impulsivo y vehemente, y quería tener a su lado a un diplomático cauteloso y cerebral aunque no hiciera caso de sus consejos. El pontífice rara vez se dejaba aconsejar, pero Pacelli se las ingeniaba para introducir sus puntos de vista, que con frecuencia tenían como objetivo limar las asperezas de la política papal, todo ello, según él, por el bien del Vaticano. En el seno de la Iglesia, eran muchos lo que creían que la relación entre Pacelli y el papa se basaba en la dependencia mutua: Pío era consciente de que necesitaba un contrapeso que equilibrara su fogosidad.

Castel Gandolfo, 26 de junio de 1938

En la época en la que Hitler invadió Austria y Checoslovaquia y estrechó su alianza con Mussolini, el papa Pío contaba con muy escasos aliados entre los prelados de su entorno. Sus subordinados, y en especial el cardenal Pacelli (que era, a la sazón, buen amigo de Ledóchowski), le rogaban constantemente que procurara templar su mal genio. Su encíclica de 1937 contra el nazismo, *Con viva preocupación*, no solo había sido motivo de ataques contra curas católicos en Alemania, sino que había estado a punto de causar la ruptura de relaciones entre el Vaticano y el Gobierno nazi, para consternación de Pacelli y otros miembros de la curia. Cada vez que la Iglesia tomaba la palabra, se enfrentaba a una oleada de represalias.

Pío, sin embargo, pensaba ir un paso más allá con su nueva encíclica. John LaFarge debía redactar un manifiesto rotundo, una declaración que fuera objeto de titulares en la prensa internacional. No solo condenaría terminantemente el antisemitismo, sino que instaría a otros mandatarios católicos a levantar su voz y a presionar a Hitler y a Mussolini para que dieran marcha atrás en sus medidas contra los judíos. A pesar de saber que tal declaración podía motivar nuevas agresiones, aún más graves, contra los católicos (riesgo este que muchos dignatarios eclesiásticos consideraban demasiado grande), Pío estaba dispuesto a seguir adelante y a oponerse a Hitler con argumentos de índole moral.

Como de costumbre, el papa se sentía constreñido por la burocracia. Quería que LaFarge trabajara en secreto, y es posible que incluso le hubiera mantenido recluido de haber tenido la infraestructura necesaria para hacerlo por su cuenta. Para emplear a LaFarge, el papa estaba obligado a informar a Wlodimir Ledóchowski, quien, lo mismo que Pacelli y que muchos otros en el Vaticano, no tenía interés alguno en provocar a Hitler.

Pío había resistido hasta entonces las presiones del resto de la curia, pero su precaria salud hacía dudoso que tuviera tiempo y energías para controlar a quienes lo rodeaban. Había convocado a LaFarge por su cuenta y riesgo, sin consultarlo con Pacelli pese a que el secretario de Estado se hallaba en ese momento en

Castel Gandolfo, y había evitado informar a Ledóchowski por adelantado porque sabía cómo reaccionaría el superior de los jesuitas.

No obstante, la mañana del 26 de junio Pío solicitó la presencia de Ledóchowski en Castel Gandolfo. El papa, que nunca solventaba los asuntos importantes por teléfono, cumplía así la promesa que la víspera le había hecho a LaFarge de informar al superior general de la orden acerca de la redacción de aquella nueva encíclica. Es muy posible que Pío pidiera a Ledóchowski que guardara el secreto, a pesar de saber que ello era casi imposible teniendo en cuenta que el Vaticano era un semillero de rumores y especulaciones.

Si Pacelli era la segunda persona más importante del Vaticano, Ledóchowski era la tercera, a corta distancia del cardenal. Como jefe supremo de la orden jesuita, extendida por todo el mundo (se le conocía como «el papa negro», o el «superior general» o, más comúnmente, como «el general»), sin ser en modo alguno un rival del pontífice, era en cambio una figura todopoderosa dentro de la orden jesuita y muy influyente en el ámbito del catolicismo. Ledóchowski no era cardenal, y ningún jesuita había ascendido nunca al pontificado. Ocupaba el cargo de superior general de la orden desde 1915 y desde entonces había residido en Roma casi sin interrupción, lo que le confería mayor veteranía en la Santa Sede, al menos en términos de presencia física, que la del propio papa Pío XI.

Pacelli y Ledóchowski eran confidentes en contacto permanente, ambos veteranos dentro de la curia romana y dos de los principales actores políticos del Vaticano. Mientras que Pacelli formaba parte de la llamada «nobleza negra» de Roma (una serie de familias que constituían oficiosamente la corte pontificia), Ledóchowski, de ascendencia polaca, era de hecho conde. Nacido en el Imperio Austriaco, cerca de Viena, en 1866, era hijo del conde Anton Ledóchowski, un noble de origen polaco. El conde Anton había sido chambelán del emperador Francisco José y uno de sus hermanos, Mieczyslaw, había alcanzado el eminente cargo pontificio de cardenal prefecto de la Sagrada Congregación para la Propagación de la Fe.

La influencia que ejercía Ledóchowski sobre la política eclesiástica era bien conocida. A veces, casi siempre en vano, intentaba hacer cambiar de idea al pontífice acerca de asuntos clave que le interesaban especialmente. En varias ocasiones había pedido al papa, por ejemplo, que se mostrara más enérgico al condenar el comunismo cuando criticaba el fascismo, como forma de equilibrar la balanza. Pero el papa ya no buscaba el equilibrio: estaba firmemente convencido de que el nazismo constituía un peligro mayor que el comunismo. Era este un cambio de perspectiva trascendental que no compartía la mayoría del Vaticano, a pesar de que algunos miembros de la curia le hubieran dado la razón durante un tiempo. Como había afirmado la periodista Dorothy Thompson tras ser expulsada de la Alemania nazi por decir lo que pensaba, «el nacionalsocialismo es para el catolicismo una amenaza mayor que el comunismo, porque, mientras que el comunismo es ateo, el nacionalsocialismo es satánico».

Ledóchowski había presionado al papa más de una vez para que vinculara a los judíos con la difusión del comunismo.

—Tal vez Su Santidad quiera dar a conocer al mundo este peligro terrible, un peligro que cada día se vuelve más amenazador —le había dicho con anterioridad a la publicación en 1937 de la encíclica pontificia *Divinis redemptoris* [La promesa de un redentor], que atacaba el comunismo.

Dicha encíclica, la más rotunda en su condena del marxismo emitida hasta entonces por el papado, se publicó unos días antes de la controvertida diatriba antinazi *Con viva preocupación*, que a su vez dejó el terreno abonado para futuras críticas al nazismo. Las dos encíclicas compartían cierta simetría en su abordaje de ambos sistemas totalitarios. Publicarlas con tan escaso lapso de tiempo entre sí tal vez fuera un modo de aplacar a quienes, como

Ledóchowski, disentían de las opiniones del papa y, más que preocuparse por el nazismo, eran fervientes anticomunistas. Pío XI, sin embargo, no tenía intención de servirse de la encíclica anticomunista como pretendía Ledóchowski, como una diatriba sin fundamento contra el judaísmo.

Divinis redemptoris criticaba, en efecto, el comunismo aduciendo que «despoja al hombre de su libertad [...] y suprime en la persona humana toda dignidad y todo freno moral eficaz contra el asalto de los estímulos ciegos». Ledóchowski, sin embargo, insistió en que se introdujeran correcciones y sugirió a Su Santidad que con una condena tan rotunda del comunismo debía mencionar también lo que para él era una clara conspiración internacional judeomasónica y bolchevique. «Pese a que la propaganda atea de Moscú se vuelve cada vez más intensa, la prensa mundial, en manos de judíos, apenas hace referencia a ella, del mismo modo que obvia los crímenes que se cometen en Rusia. Porque no solo todos los padres intelectuales del comunismo eran judíos», afirmaba el general de los jesuitas en su carta al papa, «sino que el movimiento comunista en Rusia estuvo protagonizado por judíos, e incluso ahora, si uno indaga en profundidad, se encuentra con que los principales autores de la propaganda comunista son judíos, aunque quizá no siempre lo sean abiertamente».

Estas acusaciones falaces, propaladas por los sectores antisemitas que había tanto dentro como fuera de la Iglesia Católica, llevaban largo tiempo en circulación. El papa puso en duda los argumentos de Ledóchowski y en varios pasajes de la carta del jesuita anotó de su puño y letra «¡Verificar!». Demostradlo, parecía decir. Ledóchowski carecía de argumentos sólidos y el papa rechazó sus tentativas de modificar el texto de la encíclica.

El papa rechazó de manera parecida los ruegos de Pacelli para que el Vaticano apoyara con mayor firmeza al generalísimo Francisco Franco en España. El cardenal veía el conflicto español como una clara confrontación entre el bien (los «nacionales» respaldados por los nazis y los fascistas) y el mal (el Gobierno español apoyado por la Unión Soviética). Pío, en cambio, no hacía una distinción tan nítida: nunca reconoció la legitimidad de Franco ni confió en él y cuestionó los vínculos de este con los nazis.

El papa llegó incluso a considerar la posibilidad de participar en las conversaciones propuestas por el líder del Partido Comunista francés para la creación de un frente unificado contra nazis y fascistas. Le comentó a un obispo francés que quizá fuera buena idea «aceptar esa invitación, por supuesto no para vernos arrastrados hacia los comunistas, sino más bien para que podamos acercar a nosotros la mano que nos tienden». Como era de esperar, el cardenal Pacelli se opuso a dicho diálogo y actuó entre bambalinas para frustrarlo. El sector conservador del Vaticano vio en ese interés de Pío por dialogar la prueba de que el papa estaba perdiendo el norte.

DURANTE SU ENCUENTRO del 26 de junio, Pío refirió a Ledóchowski su conversación con LaFarge y le habló de la nueva encíclica, y el superior de los jesuitas se propuso de inmediato idear una estrategia para tratar con LaFarge. Afirmó que lo ayudaría y hasta pareció que lo hacía, pero no cabe duda de que era contrario a la publicación del documento. Su estrategia iba a consistir en controlar el proceso de gestación de la encíclica. En cierta ocasión le había hablado a su amigo el cardenal Edward Mooney de sus métodos para manipular a sus subordinados dentro de la Compañía de Jesús.

—Los jesuitas obedecen con tal de que se les den pocas órdenes y ninguna de ellas vaya contra sus principios —le comentó a Mooney—. Un superior avezado puede conseguir que lo obedezcan siempre y cuando no violente su amor individual por una razonable independencia.

Siguiendo esa línea de pensamiento, LaFarge creería que estaba obrando de manera independiente. Ledóchowski lo animaría mientras durara la redacción de la encíclica, pero se adueñaría del producto final. Todos los jesuitas tenían un marcado sentido de la obediencia, y Ledóchowski ya conocía a LaFarge, al que había sermoneado acerca de sus responsabilidades como periodista jesuita. Concretamente, había debatido con él sobre el propósito de la revista *America*. Ledóchowski quería que la línea editorial de la revista se centrara en las enseñanzas y prédicas tradicionales de la Iglesia. Como tradicionalista, esperaba y exigía adherencia a los preceptos ancestrales del catolicismo. Sentía que *America* tenía el sagrado deber de explicar el presente según los términos de la Iglesia:

—El pueblo dirige su mirada hacia nosotros para interpretar lo que está pasando —decía—, lo que dice la religión respecto a acontecimientos.

America no debía ser una publicación en la que se expresaran opiniones individuales. Debía expresar, por el contrario, el punto de vista de la Compañía de Jesús, la visión de los jesuitas.

El mensaje estaba claro: los jesuitas de Estados Unidos debían plena obediencia a la curia jesuita romana, al propio Ledóchowski y, por tanto, al Vaticano. LaFarge, evidentemente, estaba cortado conforme al patrón típico de los jesuitas, el de un hombre obediente y formal que haría lo que le mandasen.

Ledóchowski lo convocó a una reunión al día siguiente, 27 de junio. LaFarge, que desconocía las intrigas y los torbellinos políticos que se agitaban en el Vaticano, sintió alivio al saber que el papa había hablado a Ledóchowski de su encargo. Estaba aturdido y maravillado por ir a reunirse con el general de los jesuitas, pero también se sentía temeroso e intimidado. La reputación de Ledóchowski había llegado hasta Nueva York. Incluso hallándose tan lejos, en la calle 108 Oeste de Manhattan, LaFarge había oído decir que el superior general de los jesuitas, de setenta y un años de edad, tenía un genio muy variable y no era hombre con el que conviniera jugar.

«Por suerte lo he pillado en uno de sus días buenos y ha estado de lo más animado, ha contado cosas muy entretenidas y tiene ese don maravilloso de hacer que uno se sienta a gusto enseguida», escribió LaFarge tras aquel primer encuentro. «De hecho, he tenido que pellizcarme varias veces para darme cuenta de que de verdad estaba hablando con él».

En esta segunda reunión, al igual que en la primera, LaFarge se sintió desarmado. Ledóchowski parecía de muy buen humor cuando saludó al americano y le comentó que el papa le había hablado de la encíclica. Más tranquilo ya, LaFarge le confesó que se sentía abrumado por el encargo del pontífice. Si hubiera tenido idea de que iba a suceder algo de tal calibre, añadió LaFarge, «por nada del mundo me habría dejado persuadir para venir a Roma, y menos aún para reunirme con el papa». Ledóchowski le dijo que no se preocupara, que no podía hacerse otra cosa que seguir adelante con el asunto.

Dicho esto, LaFarge le expuso algunas de sus preocupaciones. En primer lugar, le dijo al general jesuita que quería revisar los documentos relativos a aquella cuestión que obraban en los archivos pontificios: declaraciones previas y opiniones vertidas por el Vaticano acerca del racismo y los nazis. Ledóchowski le aseguró que eso no sería problema. Él mismo se aseguraría de que dispusiera de todas las facilidades.

A LaFarge le preocupaba también el calor intenso del verano romano. Prefería con mucho trabajar en un clima templado, preferiblemente en París. Muy buena idea, repuso Ledóchowski, y aceptó también su proposición.

Por último, LaFarge le informó de que el papa le había pedido que se diera prisa. Dado que disponía de poco tiempo, quiso saber si el superior general podía proporcionarle un colaborador que lo ayudara en la redacción de la encíclica. Ledóchowski le asignó a dos jesuitas: uno sería Gustave Desbuquois, líder de Action Populaire, la organización social de los jesuitas franceses, al que LaFarge había conocido en París. El otro, decidió Ledóchowski, sería Gustav Gundlach. «Los dos Guses», como se los conocería después, eran hombres discretos y tenían experiencia en la redacción de tales documentos. Ledóchowski conocía la obra de ambos y sabía, además, que podría controlarlos.

Pese a mostrarse encantador, Ledóchowski se las ingenió para arrogarse el papel de supervisor del proyecto. Le habló de la necesidad de darse prisa y de guardar el secreto. Entre otras cosas, si llegaba a hacerse pública su labor, «en cuestión de veinticuatro horas todos los gobiernos europeos mandarían a gente al Vaticano exigiéndoles que explicaran su postura». Razón de más para que LaFarge se fuera a París. Tenía que marcharse lo antes posible. Cualquier pregunta, cualquier duda, debía consultársela directamente a él en el Vaticano.

LaFarge mencionó que la edición dominical del *Osservatore Romano* había consignado, como de costumbre, las actividades del papa durante el día anterior en una columna situada en el lado izquierdo de la primera página. En la sección dedicada a las audiencias se leía en letra pequeña «Giovanni LaFarge, C. J.». Su reunión con el papa no era ningún secreto: solo lo era el objeto de dicha reunión. Ledóchowski le sugirió que se sirviera de una tapadera: diría que había decidido revisar su libro *Interracial Justice* y que se iba a París a escribir y a realizar diversas entrevistas.

Después de su conversación con el general de los jesuitas, se dio acceso a LaFarge a los documentos pertinentes y a los comunicados diplomáticos del Vaticano. Su revisión, pese a llevarle muy poco tiempo, le bastó para darse cuenta de que la situación política y las relaciones con Italia y Alemania eran peores de lo que imaginaba. Seguramente por un exceso de entusiasmo o de nerviosismo, rompió casi de inmediato su promesa de guardar silencio. Escribió una carta a Francis Talbott, su editor de Nueva York, describiendo la situación y explicándole por qué iba a retrasar su regreso, y añadía que aquello debía quedar entre ellos.

«Si la gente pregunta, puede decirles que estoy trabajando en una posible segunda edición de mi libro, recabando notas, viendo a gente, etcétera. En general es verdad. Y dígales que estoy aquí».

Ledóchowski podía considerar un éxito su reunión con LaFarge. Había seguido su propia consigna al hacer creer a LaFarge que iba a obtener todo lo que quería: plena libertad de acción. Había entablado con él una relación de confianza y le había asignado a dos colaboradores conocidos y de confianza que no se apartarían demasiado del dogma vaticano existente. La petición de LaFarge de trabajar lejos de Roma había sido fácil de aceptar. Posiblemente, Ledóchowski prefería tenerlo bien lejos, donde no pudiera acercarse al papa hasta que hubiera concluido su labor. Ello limitaba el número de personas del Vaticano que podían descubrir que se estaba redactando la encíclica o con las que LaFarge podía tener contacto. De ese modo, Ledóchowski podría interponerse entre Pío XI y su «redactor» con la esperanza de suavizar el tono de la retórica papal, cada vez más virulenta.

LaFarge pensó que se le estaba brindando la mejor infraestructura posible para trabajar en uno de los textos más importantes que podía escribir en el transcurso de su vida. Quedaba por ver cuál sería el resultado, pero LaFarge le confesó a un amigo que el papa le había dicho:

—Recuerde, va a escribir esta encíclica para mí, no para Ledóchowski.

Con todo, LaFarge puso su confianza en el jefe de los jesuitas, no solo por obediencia, sino por las experiencias que había tenido en el pasado con otras figuras de autoridad.

«Tuve la curiosa sensación de que estaba hablando con mi padre», recordaría después acerca de su conversación con el papa. «Sus gestos eran extrañamente parecidos a los de mi padre, sobre todo ese tan característico de juntar los dedos índice y corazón, levantarlos en el aire y menearlos paternalmente. Había sutiles giros de expresión que me recordaban a mi padre, y esa misma atmósfera así, como de conversación». Era fácil comprender la comparación entre el Santo Padre y el verdadero progenitor de LaFarge, fallecido hacía más de veintisiete años. LaFarge padre había sido una presencia estimulante pero también algo temible en la vida de su hijo, una persona a la que LaFarge deseaba complacer e impresionar. Y, en su calidad de religioso, nadie podía inspirarle tanto temor reverencial ni tanta devoción como el pontífice romano.

A Ledóchowski, en cambio, no lo veía como a una figura paterna, sino más bien como a una influencia de carácter maternal. Afirmó que «la persona enjuta y vivaracha» del superior de los jesuitas le recordaba curiosamente a Katharine Drexel, una conocida monja y amiga suya de Filadelfia.

LaFarge, sin embargo, salió de aquella reunión con la certeza de que su superior le «facilitaría» la comunicación con el pontífice. El 27 de junio hizo las maletas, se despidió de McCormick en la Universidad Gregoriana y tomó un tren primero con destino a Ginebra y luego a París, dispuesto a emprender una misión que, aunque sencilla en apariencia, tendría repercusiones morales y políticas que LaFarge no alcanzaba a imaginar.

CAPÍTULO 6

La respuesta democrática

París, 19 de julio de 1938

EL 19 DE JULIO, unas tres semanas después de llegar a París para emprender la tarea que le había encomendado el papa Pío, John LaFarge se tomó un descanso con motivo de la llegada del rey británico Jorge VI.

Había sido invitado, junto con otros sacerdotes, a contemplar la ceremonia desde el balcón de una cuarta planta con vistas a los Campos Elíseos. El rey pasó por la calle montado en una limusina negra descubierta. Lucía el uniforme de gala gris azulado de la Royal Air Force e iba sentado junto al presidente francés Albert Lebrun, con la reina Isabel y la esposa de Lebrun siguiéndolos en otro coche. La caballería *spahi* (regimientos de árabes franceses), capitaneada por el mariscal Philippe Pétain, el viejo héroe de la Primera Guerra Mundial, formaba una falange en torno a ellos. Había soldados flanqueando las calles, tocaba una banda militar y un dirigible maniobraba en el cielo, cerca del Arco del Triunfo.

«Teníamos unas vistas magníficas», escribió LaFarge más tarde. «Era un panorama espléndido, los *spahis* con sus magníficas monturas, los de Túnez vestidos de rojo y los de Marruecos de negro [...]. El pueblo idolatraba al ejército y entre la multitud reinaba el buen humor y la alegría. Por todas partes se vendían periscopios».

Los periodistas compararon el acontecimiento y las medidas de seguridad que lo rodearon con el espectáculo que dos meses antes había montado Mussolini en Roma para recibir a Hitler. A pesar del cálido recibimiento de los franceses, se había desplegado por París a decenas de miles de agentes de seguridad. «Dos horas antes de su llegada, París estaba prácticamente tomado por las tropas», informó United Press. «Los tanques del ejército avanzaron rugiendo por los bulevares y se apostaron en puntos clave como la Plaza de la Concordia o los Campos Elíseos, cortando por completo el tráfico».

LaFarge dudaba de que toda aquella pompa y aquel alarde democrático tuvieran algún valor frente a los preparativos bélicos de los nazis.

«Encontré a mis amigos franceses muy optimistas respecto a la situación política. En lo tocante a Hitler, me explicaron, no había de qué preocuparse», anotó LaFarge. *Nous sommes si calmes*, le decía la gente. «Pero después de oírles decir cuatro o cinco veces al día lo tranquilos que estaban, empezabas a preguntarte hasta qué punto era cierto y si no sería solo aparente esa tranquilidad».

Coincidiendo con la visita real, Estados Unidos había convocado una conferencia internacional de refugiados en Évian-les-Bains, 560 kilómetros al sureste de París, en el lago Ginebra. Por entonces, al menos 150.000 judíos habían huido ya de Alemania, y eran solo una fracción de los que ansiaban abandonar Europa. El presidente Roosevelt, el promotor del encuentro, envió a su amigo Myron Taylor, un empresario respetado, como delegado de Estados Unidos.

«Está teniendo lugar una migración forzosa y ha llegado el momento de que [...] los gobiernos actúen con prontitud y eficacia», declaró Taylor en un ardiente llamamiento a los treinta y dos países que habían, enviado representantes a la conferencia.

Se hizo evidente que Roosevelt, preocupado por el antisemitismo dentro de sus propias fronteras, esperaba que otros países aceptaran también a refugiados judíos. Pero ningún país se ofreció a ayudar sustancialmente a los refugiados judíos.

Hitler se mofó sarcásticamente de Estados Unidos y de los demás participantes en la conferencia que aseguraban sentir «tan profunda simpatía por estos criminales», los judíos que estaban siendo expulsados de Alemania y Austria. La opinión mundial, dijo, «rezuma compasión por ese pobre pueblo atormentado, pero se mantiene firme e inamovible cuando se trata de ayudarlos».

El papa, consternado por los escasos resultados de la conferencia de Évian, pidió a diversas personalidades católicas americanas que hablaran con el Gobierno de Washington acerca de la posibilidad de que los refugiados judíos se instalaran en Estados Unidos. Mientras tanto, se centró en su propia campaña. No esperaría a que la encíclica estuviera lista para seguir atacando el antisemitismo.

LAFARGE TRABAJÓ intermitentemente en la encíclica papal. A principios de julio había decidido hacer una serie de excursiones fuera de París para despejarse y dedicar algún tiempo a reflexionar sobre lo que le había pedido el papa. Visitó a amigos y parientes y viajó a los sagrados campos de batalla de la última guerra. Estados Unidos se había convertido en el gran defensor de Francia al entrar en la Primera Guerra Mundial, ayudando a rechazar y derrotar al ejército alemán. Durante la Gran Guerra habían muerto más de dieciséis millones de soldados y civiles de ambos bandos, y veinte millones de personas habían resultado heridas. LaFarge visitó Reims, la ciudad símbolo de la locura y la carnicería de la guerra, cuya catedral se había reconstruido con ayuda del filántropo John Rockefeller. «No es bueno reflexionar demasiado», escribió en una carta a casa. «No es bueno dejar divagar la mente», añadió, «donde, casi bajo las mismas torres de la catedral, yacen enterrados miles de muchachos estadounidenses junto a chicos alemanes y franceses y muchos de otros países, con ese silencio que clama a la humanidad sorda y que te hiela el alma».

LaFarge veía la reconstrucción de la catedral como un avance eclipsado por aquella nueva oleada de locura que se había apoderado de la humanidad. «Vale más dar gracias a Dios por que, teniendo un sinfín de motivos para el dolor y la pena, Francia posea al menos algo grande: su libertad, una libertad estrecha, si se quiere, una libertad que cojea, pero libertad al fin y al cabo para que viva la Iglesia [...], libertad para construir una nueva Francia que no siga el ejemplo de la antigua». Pero ¿por cuánto tiempo?

Tras visitar Reims y los campos de batalla de la Primera Guerra Mundial, LaFarge fue a ver a varios parientes por parte de padre a los que había conocido treinta y cinco años antes, en sus tiempos de seminarista. Se alojó en la vieja casona en la que su padre había vivido un tiempo cuando era joven, en el pueblecito bretón de Ploujean. Su hermano Grant había hecho aquel mismo viaje tres años antes, y LaFarge escribió en sus memorias que ambos habían tenido la misma experiencia, «encontrando de pronto cien cosas que nos recordaban a casa en una parte tan remota del mundo. Habían dejado sobre mi mesa una caja grande llena de papeles y documentos familiares. Estuve leyéndolos hasta bien pasada la medianoche, a la luz titilante de la noche de verano. Encontré un viejo cuaderno de bocetos que mi padre había usado en Bretaña un año antes de regresar a Estados Unidos y conocer a mi madre».

John LaFarge hijo, el menor de nueve hermanos, recordaba a su padre como una figura distante durante su primera juventud en Nueva Inglaterra y Nueva York, al despuntar el siglo XX. «No formé parte de los primeros años de vida familiar de mi padre», recordaba, «y no llegué a conocerlo tan directa ni tan íntimamente como mis dos hermanos mayores, Grant y Bancel. Fue Bancel quien actuó como sustituto, desempeñando conmigo el papel que podía haber asumido un padre joven con sus hijos».

Sus hermanos le enseñaron a navegar, y John dedicó sus primeros años a explorar los acantilados y las ensenadas de la bahía de Narragansett, cercana a su casa de Newport. «El mar fue el telón de fondo de mi infancia», recordaría después. «Bajaba dando un paseo por la punta oeste de la playa para ver cómo se hinchaban las grandes olas a la luz de la luna».

Cuando todavía era muy joven, su madre le confesó que su padre «no cuida de nosotros como es debido. Tiene buena intención, pero aun así a veces se olvida de mí, y hay ocasiones en que tengo que pedirle ayuda a Dios Todopoderoso». John se convirtió en amigo y compañero de su madre, recordaba, y compartía con ella «sus problemas, sus angustias y quebraderos de cabeza. Yo me sentía muy viril y protector».

LaFarge padre era un bohemio excéntrico y un artista relevante. Muralista afamado y diseñador de mosaicos y vidrieras para iglesias, era uno de los siete miembros fundadores de la Academia Nacional de Artes y Letras. LaFarge el pintor era una persona difícil de conocer, tanto más porque, siendo aún de mediana edad, sufrió un envenenamiento por plomo que le causó una enfermedad crónica y lo obligaba a guardar cama con frecuencia.

Uno de los primeros recuerdos de John sobre su padre era el de ir con su madre al puerto de Newport (Rhode Island) cuando tenía once años, en 1891, al regresar su padre de un largo viaje por el Pacífico sur con Henry Adams. «Me alegré de saber que, en efecto, tenía un padre, pues el recuerdo que tenía de él hasta entonces era bastante borroso».

En 1938, LaFarge ansiaba aún conocer a aquel hombre al que en realidad nunca había conocido. Una de las obras más representativas de su padre era el mural *La Ascensión de Nuestro Señor*, del altar de la iglesia episcopal de la Ascensión de Greenwich Village, no muy lejos del estudio de la calle Diez Oeste en el que le había visitado John siendo joven. Quienes entraban en la iglesia quedaban fascinados por el mural, y muchos iban únicamente para contemplarlo. Una crítica aparecida en el *New York Times* afirmaba que LaFarge «ha demostrado que [en Estados Unidos] tenemos al menos un pintor igual, si no superior, a los mejores de su arte [...]. La composición, el dibujo y las proporciones son magistrales».

Henry Adams, en su obra autobiográfica *La educación de Henry Adams*, describió a LaFarge como uno de sus confidentes más íntimos y como una influencia importante y gozosa en su vida, y afirmó que era «quizá la persona más interesante que conocíamos». El libro ganó el premio Pulitzer en 1919, al año siguiente de la muerte de Adams, y nueve después de la de LaFarge padre. «Para LaFarge», escribía Adams, «la excentricidad era sinónimo de convencionalismo; una mente realmente excéntrica nunca se mostraba como tal. La verdadera excentricidad era un tono, un matiz, un acento, y cuanto más sutil el tono, más auténtica la excentricidad. Naturalmente, todos los artistas sostienen más o menos ese punto de vista en lo que respecta a su arte, pero pocos lo llevan a la práctica en la vida cotidiana, y a menudo el contraste entre su arte y su conversación resulta excesivo».

Al leer estas palabras, LaFarge hijo se acordó de que el momento en que se había sentido más unido a su padre había sido durante los pocos meses que había pasado con él en Nueva York. El joven John siguió teniendo una relación mucho más estrecha con su madre hasta el fallecimiento de esta en 1926, pero aquellos días en Nueva York le dejaron huella. La obra de LaFarge padre, centrada en artes relacionadas con el espíritu, influyó en el espíritu de su hijo, que desarrolló por su cuenta un conocimiento apabullante de las artes, hasta convertirse en un experto en vidrieras, arte sacro y arquitectura. No era excéntrico por naturaleza, tal y como Henry Adams había descrito a su padre, a no ser porque fue el único miembro de su familia inmediata que ingresó en el sacerdocio. Y al convertirse en jesuita, se dedicó al servicio a los demás y, a diferencia de su padre, siguió un camino apacible aunque poco frecuentado. Parafraseando a san Ignacio, un jesuita era un hombre «del montón», no un excéntrico.

Bancel, que era quince años mayor que John, había seguido los pasos de su padre y se dedicaba al arte sacro. Ese verano de 1938, junto a todos aquellos recuerdos que le remitían a los primeros años de su vida, LaFarge recibió noticias preocupantes de casa: Bancel, que acababa de completar una vidriera para la iglesia de Saint Aidan de New Haven, estaba enfermo. Los recuerdos embargaron a LaFarge, y más de una vez deseó no haber sido elegido por el papa para aquella tarea. Sentía nostalgia de su país.

EL 19 DE JULIO, LaFarge había fijado ya una rutina para trabajar en la encíclica, a pesar de que sus días en París estaban teñidos por la melancolía y por las dudas acerca de su propia valía. La soledad y el recuerdo de su familia influyeron en sus decisiones. Hablaba con frecuencia de su próxima marcha y de que estaría en casa antes de que acabara el verano, lo cual parecía improbable.

Se instaló en la residencia para jesuitas que la revista *Études* (el equivalente francés a *America*) tenía en la orilla izquierda del Sena, y allí montó también su despacho. Le había contado lo que iba a hacer, a grandes rasgos, al padre D'Ouince, el jefe de la comunidad jesuita de *Études*, y este le dio permiso para entrar y salir y trabajar con total libertad.

Sus jornadas de trabajo eran largas y a menudo se prolongaban durante la noche. LaFarge se quejaba de dolores y molestias, empezó a perder peso y parecía cada vez más demacrado. Necesitaba distracciones para aliviar la tensión y el estrés, y la vida cultural parisina era perfecta para eso: bullía más que nunca, como un último bastión, mientras los países del este de Europa iban cerrándose a cal y canto y España seguía inmersa en su sangrienta guerra civil. El arte francés y, sobre todo, las revistas francesas, crecían en popularidad.

LaFarge y sus colaboradores acordaron redactar un documento de un centenar de páginas que LaFarge quería tener terminado para finales de agosto. Pensaba llevarlo él mismo al Vaticano, pasarse quizá por España y regresar luego a casa.

Sus compañeros y él se pusieron manos a la obra y sentaron las normas de partida para que el texto resultante cumpliera las expectativas del papa. Pío XI le había dicho a LaFarge que incluyera la noción del racismo como mito en su diatriba contra la política racial nazi. Su libro *Interracial Justice* había de ser el modelo a seguir para la redacción de la encíclica. El libro proclamaba que el llamamiento a la justicia y al respeto a los derechos humanos tiene carácter universal y atañe tanto a negros como a judíos. Incluso citaba al papa en el prefacio:

> *Todas las instituciones de la vida pública y social deben estar imbuidas del espíritu de justicia, y esta justicia ha de ser verdaderamente eficaz. Ha de servir para edificar un orden jurídico y social capaz de impregnar toda actividad económica.*

LaFarge añadía que «el problema entre negros y blancos es solo uno de los muchos problemas interraciales parecidos que hay en este país y, de hecho, en todo el mundo». No había duda de que los argumentos del papa en contra del antisemitismo se basaban en estos mismos principios.

El jesuita alemán Gustav Gundlach se convirtió en el principal colaborador de LaFarge. Conocedor de los entresijos del Vaticano, había trabajado en otras encíclicas, entre ellas *Quadragesimo anno*, la encíclica que, escrita en 1931, advertía contra los peligros del capitalismo desenfrenado y el comunismo. El otro colaborador designado por Ledóchowski, Gustave Desbuquois, tuvo un papel mucho menos activo y sirvió principalmente como traductor de la encíclica al francés.

LaFarge y Gundlach se dividieron la tarea. LaFarge se encargó, como es lógico, de abordar el meollo de la cuestión (el racismo y el antisemitismo) mientras que Gundlach se ocuparía del contexto, las cláusulas retóricas y el marco teológico del documento. LaFarge cumpliría el mandato del papa y se convertiría en su *alter ego* a la hora de redactar el texto principal, pero, persuadido de que «era necesario cierto grado de contexto histórico y doctrinal», delegó esa labor en Gundlach. El núcleo del documento, afirmó, sería una declaración acerca del «nacionalismo, el racismo y la cuestión judía» y una consideración práctica del papel de la Iglesia en aquel momento histórico.

Por las mismas fechas en que LaFarge y Gundlach se estaban instalando en París apareció en el *Osservatore Romano*, el diario del Vaticano, una mención a cierto «documento inédito» que definiría la postura del papado respecto a la política racial de nazis y fascistas. Fue el modo en que el papa hizo saber a LaFarge que estaba esperando el borrador de la encíclica.

Entre LaFarge y Gundlach ultimaron los pormenores de la redacción: cuánta historia exactamente requería el documento, y cuánto dogma católico. LaFarge se sentía seguro respecto a lo que iba a decir acerca del racismo, el tema central de la encíclica, pero se consideraba un novato comparado con sus ayudantes, que tenían experiencia en la redacción de importantes manifiestos eclesiásticos. Se centró en el racismo y dejó el contexto en manos de Gundlach, cuya contribución principal fue servir de guía a LaFarge a la hora de comprender los laberintos del poder pontificio. El alemán había tratado con Ledóchowski y sabía que el general de los jesuitas intentaría actuar como cancerbero del papa.

Gundlach, un progresista que había sido profesor de sociología y analista político en Alemania durante la República de Weimar, opinaba que el borrador debía hacer mención de las enseñanzas fundamentales de la Iglesia y declarar, por tanto, que el racismo, y en consecuencia el antisemitismo, se basan en la falacia y el mito. LaFarge, con una visión propia de un americano, se inclinaba por un lenguaje sencillo en el que resonara como un eco el pronunciamiento de la Declaración de Independencia según el cual «todos los hombres son creados iguales».

Gundlach conocía, además, la doctrina eclesiástica respecto al judaísmo y el antisemitismo. Si bien los líderes judíos internacionales celebraban los significativos progresos que se habían hecho durante el pontificado de Pío XI, la Iglesia Católica tenía tras de sí una larga y deplorable historia de antisemitismo, y Gundlach no era inmune a los prejuicios. En 1930 había identificado dos tipos de antisemitismo: uno basado en el racismo; el otro, en factores económicos y políticos. Esa segunda forma de antisemitismo se reducía a la idea de que los judíos eran una raza despótica y dominante cuya influencia se extendía por el gobierno, el comercio y la cultura, dañando así la sociedad cristiana.

Aunque Gundlach mantenía que los ataques racistas contra el judaísmo eran inaceptables y «contrarios al cristianismo», escribió que «el segundo tipo de antisemitismo es permisible cuando combate, por medios legales y morales, la influencia efectivamente dañina del segmento judío de la población en el campo de la economía, la política, el teatro, el cine, la prensa, la ciencia y el arte». Esta idea, pese a ser repulsiva, reflejaba la mentalidad imperante en la época y apelaba a la falsa caricatura, sostenida por muchos católicos y otros cristianos tanto en Europa como en Estados Unidos, de que los judíos se daban demasiada «maña» en los negocios, eran de moralidad dudosa y, en último término, responsables de la muerte de Jesucristo y el surgimiento del comunismo.

Con todo, tres años antes de que Hitler se hiciera con el poder, Gundlach había escrito que «la Iglesia siempre ha protegido a los judíos contra las prácticas antisemitas surgidas de la envidia, el falso celo cristiano y la necesidad económica».

Pese a que la Iglesia había promovido el antisemitismo durante siglos, Pío XI estaba dispuesto a dar un gran paso y confiaba en que LaFarge marcara el camino. Cuando llevaba unas semanas inmerso en su tarea, LaFarge pensó que las cosas iban bastante bien. Escribir una encíclica suponía crear un documento de dimensiones históricas, un texto que hablaba sobre una preocupación concreta de la Iglesia y, por tanto, del propio papa, pero que también expresaba una postura teológica de la Iglesia surgida de enseñanzas previas.

LaFarge estaba seguro de que podía centrarse en el tema sustancial de la encíclica, pero a veces dudaba de sí mismo. «De vez en cuando», escribía, «me corre un escalofrío por la columna vertebral. Pero creo que saldrá bien».

En uno de esos momentos de duda escribió a Talbot y le preguntó cómo podía tener la pretensión de hablar en nombre del papa Pío XI. Su editor le contestó en varias cartas a lo largo del verano diciéndole que no debía considerarse en modo alguno inferior al erudito Gundlach. El papa lo había escogido a él, no a Gundlach, para escribir la encíclica. Sabía lo que hacía y había tomado la decisión correcta.

«Es usted el mejor pertrechado para cumplir esa tarea», escribía Talbot. «Lleva años preparándose para ese tema; seguramente ha leído más sobre él, ha pensado más sobre él, lo ha analizado más, lo ha resuelto mejor. Tiene una mentalidad supranacional. Ha sentado ya, implícita o explícitamente, los principios fundamentales en sus escritos y en sus reflexiones. Está sumamente familiarizado con los cataclismos que han sufrido las naciones modernas, con sus ideologías, sus actos y sus metas, y conoce la historia de las naciones pretéritas».

Al final, la creciente amistad de LaFarge y Gundlach hizo más fácil la tarea. El alemán, que había tomado afecto al jesuita americano, intentó explicarle el remolino político que rodeaba el Vaticano. Había, le dijo, ciertas personas que se oponían a la publicación de una nueva y polémica declaración pontificia en un momento como aquel. A su modo de ver, el mejor modo de preservar el documento de la hostilidad de dichas personas era fundamentarlo con el máximo rigor en las enseñanzas y el dogma de la Iglesia.

Finalmente, acordaron que la encíclica tendría dos secciones y que cada una de ellas abarcaría aproximadamente la mitad del documento. La primera, de carácter histórico y teórico, la escribiría en su mayor parte Gundlach. La segunda la escribiría LaFarge. Aunque el equipo de redacción se llevaba bien, seguía habiendo dos campos. A un lado estaba Gundlach, el intelectual declarado y prolijo en palabras. Heinrich Bacht, otro jesuita alemán, se encargó de la traducción del texto al latín. Bacht, que admiraba el trabajo de Gundlach, estaba convencido de que era su compatriota quien más había aportado al proyecto.

«Que yo recuerde», afirmó años después en una carta, «todo el trabajo de elaboración recayó en el padre Gundlach, aunque solo fuera porque el bueno del padre LaFarge no era en modo alguno un intelectual capaz de una labor semejante».

Su opinión sobre LaFarge surgía en parte de un choque de culturas. El estilo europeo, entreverado de una compleja sintaxis teológica, era solemne y ponderado. LaFarge tendía hacia la prosa típicamente americana, más sencilla. Su libro *Interracial Justice* y sus artículos en la revista *America* estaban bien escritos y documentados. Si ser un «intelectual» europeo equivalía a ser indescifrable y alambicado, Gundlach desde luego daba la talla. Su forma de escribir se basaba en la verbosidad. ¿Para qué conformarse con una o dos palabras si podían usarse muchas más?

«Si nos remontamos a los comienzos de la época que ahora vivimos», escribía en el borrador de la encíclica, «y seguimos su desarrollo paulatino hasta el día de hoy, cuando ha alcanzado su culminación, descubrimos que hubo en origen una actitud espiritual enteramente opuesta a la que impera hoy en día. En aquel entonces, la razón se sentía segura de sí misma hasta el punto de creerse exenta de error. Proclamaba haber descubierto el verdadero principio de todo conocimiento».

Cualquier buen editor habría reducido dicho párrafo a esto: «La vida moderna, y en especial el advenimiento de la Revolución Industrial, ha ocasionado cambios en la organización social y en el modo en que las personas se relacionan con su vivencia espiritual».

Gundlach rellenó asimismo páginas y páginas sobre temas tales como *Die Mechanistischatomistischen Auffassung der menschlichen Gesellschaft*, título este igual de farragoso en su traducción castellana que en cualquier otro idioma (*La concepción mecánico-atomicista de la sociedad humana*) y al que seguiría otro semejante: *La concepción mecánico-totalitaria de la sociedad humana*.

LaFarge no corregía la prosa de Gundlach. Estaba más centrado en conseguir que todo el mundo trabajara a gusto y con rapidez, sabedor de que su propia aportación era la que más se parecía a lo que había pedido el pontífice, sobre todo porque ninguno de sus colaboradores se había reunido nunca en privado con Pío XI. Este espíritu de camaradería, sin embargo, no impidió a Gundlach criticar el estilo de LaFarge argumentando que era «demasiado pragmático y no lo bastante fundamentado».

El estilo de LaFarge era, en todo caso, tan directo como solían serlo sus artículos periodísticos. No era ni teorético, ni difícil. Para introducir el tema del racismo se limitaba a decir:

> *Los hombres de buena voluntad deberían hacer todo lo que esté en su mano para poner fin a las imperdonables distinciones discriminatorias y difamatorias en el ámbito de la vida pública, de manera que las relaciones entre grupos sociales se regulen únicamente por medio de la justicia interracial y la caridad.*

Su estilo entroncaba a todas luces con el de sus escritos acerca del racismo en Estados Unidos. Y aunque algunos de sus colaboradores europeos opinaran que su prosa distaba mucho de ser intelectual, sea lo que sea lo que se entienda por eso, LaFarge hacía oídos sordos a sus críticas.

A veces, las discusiones se volvían un tanto acaloradas y Desbuquois, que dedicaba más tiempo a sus propios escritos y a la organización de asistencia social que dirigía en París, pidió a otro jesuita francés, el padre Barde (nadie recordaba su nombre completo) que estuviera presente en algunas de las reuniones editoriales con LaFarge y Gundlach. Pero Barde no soportó más de dos reuniones y no volvió. Un jesuita contó después que Barde «consideró los circunloquios filosóficos de Gundlach demasiado abstractos e impropios del tema». LaFarge, sin embargo, se las arregló para mantener una relación amistosa y equilibrada con sus colaboradores, a los que a menudo invitaba a asistir a algún acontecimiento social o a hacer un descanso para romper la monotonía.

LEDÓCHOWSKI causó cierto revuelo y retrasó la redacción del borrador cuando el 17 de julio envió una carta a LaFarge acerca de la necesidad de mantener su labor en secreto. Estaba al corriente de que LaFarge había comentado con varios sacerdotes ajenos a su equipo de colaboradores la misión que le había encomendado el papa. «Seguramente habrá visto que el Santo Padre ha aludido [en público] al asunto», escribía Ledóchowski, «pero eso no impide que sigamos siendo muy reservados respecto a esta cuestión. Siga esta norma ahora y también cuando, con ayuda de Dios, haya concluido su tarea, o de lo contrario podríamos tener graves problemas».

LaFarge había escrito a dos o tres sacerdotes de Nueva York hablándoles del proyecto, así como a varios de Roma. Daba por sentado que podía confiar en ellos, pero se asustó al recibir la advertencia de Ledóchowski. Tal vez no hubiera avisado a sus amigos de Nueva York de que lo mantuvieran en secreto. Sospechaba, además, que Talbot se lo había contado al provincial de los jesuitas en Nueva York, Joseph A. Murphy, que tal vez se lo hubiera mencionado a Ledóchowski. Avergonzado y angustiado, LaFarge rebañó los escasos fondos que le quedaban para enviar un cable a Nueva York el 21 de julio, a seis dólares la palabra:

> *TALBOT RECIBIDO GRAVE AVISO SOBRE CANDADO IMPOSIBLE INFORMAR NI SIQUIERA MURPHY SI YA INFORMADO ÍNSTELE A NO DIVULGARLO*

Firmó «Peregrino», el seudónimo que usaba a veces para sus columnas anónimas en *America*. Pero el telegrama tenía cierto aire de intriga y sonaba justamente como no quería LaFarge que sonara: como si estuviera sirviéndose de un nombre en clave para enviar un mensaje cifrado. Temió que fuera la clase de mensaje que con toda probabilidad leerían otros.

Ledóchowski, el general de los jesuitas, le advirtió también que dejara de hablar por teléfono sobre su misión. En el futuro, cualquier comunicación debía darse cara a cara. El ayudante estadounidense de Ledóchowski, Zacheus Maher, iba camino de París para comprobar de primera mano cómo avanzaban los trabajos.

El cariz de intriga que estaba tomando el proyecto emocionaba a LaFarge. Significaba que la encíclica iba a tener repercusiones significativas, y que él era un actor importante en aquella trama. Gundlach y Desbuquois sabían a qué atenerse, puesto que tenían experiencia en la redacción de encíclicas anteriores y conocían el secreto que rodeaba su redacción, especialmente en el caso de *Con viva preocupación*, el mensaje antinazi de 1937. Dicha encíclica, que el papa había conseguido introducir clandestinamente en Alemania para su difusión, había pillado por sorpresa a la maquinaria nazi. Pero, pese a todas sus precauciones, la Gestapo se había enterado de que se estaba preparando algo y había logrado interceptar algunas copias antes de que el documento se leyera en el púlpito de varias parroquias.

El Ministerio de Exteriores alemán había incluido al Vaticano en su lista de objetivos del espionaje diplomático. Ya en 1936, como mínimo, un organismo de dicho ministerio conocido como Pers Z (Sección Z de la Rama Administrativa y de Personal) vigilaba las transmisiones y el tráfico de mensajes del Vaticano y había logrado descifrar algunos códigos empleados tanto por el Gobierno pontificio como por otros estados, entre ellos Italia, Gran Bretaña y Estados Unidos.

El espionaje no era nada nuevo en el Vaticano. A veces incluso se encargaban de él los propios sacerdotes. Cualquier llamada telefónica dentro del Vaticano, tanto de entrada como de salida, podía ser interceptada. Italia vigilaba las comunicaciones pontificias desde hacía años, tarea fácil en su caso teniendo en cuenta que la centralita del Vaticano, su oficina postal, sus trenes y cualquier otro medio de transporte tenían que pasar por manos italianas. El Gobierno de Mussolini era aficionado a pinchar los teléfonos. El correo ordinario no servía para mandar información sensible al Estado pontificio. El Vaticano enviaba mensajes cifrados con regularidad, pero no había ninguna garantía de que llegaran a su destino. Una posibilidad era mandar mensajes cifrados por radio, con el riesgo, sin embargo, de que fueran descifrados.

Pío XI ya tenía experiencia en este tipo de operaciones. Se servía de comunicaciones secretas desde la década de 1920, cuando dio comienzo a sus tentativas de apoyar clandestinamente las actividades de la Iglesia Católica en la Unión Soviética. En aquellos años, había encargado a un sacerdote francés que se infiltrara en Moscú. El sacerdote viajó de incógnito y estableció contacto con el clero católico, que vivía amenazado y sometido a la represión del nuevo régimen soviético.

El Vaticano disponía, además, de su propio equipo de encriptación, pero con el paso del tiempo Alemania e Italia habían conseguido descifrar sus códigos. Los funcionarios pontificios descubrieron la brecha y enviaron nuevos códigos cifrados a las oficinas de la Iglesia en todo el mundo, en un esfuerzo por restaurar la seguridad de sus comunicaciones. El problema era que, con el transcurso de los años, tanto Alemania como Italia habían conseguido reclutar agentes dentro del clero católico y situarlos en puestos clave. Italia logró servirse de sacerdotes como informantes dentro del Vaticano. Eran, por lo visto, prelados de rango medio, más que cardenales u obispos, y ocultaban sus nombres detrás de apodos o informes anónimos.

Es posible, asimismo, que los mejores informes que recibía Hitler del Vaticano procedieran de sus agentes dentro de la Iglesia Católica alemana. La facilidad con que el papa había logrado introducir en el país su encíclica de 1937 había puesto en evidencia al servicio de seguridad alemán, la SD (*Sicherheitsdienst*), y a fines de 1938 el espionaje nazi ya se había infiltrado en la Iglesia alemana sirviéndose tanto de agentes como de dispositivos electrónicos.

Gundlach le explicó la situación a LaFarge a grandes rasgos, y añadió la advertencia de Ledóchowski de que guardar secreto era más bien una estrategia de control. Si el papa había pedido discreción se debía sin duda a su deseo de impedir que la noticia llegara a oídos de los alemanes y los italianos, pero también a que no deseaba que se corriera la voz por el Vaticano. En este caso, el pontífice no se había servido de los cauces habituales y había convocado a LaFarge en privado. Ni siquiera había informado al cardenal Pacelli.

La decisión de LaFarge de trabajar en París hizo más difícil que personas ajenas al proyecto conocieran su contenido, sus progresos y hasta la existencia misma de este nuevo manifiesto papal en contra del antisemitismo. La filtración que había hecho el propio pontífice fue un contratiempo en este sentido pero, por otro lado, la noticia de que iba a emitirse una nueva encíclica, y la expectación que despertó, obstaculizarían los esfuerzos de Ledóchowski por retrasar o impedir su publicación.

Ahora, de repente, tras recomendar a LaFarge que se diera prisa en completar su tarea, el general de los jesuitas parecía haber dado un bandazo. Ledóchowski le dijo a LaFarge que la rapidez no siempre era lo prioritario. «No pueden lograrse todas estas cosas en el plazo de un mes», le escribió en una carta. «Y de todas formas no conviene que se marche antes de que esté completado el trabajo».

LaFarge le había dicho que tal vez hubiera acabado a mediados de agosto y que confiaba en poder marcharse a casa a principios de septiembre. Ledóchowski respondió que era imposible. LaFarge no tenía intención de marcharse antes de haber concluido su tarea, a pesar de que estaba deseando regresar a su país. Pero más tarde, viéndolo en retrospectiva, se arrepintió de no haber analizado más atentamente los motivos de su superior.

¿Quería Ledóchowski que la noticia de que se estaba ultimando una encíclica no llegara a oídos del espionaje fascista y nazi, o quería, por el contrario, impedir su publicación? Tal vez estuviera intentando ganar tiempo, sabedor de lo precaria que era la salud del papa.

Gundlach mencionaba de vez en cuando su sospecha de que Ledóchowski y Pacelli querían atemperar la vehemencia de las declaraciones papales contra el nazismo y el fascismo, de ahí que actuaran como cancerberos entre el papa y el resto del mundo. Pero ello no tenía nada que ver con el espionaje extranjero, sino con la política intestina del Vaticano.

Gundlach se había enterado además, gracias a un soplo, de que la Gestapo y otros organismos de espionaje nazis le estaban siguiendo la pista desde al menos el 1 de abril, cuando el jesuita alemán había denunciado a Hitler en una emisión de Radio Vaticano. Dicha emisión, autorizada por el Vaticano, criticaba la ocupación de Austria y la conducta de la Iglesia del país, dirigida por el cardenal Innitzer. Gundlach había pasado a ser *persona non grata* en territorio nazi, y había sido advertido de que se arriesgaba a ser detenido si regresaba a Alemania.

«Todo el tiempo que estuvimos trabajando en ese "proyecto secreto"», recordaba el padre Heinrich Bacht, «nos atenazaba el miedo a que la Gestapo intentara algo, porque había estado vigilando a Gundlach desde su famoso programa de radio. Además, en aquella época la gente decía que la Gestapo tenía una oficina semioficial en París».

CAPÍTULO 7

Al calor del verano

Roma, 29 de julio de 1938

A MEDIADOS DE JULIO, BENITO Mussolini publicó un estudio realizado por un grupo de científicos fascistas según el cual los italianos, al igual que los alemanes, eran «arios» y debían protegerse de la contaminación de otros grupos étnicos, en concreto de los judíos. Por tanto, concluían los autores, los matrimonios entre judíos y gentiles italianos mancillaban la raza y debían prohibirse.

El papa Pío replicó de inmediato atacando estas medidas fascistas que, según afirmó, eran un remedo del antisemitismo institucional alemán. El pontífice juzgó como apostasía (abandono de la religión) el presunto estudio científico de Mussolini y llamó a los católicos a rechazar el racismo.

«Deberíamos preguntarnos por qué Italia siente la infortunada necesidad de imitar a Alemania en la promulgación de leyes contra los judíos», dijo el papa en un discurso en Castel Gandolfo. «Deberíamos afirmar que los seres humanos son en primer lugar una sola y magnífica raza, una sola y grande familia viva, creada y creadora. En este sentido, la humanidad constituye una única raza, católica y universal».

Sus palabras podrían haber sido extraídas del libro de John LaFarge sobre el racismo. El papa no solo denunció el gran plan de Mussolini, sino que dio a entender que aquel Eje de iguales,

Alemania e Italia marchando juntas, era un fraude: Italia no hacía más que imitar a Alemania.

Las críticas del pontífice surtieron efecto y encolerizaron a Mussolini, que publicó una réplica improvisada en todos los diarios italianos y se aseguró de que se imprimiera en grandes titulares. En ella declaraba que el fascismo era el futuro para toda Italia y para toda la eternidad y añadió que «afirmar que el fascismo ha imitado algo o a alguien es sencillamente absurdo».

Es comprensible que Mussolini montara en cólera. Sabía que aquellas críticas serían tomadas en cuenta debido a la posición que ocupaba el pontífice como guía moral entre el pueblo italiano, posición esta que lo convertía en un oponente natural y significativo del fascismo.

Mussolini aseguraba haber inventado una forma nueva de antisemitismo que nada tenía que ver con la Alemania nazi. Después de aquello, se prohibió la presencia de judíos en las filas del Partido Fascista y Mussolini se obsesionó con la «chusma judía» de la que, según él, estaba rodeado.

«Enemigos, reptiles», se quejaba a su amante, Clara Petacci, quien consignó en su diario las siguientes palabras de Mussolini: «Yo soy racista desde 1921. No sé por qué creen que estoy imitando a Hitler. Hay que dar a los italianos un sentido de la raza».

Pocos italianos comprendieron por qué Mussolini se revolvía de pronto de ese modo. Las críticas del papa aparecieron únicamente en el *Osservatore Romano* y Radio Vaticano. A lo largo del verano, el papa siguió arremetiendo contra los fascistas cada vez que juzgaba que estaban cometiendo una tropelía. Sus palabras, sin embargo, quedaban limitadas al diario vaticano, que Mussolini había prohibido fuera de los muros de San Pedro. Así pues, las quejas del papa llegaban cada vez a un público menos numeroso, que finalmente pareció reducirse a una sola y airada persona, Mussolini, quien sin embargo montaba en cólera cada vez que el pontífice hacía una nueva declaración.

Al cardenal Pacelli, el secretario de Estado pontificio, le preocupaba que la tensión creciente entre Mussolini y el papa Pío condujera a una ruptura y diera al traste con los acuerdos de 1929 entre el Vaticano y el Gobierno de Italia. El bando partidario del apaciguamiento, encabezado por el propio Pacelli, no quería que comenzara una pugna con Mussolini motivada por su legislación antijudía y, como tenía poder suficiente, el 12 de agosto publicó en el *Osservatore Romano* un comunicado afirmando que el papa no había tenido intención de mofarse de las leyes raciales italianas ni de decir que Italia estaba imitando a la Alemania nazi. El papa —daba a entender el diario vaticano— jamás se entrometería en asuntos políticos.

No había forma, sin embargo, de frenar a Pío. Varios días después, lanzó otra andanada y ordenó a sus subordinados que informaran a Mussolini de que «si lo que quiere es matar al Santo Padre, está utilizando métodos eficaces. Pero el Santo Padre hará saber al mundo primero cómo se trata a la religión católica y al Santo Padre en Italia».

El embajador de Estados Unidos, William Phillips, informó a Washington de que el papa había recrudecido sus ataques contra Mussolini y Hitler hasta un nivel que suponía un peligro potencial para las relaciones Iglesia-Estado. Dichos informes se beneficiaron de la aportación de monseñor Joseph Hurley, el hombre de la embajada en el Vaticano, quien le dijo al embajador que «el papa no se retractaría de su postura».

Phillips envió un informe a Washington afirmando que el pontífice había expresado «en los términos más tajantes que le he oído emplear su denuncia de este movimiento de purificación racial».

La capacidad del embajador de informar acerca de las sutilezas de la política vaticana dependía siempre del análisis de Hurley, que no solo era el estadounidense que ocupaba un puesto más alto en la Secretaría de Estado de la Santa Sede, sino que también era el norteamericano que había alcanzado un rango más elevado dentro del Vaticano. Hurley, hombre clave en la Secretaría de Estado vaticana, había reemplazado a Francis Spellman pero ocupaba un puesto mucho más elevado que este. Mientras que Spellman se había ocupado de las relaciones eclesiásticas, Hurley se dedicaba a la política y la diplomacia.

Las funciones que cumplía en el Vaticano superaban con creces las propias de su cargo, carecían de precedentes y se mantenían en gran medida en la sombra. El papa, como le sucedía con algún que otro americano más, había tomado aprecio a aquel monseñor de cuarenta y cuatro años al que había elegido como su intérprete oficial. Aunque Pío sabía leer el inglés, no lo hablaba con la suficiente fluidez para emplearlo en un contexto institucional, de ahí que Hurley ocupara siempre un asiento a su lado durante las reuniones diplomáticas importantes en las que participaban delegados de Gran Bretaña, Estados Unidos u otros países de habla inglesa. Ello le permitía también prescindir de intermediarios en sus contactos con el jefe de la Iglesia Católica romana.

Hurley supo sacar el máximo partido a esa relación con el pontífice. Como resultado de ello, los contactos extraoficiales y hasta cierto punto clandestinos que Phillips mantenía con Hurley permitían que tanto el papa como el presidente de Estados Unidos estuvieran exhaustivamente informados de lo que opinaba cada uno.

Monseñor Hurley estaba orgulloso de trabajar de manera tan directa con el papa. Había servido anteriormente en el cuerpo diplomático vaticano en India y Japón, donde en ocasiones trataba asuntos delicados y potencialmente incendiarios. Poseía un bagaje poco frecuente tanto en un sacerdote como en un diplomático. Hijo de emigrantes irlandeses, se había criado en Cleveland, en un conflictivo barrio de clase obrera. En vísperas de la Primera Guerra Mundial intentó entrar en West Point pero fue rechazado por un problema de empadronamiento. Finalmente ingresó en Saint Ignatius College, una institución jesuita en la que destacó por sus buenas notas (sobre todo en debate) y donde cosechó fama de ser un excelente jugador de fútbol americano, ganándose el apodo de *Breezer* Hurley* por su velocidad a la hora de sortear a los defensas contrarios en el campo de juego. El joven Hurley también se aficionó a la práctica del boxeo durante sus tiempos de estudiante.

Como sacerdote, siguió siendo un hombre directo y belicoso en ocasiones, características estas que chocaban con la personalidad de su superior, el cardenal Pacelli, secretario de Estado del Vaticano. El temperamento de Hurley, sin embargo, se avenía bien con el del papa Pío XI, que también era de origen humilde y amante de los deportes. El papel especial que desempeñaba el americano le permitía escapar al alcance de su cauteloso y enojado superior, Pacelli, quien, de no ser por ello, le habría atado más en corto. Pacelli buscaba formas de moderar las acerbas críticas papales contra Alemania, argumentando en parte que Hitler podía tomar represalias contra los católicos alemanes y austriacos. Pero Hurley, al que no interesaba esta solución de compromiso, prefería adherirse a la autoridad superior del pontífice.

Phillips estaba encantado con su estrecha relación con Hurley, y el Departamento de Estado se daba cuenta de que el patriótico monseñor americano era un valioso intermediario. Los contactos con el Vaticano eran un asunto delicado en Estados Unidos. Las relaciones diplomáticas se habían interrumpido tres años antes de la desaparición de los Estados Pontificios en 1870, y ni el Departamento de Estado ni el Congreso veían con buenos ojos su reanudación. El presidente Roosevelt, sin embargo, fomentaba con entusiasmo cualquier posible contacto con Roma tendente a desalentar y debilitar la alianza de Mussolini con Hitler, y el papa podía ser un aliado en ese terreno.

---

* Término que podría traducirse aproximadamente como «exhalación». *(N. de la T.)*

París, 13 de agosto de 1938

A pesar de acusar la presión de tener que completar la encíclica y de estar preocupado por no poder acompañar a Bancel, su hermano mayor enfermo, John LaFarge siguió interesándose por otros asuntos, en parte porque quería que su misión secreta le dejara tiempo para informar y escribir acerca de los acontecimientos de la actualidad. Su mayor distracción era la Guerra Civil española, que veía con la estrecha perspectiva de un fanático. A lo largo del verano de 1938, LaFarge celebró que la victoria de Francisco Franco, cuyas fuerzas estaban cercando y asfixiando a las del Gobierno republicano, pareciera cada vez más probable.

No era el único que estaba pendiente de lo que sucedía en España. La guerra civil había dividido a la opinión católica. Algunos, como LaFarge, pensaban que Franco estaba librando una guerra necesaria contra las fuerzas del comunismo. Otros lo veían como un estratega implacable, decidido a arrebatar el poder a un gobierno democrático y a instaurar una dictadura. Estaba germinando la idea de que una «amenaza roja» se cernía sobre el Oeste de Europa, y LaFarge creía fervientemente que la victoria de Franco detendría el avance del comunismo en todas partes. «Si los rojos continuaban actuando como lo estaban haciendo en España», escribió LaFarge, «era evidente que, en caso de presentárseles la ocasión, pese a sus palabras tranquilizadoras podían emprender acciones parecidas en la propia Francia».

Había muchas personas, entre ellas católicos influyentes, que discrepaban de esta opinión. No había ninguna evidencia de que se estuviera gestando una conquista comunista de Europa, cosa harto improbable, y por otro lado los comunistas no constituían el elemento principal de las fuerzas que combatían contra Franco. La Guerra Civil española, que se venía librando desde julio de 1936, influyó de manera determinante en la respuesta de la Iglesia Católica al nazismo en Europa. Dentro de la Iglesia, eran muchos los que criticaban violentamente a Stalin por la represión que desde hacía veinte años llevaba a cabo contra los católicos rusos. ¿Quién era más peligroso: Stalin, que apoyaba a la República española, o Hitler, que apoyaba a Franco y a sus insurgentes? ¿Cuál era la mayor amenaza que afrontaba el mundo? La Guerra Civil española fue un terreno de debate sangriento.

La notas de LaFarge para un artículo que había de aparecer en *America* describen a Franco como un moderado que intentaba refrenar a «quienes, de entre sus colaboradores inmediatos, serían por su historial favorables a la diseminación del ideario nazi». A su modo de ver, Franco se había visto obligado a tratar con personajes nada gratos porque necesitaba apoyo económico. LaFarge argüía que el general, una vez conseguida la victoria, se revelaría como un demócrata.

El papa había criticado los ataques continuos a civiles en España por parte de las tropas franquistas. Dos semanas antes de su encuentro con LaFarge, el 10 de junio de 1938, Pío exigió que Franco pusiera fin a la carnicería. «La masacre inútil de población civil», afirmaba el *Osservatore Romano*, «ha puesto una vez más de actualidad el grave y difícil problema de la «humanización» de la guerra, que es de por sí destructiva e inhumana». El Vaticano se centró en la estrategia franquista de bombardear con especial ensañamiento zonas del País Vasco que, añadía el periódico, «ni tienen interés militar alguno ni están próximas a centros militares o edificios públicos que afecten a la guerra».

LaFarge y sus compañeros siguieron trabajando con ahínco pese a tales distracciones políticas, y vieron con alivio como en agosto, con la llegada de lluvias refrescantes y temperaturas más moderadas, remitía la ola de calor que había recorrido Europa. El día 13 de ese mes, sin embargo, LaFarge recibió un telegrama informándole de que su hermano Bancel, su mentor y padre putativo, había muerto a la edad de setenta y tres años en su casa de las cercanías de New Haven. LaFarge lamentó enormemente no haber podido hallarse junto al lecho de muerte de su hermano. Su hermano había sido la figura de autoridad más importante de su vida. «Al morir él», escribió, «me reproché, como he hecho muchas veces antes y después, no haber expresado nunca como debería haberlo hecho la deuda de gratitud que tenía contraída con Bancel, pues de no haber sido por él no habría podido cursar mis estudios, seguramente no en la universidad y desde luego no en el extranjero».

Una oleada de recuerdos embargó al jesuita: Bancel de jovencito, enseñando a su hermano menor a sacar su pequeño esquife a la bahía de Narragansett y al océano; Bancel siempre amable y atento cuando el resto de la familia no estaba allí. LaFarge recordaba que, en sus tiempos de estudiante en Harvard, a menudo se encontraba sin blanca y que Bancel acudía siempre en su rescate dándole algún dinero para sus gastos.

Su hermano había tenido una buena vida y un matrimonio feliz con su esposa, Mabel, con la que había tenido cuatro hijos. Era un pintor respetado, autor de bellos cuadros y diseños para vidrieras, aunque nunca consiguiera el reconocimiento del que gozó su padre ni derivara la misma satisfacción de su trabajo. A pesar de que podían pasar varios años sin verse, los hermanos se tenían un afecto imperecedero, y LaFarge se sintió abrumado por la pena. «Tenía tantas esperanzas de poder estar con Bancel durante sus últimas horas», escribió, «que fue una decepción muy amarga descubrirme al otro lado del océano».

Sus hermanos jesuitas hicieron todo lo posible por reconfortarlo. Talbot fue a New Haven para el funeral de Bancel. «Dije misa por su hermano Bancel el día después de enterarme de la noticia», escribió en una carta a LaFarge. «Los otros miembros de la comunidad lo tuvieron igualmente presente en sus misas y plegarias. ¡Que Dios le conceda eterno descanso!».

Talbot le envió además noticias del párroco que había atendido a Bancel en su lecho de muerte. «Unos días antes de su fallecimiento, llamaron al padre Downey. Le pidieron que le administrara los últimos sacramentos, pues había peligro inminente de muerte», escribió Talbot. «El padre Downey lo tomó de la mano y dijo unas palabras. Bancel, entre tanto, farfullaba intentando expresarse. De pronto, como con tremendo esfuerzo, con una voz que pudo oírse fuera de la habitación, casi gritó: «¡Padre, estoy muy contento de que haya venido a verme!». Los miembros de la familia se maravillaron de que tuviera fuerzas para hablar en ese tono. Que yo sepa, después de eso no volvió a hablar en voz alta».

LaFarge se sintió reconfortado al saber que las últimas horas de su hermano habían sido «muy apacibles y sumamente dignas de una vida como la suya. Se le veló con su blusón de pintor, como correspondía a un hombre que había entregado lo mejor de su talento a la profesión que había elegido».

A LaFarge le resultó difícil centrarse en su trabajo mientras luchaba con sus emociones. Había sabido por su familia que su hermano Grant, cinco años mayor que Bancel, también estaba gravemente enfermo. LaFarge se había visto obligado a posponer su regreso a Estados Unidos de agosto a septiembre, y quizá no pudiera marcharse antes de que comenzara el otoño. Tenía que concentrarse y acabar la encíclica. «Sobre otras cosas de casa sencillamente no puedo pensar», le escribió a Talbot, dándole las gracias por su apoyo. «Si empiezo, ya no puedo parar. Lo único que puedo hacer es rezar y no perder la esperanza. A fin de cuentas es asunto de Dios, no mío».

Roma, 5 de septiembre de 1938

El Vaticano y el Gobierno italiano llegaron a un acuerdo temporal para rebajar el tono de hostilidad de sus manifestaciones públicas. Ello, sin embargo, no sirvió para disipar por mucho tiempo el enfado de Mussolini con el papa, y apenas afectó a las críticas del pontífice en contra de la legislación fascista. Mussolini le comentó al ministro de Exteriores Galeazzo Ciano, que era también su yerno:

—Al contrario de lo que cree la gente, soy un hombre muy paciente —y añadió—: Pero reacciono violentamente. Nadie debería hacerme perder la paciencia.

El acuerdo se fue al traste pasadas apenas un par de semanas. El 5 de septiembre de 1938, primer día de colegio en Italia, el Gobierno anunció que los alumnos judíos ya no podían asistir a las escuelas y las universidades y que todos los maestros y profesores judíos estaban despedidos. Ello causó una profunda conmoción y despertó el temor a que se avecinaran tiempos peores. Esta nueva prohibición daba a entender claramente que Italia se encaminaba hacia la represión sistemática de los judíos de la mano de la Alemania nazi.

El anuncio vino acompañado por una virulenta campaña antisemita en la prensa. El periódico *Tevere* («Tíber» en italiano), conocido desde hacía tiempo por sus soflamas, alabó la prohibición así como la purga de judíos en las fuerzas armadas, la judicatura y la política. «Durante la guerra de Etiopía», afirmaba, «el intento de estrangular a Italia fue especialmente orquestado y promovido por cenáculos judíos y por la [conspiración] judía internacional, con sus maniobras para matarnos de hambre y apuñalarnos por la espalda.»

El 5 de septiembre entró en vigor otro decreto que ordenaba la expulsión de Italia de los cerca de diez mil judíos llegados al país desde el fin de la Primera Guerra Mundial. Dicha ley se aplicaba incluso a los judíos que habían obtenido la nacionalidad italiana y a los que se habían convertido al catolicismo. Como era de esperar, la decisión de Mussolini de proteger «la pureza de la raza italiana» fue aplaudida por Alemania. Estas medidas llegaban menos de un año después de que Mussolini y Ciano afirmaran que en Italia no existía el problema judío.

Temblando de rabia, el papa respondió al día siguiente cuando habló ante un grupo de peregrinos belgas. Su declaración de ese día simboliza los meses más decisivos de su pontificado:

> *El antisemitismo es un movimiento odioso con el que nosotros los cristianos no hemos de tener nada que ver [...]. No, no es lícito que los cristianos tomen parte en las diversas manifestaciones del antisemitismo [...]. El antisemitismo es inadmisible. Espiritualmente, somos todos semitas.*

La declaración, que el papa pronunció casi entre lágrimas, no seguía guion alguno. Eran palabras salidas del corazón, ni escritas ni vetadas por otros miembros del Vaticano tales como el cardenal Pacelli, que habría aconsejado cautela y moderación. El papa Pío habló, en cambio, sin ambigüedades. Fue la condena más rotunda emitida por un mandatario de la Iglesia Católica respecto a la historia compartida de cristianos y judíos. El pontífice vino a decir en esencia: «Somos el mismo pueblo».

Las sentidas palabras de Pío XI fueron largamente recordadas y repetidas. Se convirtieron en recurrente que animó a levantar la voz a obispos y cardenales en Alemania, Italia y el resto del mundo. No todos lo hicieron, pero quienes se adhirieron al mensaje de Pío también dejaron oír su voz. Las palabras del pontífice fueron debatidas a regañadientes por eclesiásticos que desde hacía décadas secundaban posturas antisemitas, prestaban oídos a los despropósitos sin fundamento que afirmaban que los judíos habían iniciado la Revolución Francesa y la Rusa, y aceptaban como un hecho fehaciente que eran los judíos quienes habían matado a Jesús de Nazaret.

Mussolini replicó violentamente en un discurso pronunciado en la ciudad de Trieste, al noreste del país. Irritado todavía por su afirmación de que estaba imitando a Hitler, afirmó que solo un «memo» podía pensar así. Ello desembocó en un nuevo asalto entre el dictador y el Vaticano. En cierto momento, el Vaticano tuvo que preguntar a Ciano, el ministro de Exteriores italiano, si Mussolini había llamado «memo» al pontífice. Nada de eso, contestó Ciano de manera poco convincente.

La respuesta fascista adoptó pronto una nueva estrategia cuya premisa de partida tenía visos de ser verdad. Roberto Farinacci, el periodista que encabezaba el movimiento antisemita fascista, comentó a sus amigos nazis que el papa se estaba convirtiendo en una figura irrelevante. «Los alemanes se equivocan al suponer que la Iglesia Católica está de acuerdo en todo con el papa. Sabemos que, en lo tocante a la cuestión racial, el clero está dividido en dos campos y que el papa carece de poder para hacer algo al respecto». Farinacci, sin embargo, fue aún más allá y acusó al papa de haberse puesto del lado de los comunistas y los ateos.

Pero, mientras no le fallara la salud, el papa tenía tiempo y voluntad de controlar la oposición a sus medidas en el seno del Vaticano. Todavía podía recibir a LaFarge y su encíclica y forzar su publicación. ¿Cuándo estaría terminada?

París, 15 de septiembre de 1938

Mientras daba los toques finales al borrador de la encíclica, John LaFarge le comentó a Talbot que se enzarzaba en «saludables debates» con sus colegas jesuitas Gustave Desbuquois y Gustav Gundlach, «los dos Guses». A menudo se les unía el también jesuita Heinrich Bacht. LaFarge había temido en un principio que sus colaboradores lo presionaran para que diluyera sus afirmaciones acerca del racismo y su vinculación con el acoso a los judíos en Europa, y le entusiasmó que Gundlach, que despreciaba a Hitler y la Alemania nazi, se hubiera convertido en su mayor defensor.

Los sacerdotes sabían que sus palabras tendrían casi con toda seguridad un impacto político e histórico importante. Durante los descansos en la redacción del documento, a menudo tomaban café, comían tarta y, como recordaba LaFarge, debatían «los problemas del mundo».

La crisis entre Alemania y la región checa de los Sudetes llevaba coleando todo el verano, y a finales de agosto se recrudeció la tensión al difundirse el rumor de que Alemania se preparaba para invadir Checoslovaquia de manera inminente. El número de refugiados judíos no cesaba de crecer a pesar de que ningún país les abría sus puertas. LaFarge había incluido en la encíclica un pasaje que hacía referencia al éxodo forzoso de los judíos, «esta negación flagrante de los derechos humanos aboca a muchos miles de personas indefensas a recorrer la faz de la Tierra sin ningún recurso. Vagando de frontera en frontera, son una carga para la humanidad y para sí mismos».

LaFarge llevaba oyendo hablar de la inminencia de la guerra desde su llegada a Europa cuatro meses antes, y ahora lo que hasta entonces solo había sido una conjetura se estaba haciendo realidad. A finales del verano, era evidente que Hitler se disponía a invadir Checoslovaquia. El 15 de septiembre, el primer ministro británico Neville Chamberlain voló al refugio de montaña de Hitler en Berchtesgaden para instarle a buscar una salida pacífica de la situación. Aquella visita inauguró el puente aéreo que mantuvo Chamberlain entre Inglaterra y Alemania para rogar a Hitler que se aviniera a negociar. Gran Bretaña y Francia ofrecían los Sudetes a Alemania a cambio de que Hitler tomara el camino de la paz. Chamberlain estaba dispuesto a entregarle Checoslovaquia, lo cual tendría como resultado su desaparición como país. Pero Hitler no se conformaría con eso.

La guerra era un tema constante de conversación en París. Pese a todo, LaFarge comentó que la gente

> *se las arreglaba para aparentar una apacible indiferencia [...], [aunque] en cuestiones defensivas parecieran completamente*

preparados para lo peor. Los altos oficiales del ejército te aseguraban con lo que parecía una satisfacción justificada que estaban todas las tuercas apretadas, todos los hombres listos para volar a sus puestos; que lo único que hacía falta era una llamada telefónica, que se «apretara un botón», y en veinte minutos el Estado Mayor haría despegar a sus aviones rumbo al Este entre el estruendo de su artillería.

El 18 de septiembre, LaFarge anunció que las copias del borrador definitivo de la encíclica estaban siendo corregidas y mecanografiadas. El documento llegaría a tiempo de engrosar el arsenal con el que el papa encaraba la crisis europea. LaFarge estaba satisfecho, aliviado, y asombrado de haber acabado su tarea. Se sentía «exhausto hasta el límite de mi cuerpo y mi cerebro», pero creía que el resultado final era un éxito.

Gran parte de la encíclica estaba redactada en un lenguaje indirecto, especialmente las oscuras afirmaciones históricas de Gundlach y sus remotas referencias a la liturgia cristiana. Conservaban parte del rechazo eclesiástico al judaísmo como religión: la encíclica no negaba la historia de la Iglesia en ese sentido. Pero el peligro que suponía el nazismo llevaba a la conclusión de que las diferencias religiosas debían ser irrelevantes. A pesar de que el documento se leería por entero en multitud de lugares, solo unas páginas, las escritas por el propio LaFarge, serían diseccionadas y publicadas en todos los periódicos del mundo. Sus palabras, apenas unos centenares, encolerizarían al régimen nazi y serían consideradas como un ataque directo tanto a Hitler como a Mussolini. Aquello era lo que quería el papa, y en cierto modo sería también el legado de LaFarge a la posteridad.

El título de la encíclica, *Humanis generis unitas* [La unidad del género humano], era ya un primer tiro disparado contra el monolito del antisemitismo. El preámbulo declaraba:

La unidad del género humano ha caído prácticamente en el olvido debido al desorden extremo que impera hoy día en la vida social del hombre.

El papa estaba haciendo referencia a la raza, a la amenaza de la guerra y a un futuro temible:

Aquí se prescribe un remedio mágico [...]. Allí, la gente se exalta intoxicada por los llamamientos de un caudillo a la Unidad de la Raza, mientras en los cielos del este de Europa despunta la promesa, enrojecida por el terror y la sangre, de una humanidad nueva que presuntamente ha de materializarse en la Unidad del Proletariado.

Mediante esta afirmación el papa estaría declarando ante el mundo que no se ponía ni del lado de los nazis (Hitler y su fijación con la cuestión racial), ni del lado de los soviéticos.

LaFarge no quería abordar el tema del comunismo en el texto. Sabía que el papa lo había tratado ya por extenso en su encíclica *Divinis redemptoris*, de 1937. Todo tenía su momento y su lugar. Con esta nueva encíclica, el pontífice estaría afirmando rotundamente ante el mundo que había un solo género humano y que cualquier otra diferenciación racial carecía de fundamento. Para dejar clara su postura había acudido a LaFarge, y el jesuita americano había simplificado la cuestión declarando que el racismo es un fraude y un mito.

Pío XI fue el primer pontífice de la historia en confiar a un jesuita estadounidense una tarea como aquella, capaz de transformar el mundo. LaFarge, sin embargo, espoleado y aconsejado por Gundlach, había trabajado dentro de los márgenes establecidos. El borrador tendría que pasar por otras manos. Debían apuntalar sólidamente sus argumentos, aseguraba Gundlach, y prestar atención a la estructura. El texto tenía que ser, como mínimo, lo bastante circunspecto como para pasar la censura virtual que rodeaba al pontífice y al mismo tiempo preservar el mensaje que Pío XI había pedido a LaFarge que plasmara en el documento.

La introducción de la encíclica consistía en una declaración de carácter general que apuntaba directamente a Adolf Hitler:

> *Al abordar la cuestión de la raza hallamos ejemplificado en su grado máximo el daño que hace la verborrea difusa, sentimental, casi mística, que se ha venido aplicando a las ideas de nación, pueblo y Estado. [...]. Según el lenguaje científico actual, por «unidad racial» se entiende la participación de un grupo de seres humanos de ciertas cualidades físicas definidas e inmutables, cualidades físicas estas que definen una constitución anatómica asociada a su vez con ciertos rasgos psicológicos observados de manera constante. [...]. Pero el así llamado racismo [...] contradice el principio de que ninguna distinción del tipo que sea puede ser genuinamente humana a no ser que contemple lo que de común tiene el conjunto de la humanidad.*

El punto clave afloraba en el centro de la encíclica, tras la exposición de sus fines y luego de una serie de encabezamientos que separaban distintas secciones: «Negación de la unidad humana», «Efectos del estado totalitario sobre la unidad humana», «Supresión del derecho de asociación», «Manipulación de la opinión pública», «La autoridad deriva de Dios», «El desastre de la guerra»... Después, tras una exposición metódica que incluía un bosquejo de los antecedentes históricos y los derechos humanos, se llegaba al meollo de la encíclica: el racismo niega la humanidad; la religión no puede reconocer divisiones raciales; no existe una raza inferior. En concreto, al abordar la situación de los judíos, el documento afirmaba que los nazis habían fabricado un mito en torno a una raza superior, y que las falacias acerca de esa raza superior habían desembocado en la persecución de los judíos; que como resultado de la legislación racial (en Alemania e Italia), los judíos se hallaban sometidos a agresiones constantes y estaban siendo privados de sus derechos más elementales a la vida y a la libertad. El racismo, escribía LaFarge

> *no se contenta con negar la validez del orden moral universal como algo beneficioso que unifica a toda la raza humana; niega por igual la aplicación general y equitativa de los valores esenciales en el campo del bienestar económico, del arte, de la ciencia y, sobre todo, de la religión. Mantiene, por ejemplo, que cada raza debería poseer su propia ciencia, la cual no debería tener nada en común con la ciencia de otras razas, y menos aún con la de una raza inferior. [...]. El respeto por la realidad [...] no permite a los católicos permanecer mudos ante el racismo. [El totalitarismo] destruye la estructura básica de la humanidad como unidad verdadera dentro de la verdadera diversidad y deja traslucir, por tanto, su falsedad intrínseca y su falta de validez.*

LaFarge estaba seguro de que Pío recordaría haberle dicho:

—Diga sencillamente lo que diría si usted fuera el papa.

Eso era, justamente, lo que había hecho.

LaFarge mandó recado a Ledóchowski avisándole de que habían completado su tarea, y el general de los jesuitas respondió que se alegraba de ello y le dijo que no hacía falta que llevara personalmente la encíclica a Roma. Podía mandarla por mensajero y regresar a Estados Unidos. «Su misión ha concluido», parecía estar diciéndole el general de los jesuitas, «ahora, váyase a casa». Ledóchowski le aseguró que él se encargaría de remitir el documento al papa inmediatamente.

LaFarge se sintió tentado por esta oferta, en parte porque no se encontraba bien. Estaba siempre cansado, no comía como es debido y estaba perdiendo peso. Su estado de salud podía achacarse en parte a la tristeza que le había causado la muerte de su hermano, y en parte a la tensión acumulada durante el proceso de redacción de la encíclica y al insomnio. Había comentado sus preocupaciones de salud con Talbot y su familia sin mencionar nunca una dolencia concreta. LaFarge había sido considerado toda su vida una persona enfermiza, y su familia dedujo que quizá tuviera problemas de próstata. Más adelante sufrió varias operaciones que lo obligaron a pasar varios meses de convalecencia, pero nunca llegó a dar detalles de su enfermedad. En París había intentado soportar sus achaques en silencio, pero es posible que expresara alguna queja al hablar con sus colaboradores inmediatos. Cabe la posibilidad de que la oferta de Ledóchowski estuviera motivada en parte por esas quejas.

Gundlach advirtió a LaFarge de que la propuesta de Ledóchowski le parecía sospechosa y le aconsejó que fuera a Roma a entregar la encíclica en mano. A pesar de haber sido antaño un aliado de Ledóchowski, ahora que estaba poniendo a LaFarge al corriente de los entresijos de la política pontificia, el jesuita alemán se había convertido en su antagonista. Con todo, Gundlach no podía prever que su superior intentaría posponer indefinidamente la publicación de la encíclica.

Gundlach advirtió a LaFarge lo mejor que pudo. Aun así, tuvo cuidado de no ir demasiado lejos. Sabía que la seriedad y la devoción del estadounidense le impedirían creer que Ledóchowski, el superior de la orden, podía tener otras motivaciones.

Puede que las advertencias de su compañero no convencieran del todo a LaFarge, pero estuvo de acuerdo en que debía ir a Roma a entregar el documento en mano. Mandó un mensaje a Ledóchowski respondiendo que no podía «aceptar su oferta [de marcharse a casa directamente desde París], por tentadora que fuera (pues temo el viaje). Estoy convencido de que uno ha de estar allí para explicar los porqués y las causas, y he sabido por varias fuentes que es necesario».

El papa había dicho que esperaba verlo de nuevo, y LaFarge intentaba adelantarse a sus preguntas y a posibles peticiones de revisión del texto.

El 20 de septiembre, el equipo de redacción había terminado de poner en limpio los borradores de la encíclica en los idiomas preceptivos. Los jesuitas acordaron entonces separarse. Gundlach tomó un tren a Suiza para pasar allí unos días de relax. Más o menos en esas mismas fechas, LaFarge viajó de París a Roma. Habían quedado en reencontrarse en Roma, donde aguardarían las preguntas del pontífice y la revisión final de la encíclica.

LaFarge se alojó esta vez en la residencia jesuita de Borgo Spiritu Santo, muy cerca de la plaza de San Pedro. Ledóchowski lo recibió enseguida y le aseguró que todo iría bien. Le dijo que leería la encíclica y que se la haría llegar de inmediato al papa.

LaFarge permaneció una semana en Roma y se reunió con Ledóchowski varias veces más, pero en ningún momento presionó para reunirse con el pontífice, a pesar de estar en su derecho de hacerlo. Prolongó en vano su estancia a la espera de recibir nuevas instrucciones de su superior o del papa. Probablemente, Pío XI nunca llegó a enterarse de que el estadounidense estaba en Roma. LaFarge se hallaba acorralado entre su deber para con el general de los jesuitas (debía cumplir con la cadena de mando) y su cansancio y su deseo de regresar a casa. La muerte de Bancel estaba aún muy reciente y, según había sabido, la salud de su hermano Grant seguía deteriorándose. Sentía la necesidad de estar con su familia y comenzó a buscar pasaje para regresar a casa. Ante la posibilidad de que estallara la guerra, una marea de refugiados judíos había inundado las oficinas de las compañías navieras pidiendo pasajes para abandonar Europa cuanto antes.

El 23 de septiembre se supo que Chamberlain había negociado con Hitler el borrador de un acuerdo que entregaba los Sudetes a Alemania junto con el derecho a ocupar dicho territorio a partir del 10 de octubre. Básicamente, los nazis habían obtenido los

Sudetes sin luchar, y el acuerdo segaba de raíz el pacto de auxilio mutuo que Checoslovaquia mantenía con Gran Bretaña y Francia.

Vía Apia, 24 de septiembre de 1938

La mañana del sábado 24 de septiembre, el cardenal Pacelli viajó de Roma a Castel Gandolfo para celebrar una audiencia de rutina con el papa, la última antes de partir hacia sus largas vacaciones anuales en Suiza. No hay duda de que la conversación giró en torno a las tensiones que vivía Europa por aquellas fechas. Aunque aún no tuvieran noticia del acuerdo con Hitler, sabían que Chamberlain estaba negociando el futuro de Checoslovaquia con el dictador alemán.

Pacelli habló al papa de su reunión del día anterior con Diego von Bergen, el embajador alemán en la Santa Sede, y de lo que este le había transmitido acerca de dichas negociaciones. Se especulaba con la posibilidad de que el Vaticano tomara parte en ellas ya fuera directamente, ya como intermediario para preservar la paz, pero Pío XI se limitó a expresar «optimismo porque todo está en manos de Dios». Se resistió a hacer declaraciones porque estaba de acuerdo con quienes criticaban a Chamberlain alegando que a Hitler no podía detenérsele con una política de apaciguamiento ni con tratados de paz.

Pacelli se despidió del papa, tomó el pequeño ascensor para bajar al patio y regresó a su coche. Su chófer estaba esperándolo junto a la verja del palacio apostólico. Arrancaron enseguida y enfilaron la carretera de regreso a Roma. Al doblar un recodo de la carretera, que estaba llena de curvas y terraplenes, el conductor tuvo que dar un volantazo para esquivar a un chaval que montaba en bicicleta. Perdió el control del coche y dio de refilón al chico, que salió despedido de la bici. Pacelli, lanzado bruscamente hacia delante, se golpeó la cabeza y el pómulo con la ventanilla.

Pío XI se enteró casi enseguida del accidente y supo al mismo tiempo que todo apuntaba a que el cardenal no estaba herido de gravedad. Mandó a dos miembros de su servicio personal a ayudar en todo lo que pudieran. Llegaron al poco rato y comprobaron que el cardenal parecía encontrarse bien. Solo tenía algunas magulladuras. Lo mandaron de regreso a San Pedro en otro coche y dispusieron que el chico fuera trasladado al hospital de la cercana localidad de Albano, donde los médicos le trataron de algunos rasguños y de un hombro dislocado. Un médico del Vaticano examinó al cardenal a su llegada y confirmó que Pacelli no tenía nada grave. Luego se trasladó en coche a Castel Gandolfo para informar al pontífice de que Pacelli se encontraba bien. Una calamidad menos.

Al día siguiente, Pacelli se sintió con fuerzas para marcharse a Suiza. El papa siempre aceptaba su marcha a regañadientes. A pesar de sus diferencias de opinión, Pacelli había sido un apoyo imprescindible durante los ocho años que llevaba ocupando el puesto de secretario de Estado. Y había mucho trabajo que hacer.

CAPÍTULO 8

El descontento del papa

Embajada de Estados Unidos en Roma, septiembre de 1938

WILLIAM PHILLIPS regresó a Roma en septiembre, tras escapar del calor de la ciudad en agosto. Su mujer se quedó unos días más en los Alpes italianos: prefería las lluvias diarias al calor abrasador, que no remitía en la capital. Phillips tenía previsto regresar a Washington para reunirse con el presidente Roosevelt y el secretario de Estado, pero primero debía concentrarse en la misión que le había encomendado el presidente, que pasaba por presionar al Gobierno italiano y mantener abierta la comunicación con la Santa Sede. Antes de partir hacia America esa misma noche, solicitó una reunión con Galeazzo Ciano, el ministro de Exteriores de Mussolini. En el ministerio, Phillips presionó a Ciano para que animara a los alemanes a moderarse en su manejo de Checoslovaquia.

«Le recordé a Ciano que nuestras relaciones con Alemania no eran nada satisfactorias», anotó Phillips en su diario. «El Gobierno italiano, por el contrario, estaba en tan íntimas relaciones [con el alemán] que me parecía de la máxima importancia que ejerciera una influencia moderadora en caso de que se produjera una auténtica crisis».

Ciano recordaba que su respuesta fue un tanto distraída y automática: «Yo toco la misma música proalemana y antichecа [sic]: toda la responsabilidad es de Praga».

Phillips no se lo tragó. «Por mi parte», recordaría después, «esperaba que él personalmente hiciera todo lo que estuviera en su poder por refrenar al Gobierno alemán en un momento como aquel».

Siguieron debatiendo acerca de las relaciones con Alemania y sobre Hitler y sus intenciones respecto a Checoslovaquia. Ciano no ofreció respuestas claras y, finalmente, cambió de tema formulando una pregunta.

Quería saber qué pensaba Phillips que haría Estados Unidos si estallaba la guerra en Europa. El embajador contestó comparando aquel año de 1938 con el periodo previo a la entrada de su país en la guerra europea, en 1917. Había ciertos paralelismos, y si bien en Estados Unidos existía de momento un fuerte sentimiento antibelicista, las cosas podían cambiar.

«Si la guerra se alarga puede que lleguemos a la misma situación», dijo Phillips. «Si llegaran a perderse vidas y barcos estadounidenses, las emociones del pueblo americano podrían arrastrar al país en un espacio más corto de tiempo».

En tal caso, Estados Unidos entraría en guerra contra Alemania, afirmó Phillips con rotundidad, queriendo asegurarse de que a Ciano le quedaba claro. Sería una guerra mundial.

El embajador estaba tan preocupado por la dirección y el cariz que había tomado la conversación, que decidió que aquel no era momento de abandonar su puesto. En cuanto regresó a la embajada envió un telegrama a Roosevelt. El presidente estuvo de acuerdo y confirmó la respuesta de Phillips respecto a la entrada de Estados Unidos en la contienda.

Roosevelt respondió por cable:

Si llegamos a la conclusión de que el futuro de nuestra forma de gobierno se ve amenazado por una coalición de dictadores europeos, podríamos meternos de lleno y con todo el equipo [...]. Hoy por hoy pienso que el noventa por ciento de nuestro pueblo es decididamente antialemán y antiitalino de corazón y, dicho sea de paso, no creo que convenga pedirles que sean neutrales de pensamiento.

Mientras permanecía atento a los acontecimientos desde su puesto en Roma, Phillips se mantuvo en estrecho contacto con Joseph Hurley, su mediador con el papa. Pidió al monseñor estadounidense que fuera a la embajada y puso dos asuntos sobre la mesa. En primer lugar, le pidió que consiguiera permiso para empezar a publicar en el *Osservatore Romano* los discursos y otras declaraciones importantes del presidente Roosevelt. Los italianos carecían de información independiente acerca de Estados Unidos y de la postura de su presidente respecto a las tensiones en Europa. El diario vaticano estaría haciendo un gran servicio al ofrecer noticias sin censurar llegadas directamente de Washington.

En segundo lugar, Phillips quería que el pontífice siguiera ejerciendo presión sobre Hitler y Mussolini mientras durara la crisis provocada por la cuestión checoslovaca. Ello equivalía a insistir en las críticas utilizando una y otra vez el mismo lenguaje. «Le recordé a Hurley que en Estados Unidos tanto el presidente como el secretario de Estado tenían que repetir las mismas cosas una y otra vez, hasta la náusea, para hacer mella en la opinión pública».

A lo largo del otoño se fortaleció la colaboración entre Estados Unidos y el Vaticano, no porque Hurley trabajara para Pacelli, sino porque tenía línea directa con el papa.

Phillips y Hurley se ganaron las alabanzas del Departamento de Estado por haber conseguido abrir una brecha en la censura italiana. La radio y el periódico de la Santa Sede publicaban y emitían con regularidad los discursos clave del presidente Roosevelt y de otros mandatarios estadounidenses. Estados Unidos celebraba ver «la creciente simpatía hacia Estados Unidos del órgano vaticano», informó el Departamento de Estado.

Dicho periódico ha dado un lugar prominente a los pronunciamientos oficiales hechos por el presidente y el secretario de Estado [Cordell Hull], y los ha presentado en tono amistoso, además de protestar de cuando en cuando contra los ataques a películas americanas aparecidos en ciertos diarios italianos.

Hurley corrió un riesgo considerable para que esto fuera posible. Con frecuencia llevaba transcripciones estadounidenses debajo de la sotana cuando regresaba al Vaticano tras visitar la embajada de su país. Los agentes de Mussolini vigilaban tanto a los funcionarios americanos como a los pontificios. De haberle detenido, podrían haberle deportado, acusado de espionaje o algo peor. El presidente Roosevelt le envió una nota personal dándole las gracias por los servicios que estaba prestando a su país.

Berlín, 26 de septiembre de 1938

Un baño de gloria y de vítores inundaba Berlín. Los simpatizantes nazis atestaban las calles mientras Hitler saludaba en la semioscuridad de Potsdamer Strasse, camino del Sportpalast, el pabellón cubierto más grande de la ciudad. La tribuna estaba adornada con el águila alemana abrazando la esvástica, y el propio escenario estaba diseñado en forma de águila con las alas desplegadas. En torno a él se veían muchas otras esvásticas, y en una segunda tribuna del pabellón colgaba otra bandera con el conocido lema *Ein Volk, ein Reich, ein Führer*: «Un Pueblo, un Reich, un Guía». Obedeciendo a la señal convenida, el ministro de Propaganda, Joseph Goebbels, presentó al Führer, que estaba flanqueado por otras personalidades del Reich. Goebbels se dirigió a Hitler:

—[El Führer] Puede confiar en su pueblo como su pueblo confía en él —declaró—. El pueblo le respalda como un solo hombre. Somos conscientes de que ninguna amenaza, ninguna presión, venga de donde venga, podrá disuadirle de conquistar sus derechos inalienables y los nuestros.

LaFarge y los demás jesuitas habían oído decir que el discurso de Hitler sería trascendental, quizás incluso cuestión de guerra o paz. Ledóchowski invitó a sus subordinados jesuitas a reunirse con él para escucharlo en la radio después de la cena. Se congregaron en torno a la radio, en la sala de descanso de la sede de la orden jesuita en San Pedro. Sentado junto a Ledóchowski, a LaFarge le parecía raro hallarse tan cerca del líder de los jesuitas que podía observar cada uno de sus gestos y sus actitudes. Fue un momento sumamente dramático que LaFarge recordaría siempre.

«El padre Ledóchowski se sentó como de costumbre, alerta y muy cerca del aparato, mientras los demás nos agrupábamos a su alrededor», escribió. «La transmisión era perfecta, como si estuviéramos sentados allí mismo, en el vasto pabellón».

William Shirer, el corresponsal en Berlín de la cadena de radio Columbia Broadcasting Company, se hallaba en un palco situado por encima del escenario, custodiando de cerca su micrófono. Mirando desde aquella altura a la muchedumbre reunida en el pabellón, se preparó para traducir simultáneamente el meollo de lo que iba a oír. El mundo esperaba a que Hitler decidiera si iba a declarar la guerra por la cuestión checoslovaca. Mientras Shirer se disponía a traducir su discurso, Goebbels concluyó su breve introducción:

—¡Os saludamos, mi Führer, con nuestro antiguo grito de guerra! ¡Adolf Hitler, *Sieg Heil*!

La conexión de onda corta de Shirer captó los vítores enfervorizados del pueblo alemán y los transmitió al mundo entero.

En toda Europa, y también en San Francisco, Nueva York, Washington y más allá, la gente se apiñaba alrededor de los aparatos de radio para oír aquello. El asunto candente era la impaciencia y la ira de Hitler por el retraso en la ratificación de lo que se había dado en llamar el Pacto de Múnich sobre Checoslovaquia.

Al acercarse Hitler al pódium, el precio del oro subió y bajó en los mercados mundiales. Hitler saludó al gentío con la palma abierta en medio de otra estruendosa ovación y enseguida se aproximó al micrófono.

En Roma, el embajador Phillips se preguntaba de dónde procedían las capacidades oratorias de Hitler y su poder para suscitar emociones. Opinaba que el Führer era un maestro «por su forma de suscitar la emoción del público hasta la exaltación». A pesar de que no entendía el alemán, afirmó: «La mera excitación del propio Hitler y el efecto que surtía sobre su público me causó profunda alarma [...] Es sin duda un orador notable. Seguramente no hay nadie en el mundo como él».

LAFARGE comprobó de nuevo el prodigio de la tecnología radiofónica que lo transportaba directamente al Sportpalast. Hitler comenzó en tono suave y zalamero, con lo que LaFarge describió como «una voz sosegada y razonable, como si intentara ganarse la confianza del gran público».

El dictador alemán hizo un resumen de las negociaciones sobre Checoslovaquia celebradas durante las semanas anteriores, y la bolsa de Nueva York continuó reaccionando a cada matiz y cada rumor que rodeaba su discurso. Los valores bursátiles subieron un poco durante aquellos primeros segundos y luego fueron fluctuando con cada palabra de Hitler que sonaba vagamente amenazadora. El mercado cerró a la baja. Hitler recordó a su audiencia global que la Wehrmacht alemana estaba lista, «rearmada hasta un grado nunca visto por el mundo».

La voz descarnada de Hitler sonaba con claridad a través de la radio, y los vítores y *sieg heils* que se oían de fondo retumbaban como la rompiente de un océano.

Poco a poco Hitler fue subiendo de tono, amenazando con las consecuencias que tendría el hecho de que Checoslovaquia no se plegara a su voluntad. Su discurso fluía feroz, ininterrumpido, enunciado con violencia. Shirer repetía sus palabras a media voz para el público de habla inglesa que lo estaba escuchando en directo.

—Que el mundo sepa esto —dijo Hitler en alemán mientras Shirer intentaba no perder comba—, el pueblo que ahora marcha es un pueblo muy distinto al de 1918 [...]. En esta hora, todo el pueblo alemán se unirá a mí, sentirá mi voluntad como la suya propia, del mismo modo que yo contemplo su futuro y su destino como única guía rectora de mis actos.

Presa de un frenesí creciente, Hitler instó a Gran Bretaña, Francia y Checoslovaquia a poner fin a las negociaciones y someterse. Era un ultimátum para la rendición de los Sudetes a Alemania. El presidente checo «Edvard tendrá que entregarnos el territorio el 1 de octubre», afirmó Hitler. La alternativa era evidente. «Que haya paz o haya guerra está ahora en manos de Beneš», no de Hitler, añadió el Führer.

LaFarge sintió la misma oleada de griterío histérico que Shirer vivió en directo en el Sportpalast, a casi mil quinientos kilómetros de distancia. El corresponsal afirmó que nunca había asistido a una actuación semejante a pesar de haber visto a Hitler arengar a una multitud en muchas otras ocasiones. «Esa noche Hitler quemó sus naves, o eso nos pareció a quienes escuchamos asombrados su estallido de locura».

A medio discurso, Shirer comentó que Hitler gritaba y echaba espuma por la boca, «chillando y vociferando presa del peor paroxismo que yo había visto nunca en él, se ensañó lanzando insultos personales contra "*Herr* Beneš" y declaró que el asunto de la paz o la guerra dependía ahora del presidente checo y que en todo caso él [Hitler] tendría los Sudetes el 1 de octubre».

Jan Masaryk, el embajador checo en Gran Bretaña, se hallaba en aquel momento en Londres, escuchando también el discurso. Dijo que era «tan zafio y espantoso que me siento orgulloso de la decisión de mi Gobierno de plantar cara con firmeza a los creadores de una mentalidad que intenta destruir la cultura europea».

Hitler siguió arrojando fuego por la boca.

—¡Beneš, el agresor! —vociferó—. ¡Beneš, el tirano! ¡Beneš, el traidor a la civilización! ¡Beneš, el enemigo del pueblo alemán!

LaFarge escuchaba todo aquello angustiado y temeroso, pero también observó la placidez que mostraba Ledóchowski. «La magnitud de lo que había presenciado en Alemania y Checoslovaquia se abatió sobre mí», comentaría LaFarge. «Hitler cayó rápidamente en un frenesí de fanatismo, profiriendo gritos a los que seguía el estruendo aterrador del público: *¡Sieg Heil, Sieg Heil, Sieg Heil!* A mí me crujían los huesos cada vez que oía aquello. Una y otra vez, la voz se apagaba y se alzaba de nuevo, pero el padre general permaneció impasible, el semblante atento, la actitud alerta».

DE ALGÚN MODO, cada vez que Hitler parecía a punto de ordenar avanzar a sus tanques, daba marcha atrás y dejaba claro que aquello era solo un ultimátum, no una declaración de guerra. Incluso tuvo palabras amables para con Chamberlain, que actuaba como un honesto mediador para conseguir la única solución que veía el Führer: la rendición.

LaFarge miraba más allá de la radio, más allá de la voz, hacia el sonido de la locura. Oía «la voz de la guerra inminente», dijo, «la voz de una pasión ciega y turbia que podía brotar violentamente en cualquier parte del mundo. Sus ecos se dejaban sentir incluso en Estados Unidos: la voz del tumulto, del odio, de la histeria».

Hitler prosiguió:

—Tomaremos juntos una sagrada determinación. Seré más fuerte que cualquier presión, que cualquier peligro. Y cuando esta voluntad sea más fuerte que el peligro y la presión, romperá la presión y el peligro. ¡Estamos decididos!

«Por primera vez en todos los años que llevo observándolo», comentó más tarde Shirer, «esa noche pareció perder por completo el dominio de sí mismo».

El corresponsal guardó como un recuerdo indeleble la imagen de Goebbels levantándose como un resorte al sentarse Hitler y gritando al micrófono: «¡Una cosa es segura: 1918 no volverá a repetirse!».

> *Hitler se puso de pie de un salto y con un ardor fanático en los ojos que no olvidaré nunca levantó la mano derecha, hizo un amplio ademán y, golpeando con ella violentamente la mesa, gritó con toda la fuerza de sus poderosos pulmones,* ¡Ja! *[«¡Sí!»]. Luego se dejó caer en su silla, exhausto.*

LaFarge estaba mudo de espanto, y ninguno de los jesuitas que lo rodeaban se atrevió a romper el silencio. Ni siquiera se movieron cuando sonó el timbre avisando de que era la hora de la oración. Ledóchowski había permanecido absorto escuchando la voz que salía de la radio. Ninguno de los jesuitas podía levantarse mientras el superior general de la orden permaneciera sentado.

LaFarge había estado observando a Ledóchowski durante la retransmisión del discurso. Nadie se movió.

«Y quince minutos después», recordaría LaFarge, «sonó el timbre que marcaba la hora del examen de conciencia, como era costumbre al final de la jornada de los jesuitas, pero él siguió allí, inmóvil».

Hitler incluso había trastocado la rutina litúrgica de un grupo de jesuitas que lo escuchaban desde Roma, «haciendo que todos nos quedáramos en suspenso escuchando la radio —dijo LaFarge— cuando deberíamos haber estado diciendo nuestras oraciones. Finalmente, con un último esfuerzo, el Führer concluyó su discurso entre chillidos».

Solo entonces se levantó Ledóchowski rápidamente y se volvió hacia la puerta. LaFarge se percató en ese instante de que la reacción de su superior era muy distinta a la suya. Parecía sereno y satisfecho con el discurso de Hitler. Justo antes de desaparecer de su vista, el general de los jesuitas se volvió hacia los sacerdotes y dijo tranquilamente:

—No se preocupen, no habrá guerra.

«Y efectivamente no la hubo», recordaría más tarde LaFarge. «Entonces».

Roma, 30 de septiembre de 1938

El papa opinaba que el Pacto de Múnich era una pérdida de tiempo. Algunos diplomáticos, entre ellos el embajador francés François Charles-Roux, le pidieron que emitiera un comunicado de apoyo a la iniciativa de Chamberlain, pero el pontífice rehusó hacerlo. Sus comentarios fueron retransmitidos por Radio Vaticano el 29 de septiembre, la víspera del día en que Chamberlain, Hitler, Mussolini y el primer ministro francés Édouard Daladier firmaron el acuerdo. De manera indirecta, el pontífice expresó sus dudas de que el Pacto de Múnich valiera más que el papel en el que estaba impreso. Los titulares del día siguiente obviaron el contenido de sus declaraciones y se centraron en su estado emocional. Se decía que el papa prorrumpía en sollozos una y otra vez y que su voz estaba cargada de emoción. Pío dijo ser consciente de que su vida estaba tocando a su fin. «Que el Señor de la vida y la muerte», dijo el papa, «nos quite el don inestimable de una ya larga vida» mientras oraba por poder dar su vida por la paz. A pesar de su estado de agitación, quería dejar claro que a su modo de ver Hitler era un personaje inmoral e indigno de confianza. Dio a entender que los acuerdos de Múnich serían papel mojado a menos que hubiera «acciones acordes con las reiteradas expresiones de paz».

Poco después del anuncio oficial del Pacto de Múnich a la mañana siguiente, el diario vaticano informó de que el papa lo había acogido con «gran alegría». Pero no era cierto, y el pontífice no había dicho tal cosa. Aquella nota de prensa era otra prueba de que sus cancerberos, entre ellos el cardenal Pacelli, estaban intentando controlar los mensajes que salían de la Santa Sede siempre que les era posible.

Pío se había mostrado aún más explícito y tajante el 14 de octubre, cuando se reunió en privado con Domenico Tardini, el subsecretario de Estado del Vaticano, que se hallaba al frente del ministerio durante parte del verano y el otoño, mientras Pacelli disfrutaba de sus vacaciones en Suiza. Le dijo a Tardini que ningún acto de mediación podía frenar a Hitler y afirmó estar asqueado por que Mussolini hubiera proclamado en el último segundo ser un agente de la paz con ocasión de la firma del documento de Múnich.

—¿Es que no lo entiende? —preguntó en el transcurso de la reunión, cuando Tardini le sugirió que el Vaticano podía ayudar a recabar apoyos para lo que intentaba hacer Chamberlain. El papa se negó—. ¡Todo esto es agua de borrajas! ¡Chamberlain ha puesto a los pies de Hitler un escabel de oro! —añadió—. La oposición tenía razón: Chamberlain ha cedido.

Pío XI no estaba dispuesto a servirse de su influencia en el mundo como consejero o intermediario si tenía como interlocutora a la Alemania nazi, y ni Hitler ni Mussolini aceptarían al pontífice como mediador neutral en una disputa. Por otro lado, era consciente de que estaba siendo acusado de ponerse del lado de los comunistas. De ahí que, escuchara o no los desvaríos de Hitler en el Sportpalast de Berlín, hubiera decidido guardar silencio respecto a lo acordado en Múnich.

Sus subordinados trataron de rebajar el tono de evidente hostilidad de los comentarios papales acerca del pacto. Piero Tacchi-Venturi, un polémico jesuita romano amigo de Mussolini desde sus inicios y que a menudo actuaba como intermediario con el papa, ensalzó el acuerdo como una «victoria pacífica» de Mussolini y «una afirmación del espíritu moderado y católico del régimen».

Franklin Roosevelt compartía la opinión de Pío acerca del Pacto de Múnich. Incluso le dijo al embajador Phillips que el tratado de paz de Chamberlain no era más que «un retraso temporal de lo que a mi modo de ver será un conflicto inevitable en los próximos cinco años». El presidente norteamericano había escuchado con indignación el discurso de Hitler en el Sportpalast y, al crecer en ardor su soflama, había arrojado el lápiz contra la pared. Estaba de acuerdo con Churchill en que intentar apaciguar a Hitler conduciría con toda probabilidad a la guerra.

El primer ministro checo Edvard Beneš, tan vilipendiado por Hitler en su discurso, recordaría posteriormente a Pío con palabras de alabanza por haberse negado tajantemente a apoyar el Pacto de Múnich entre los líderes europeos. «No puedo olvidar la enorme compasión que demostró Su Santidad el papa Pío XI hacia Checoslovaquia durante la crisis», recordaría Beneš en una carta que escribió al Vaticano en 1943.

Quienes criticaban la política de apaciguamiento sabían perfectamente lo que hacían, y el papa era muy consciente de que Hitler constituía la mayor amenaza que afrontaba Europa.

Pío mantuvo sus críticas a la victoria nazi en Múnich y la subsiguiente invasión de Checoslovaquia. El *Osservatore Romano* afirmó en un editorial que la estrategia de Hitler consistía en evitar «atacar a la Iglesia Católica hasta que la población quede integrada en el Reich, e imponer acto seguido un programa anticatólico en la región».

El embajador estadounidense William Phillips, siempre atento a la toma de postura de la Santa Sede e informado por su amigo Joseph Hurley, afirmó que el Vaticano había escrito el editorial «en respuesta a un artículo anticatólico aparecido en el *Schwarze Korps* [el órgano oficial de las SS nazis]» en el que se afirmaba que ciertos «curas políticos» estaban conspirando contra el Tercer Reich.

Los nazis consideraban a Pío XI el líder de los «curas facinerosos» que operaban en territorio nazi.

París, 30 de septiembre

Uno o dos días después de escuchar el discurso de Hitler con Ledóchowski, John LaFarge consiguió reservar un pasaje de tercera clase en el *Statendam*, un buque que zarpaba el 1 de octubre desde Francia. Hizo el equipaje tan pronto como pudo y se marchó de Roma rumbo a París. Estaba cada vez más preocupado por su propia salud y por su familia. Es del todo probable que, por otro lado, le asustara que la guerra estallara en cualquier momento, dejándolo varado en Europa y sin saber cuándo podría volver a viajar.

El 29 de septiembre, cuando llegó a París, envió un telegrama a la sede de la revista *America* avisando a Talbot de que regresaba a casa. Su mensaje, muy breve, decía: *ZARPO 1 OCTUBRE STATENDAM. LAFARGE.* Después, durante años (el resto de su vida, en realidad) se arrepentiría de su precipitada decisión de abandonar Roma.

El 30 de septiembre de 1938, su última noche en Europa, escuchó la noticia de que los mandatarios de Gran Bretaña, Francia y Alemania habían firmado el Pacto de Múnich que cedía a Hitler los Sudetes, con la presencia de Mussolini como testigo y garante del pacto. LaFarge, que había estado anotando sus impresiones acerca de estos últimos días históricos en el continente, comenzó a pergeñar un artículo sobre el significado del acuerdo. Tardó un mes en plasmar esas ideas en un artículo para *America*. Percibía que tanto en Roma como en París, aunque fuera de manera soterrada, todo el mundo se estaba «preparando para lo peor». Consideraba que su valía como analista dependía en gran medida de que dejara reposar sus impresiones antes de ponerse a escribir. «El miedo a la guerra, al igual que los huracanes, se aprecia mejor cuando ha pasado», escribió por fin en un artículo aparecido el 5 de noviembre. Tanto en Roma como en París, la gente aparentaba normalidad para ahuyentar el miedo, afirmaba, y se preguntaba qué «respiro» permitiría el acuerdo. Respondía a su propio interrogante afirmando que veía en el Pacto de Múnich poco más que un lapso de tiempo «para el rearme [...], para la liquidación del Tratado de Versalles [...], para mayores oprobios y planes más amplios de agresión», todo lo cual colocaría a Alemana en situación de emprender la guerra.

> *La impresión que tenía uno como extranjero en París durante esos días era la de que los franceses vivían angustiados por la perspectiva de una guerra hasta un grado que nosotros, los de ultramar* [sic], *no podemos apreciar debidamente. Sabían lo que significaba la guerra y lo que esta guerra supondría para ellos [...]. Tenían derecho a estar alarmados.*

Del mismo modo,

> *en Roma, durante esas dos semanas, no se oían cláxones de coches. Había mucho desfile y mucha bravuconería, se reconocía mucho más abiertamente que corrían tiempos extraños, pero en el fondo existía esa misma preocupación angustiosa [...]: una sola mirada a los semblantes serios de los militares más veteranos cuando se apiñaban con el populacho en la Via Nazionale para escuchar los noticiarios de radio, un solo vistazo a las muchedumbres que rezaban por la paz en las iglesias, bastaban para demostrar hacia dónde se dirigían los pensamientos del pueblo en esos momentos, y no digamos ya sus corazones.*

EL 1 DE OCTUBRE DE 1938, LaFarge hizo el trayecto de tres horas en tren desde París a los muelles de Boulogne-sur-Mer, en el

Canal de La Mancha. A diferencia de lo sucedido cuatro meses antes, cuando había zarpado de Nueva York acompañado por apenas una veintena de pasajeros, el *Statendam* estaba abarrotado de gente: había más de mil cien pasajeros a bordo.

Esta vez, el viaje no resultó agradable: los camarotes de tercera eran pequeños y estaban situados en una cubierta media que resultaba poco cómoda. Quizá por su condición de sacerdote, LaFarge finalmente consiguió que le asignaran un camarote más amplio para los ocho días que duraba la travesía.

Londres, 1 de octubre de 1938

Horas después de firmarse el Pacto de Múnich, la Wehrmacht penetró en los Sudetes en la que sería la primera fase de la ocupación y subsiguiente anexión del territorio en disputa. Los checos de origen alemán saludaron a los invasores como a libertadores. Los socialistas, los opositores gubernamentales y los judíos huyeron. Hubo pequeñas escaramuzas y algunos muertos durante la retirada militar checa de la región. En los Sudetes, los austriacos que apoyaban a los nazis merodeaban por los pueblos recién ocupados, asaltando casas y comercios judíos. Hitler había lanzado un órdago y se había salido con la suya, a pesar de que militarmente le habría sido imposible conseguir su propósito. En aquel momento, en 1938, las fuerzas conjuntas de Gran Bretaña, Francia, Checoslovaquia y Polonia eran más fuertes que el ejército alemán. Como había sucedido en el caso de Austria, las potencias occidentales se quedaron de brazos cruzados mientras Hitler proseguía su marcha.

La ocupación del oeste de Checoslovaquia, sancionada por Gran Bretaña, se basaba en la confianza de Neville Chamberlain en la buena voluntad de Hitler, en su creencia de que aquella cesión daría a Alemania el *Lebensraum* [«espacio vital»] que ambicionaba y que, por tanto, contribuiría a preservar la paz. Chamberlain ya había sido criticado por auspiciar el Pacto de Múnich. Entre sus principales detractores se hallaba Winston Churchill, quien, poniéndose en pie para hablar desde su escaño de costumbre en la primera fila del Parlamento, proclamó:

> *No puede haber amistad entre la democracia británica y el poder nazi, ese poder que desdeña la ética cristiana, que jalea su marcha siempre adelante con un paganismo bárbaro, que ensalza el afán de agresión y conquista, que deriva fortaleza y placer perverso de la persecución y utiliza, como hemos visto, con implacable brutalidad la amenaza de la fuerza homicida [...]. Acabamos de pasar por un hito espantoso de nuestra historia [...], y no crean que este es el fin. Es solo el principio del ajuste de cuentas.*

Hitler ya había confesado en privado que prefería la invasión y la toma de Checoslovaquia por las armas.

—Ese tipo [Chamberlain] ha echado a perder mi entrada en Praga —dijo.

El Führer quería toda Checoslovaquia, y ya de paso, también Polonia, Francia e Inglaterra. Como sospechaban Churchill y el papa, no se detendría ante nada.

El Vaticano, 1 de octubre de 1938

Tal y como había acordado con LaFarge, Gustav Gundlach tomó un tren con rumbo sur desde Ginebra, donde había estado descansando, y llegó a Roma el sábado 1 de octubre. Se fue derecho a la residencia jesuita de la Universidad Gregoriana, donde debía encontrarse con LaFarge para acabar de pulir la encíclica. Pero no había ni rastro de su colega estadounidense.

En aquel momento, LaFarge estaba esperando para subir a bordo del *Statendam*, en Boulogne, para regresar a casa. Gundlach consiguió encontrar al rector de la universidad, Vincent McCormick, quien le confirmó que LaFarge se había marchado precipitadamente un par de días antes. Su destino no estaba claro. Nadie sabía con exactitud cuándo y por qué se había ido LaFarge.

Finalmente, el lunes 3 de octubre Gundlach recibió una carta que LaFarge le había enviado desde París confirmando lo evidente: que había decidido regresar a Estados Unidos. LaFarge había incumplido su acuerdo, no se había quedado para despedirse y no había visto al papa. Por el contrario, había confiado en la promesa que le hiciera Ledóchowski de entregar la encíclica a Pío XI inmediatamente. Gundlach se llevó un disgusto, pero no se sorprendió especialmente. Sabía que LaFarge no se encontraba bien de salud y que tenía familiares enfermos en América. Sabía también que se mostraba tímido en el trato con Ledóchowski y que creía de buena fe en la necesidad de obedecer y confiar en sus superiores. Era la costumbre entre los jesuitas. En este caso, sin embargo, Gundlach estaba seguro de que la confianza de LaFarge iba desencaminada.

Sabía, además, que Ledóchowski se alegraría de haberse librado de LaFarge.

Gundlach fue en busca de Ledóchowski para ver qué podía hacerse a fin de acelerar el proceso. Intentó conseguir una cita con el general de los jesuitas, pero Ledóchowski no quiso recibirlo. Gundlach se sintió ofendido porque era un hombre de confianza y por lo general tenía fácil acceso a su superior. Esta afrenta no solo le preocupó, sino que avivó su escepticismo. No cejó en su empeño de averiguar qué estaba pasando con la encíclica, pero sus intentos de obtener información no dieron ningún fruto, y no tenía copia de la encíclica. El documento parecía haberse esfumado. A Gundlach le preocupaba la atmósfera que reinaba en el Vaticano, especialmente cuando le advertían que no usara el teléfono ni escribiera cartas.

En lugar de atemorizarse, hizo averiguaciones por cauces extraoficiales; preguntando a miembros del séquito del general de la orden, descubrió que Ledóchowski todavía no había hablado con ninguno de sus ayudantes acerca de la encíclica y que de momento no había sucedido nada. Hacía ya más de una semana que LaFarge le había hecho entrega del documento.

Acto seguido, Gundlach escribió al también jesuita John Killeen, uno de los ayudantes de Ledóchowski, pidiéndole ayuda. Confiaba en que su respuesta fuera favorable porque Killeen había sido compañero de LaFarge en Nueva York. El domingo 10 de octubre consiguió verse por fin con Killeen, quien le aseguró que dos o tres días antes Ledóchowski había enviado la encíclica y sus documentos anexos al padre Enrico Rosa, de la revista *Civiltà Cattolica*.

Editor y comentarista veterano de la revista jesuita, Rosa estaba cualificado para dar una opinión sobre el escrito, aunque nada indicaba que Ledóchowski tuviera autorización para someter el texto a crítica antes de enviárselo directamente al papa. Se suponía que no debía retenerlo. Según el archivero jesuita Edmond LaValle, que trabajaba para Ledóchowski, aquel era un caso sin precedentes: era la primera vez que un miembro de la curia jesuita había revisado el borrador de una encíclica antes de que esta llegara a manos de Pío XI.

Ledóchowski (y seguramente también Gundlach) sabía que Rosa había firmado varios artículos de contenido antisemita y que era improbable que simpatizara con el contenido del texto. En un comentario publicado en junio de 1938, Rosa había secundado en lo esencial la campaña antisemita de Mussolini. «Los judíos son simples invitados de otras naciones», había escrito. «Residen en ellas como extranjeros pero, a pesar de serlo, maniobran para acaparar los mejores puestos en todos los campos, y no siempre por medios legítimos».

El 16 de octubre, dos semanas después de llegar a Roma, Gundlach decidió que era hora de escribir a LaFarge. Por si acaso la carta era interceptada, se sirvió de un código elemental para redactar el mensaje. Pío XI era «el señor Fisher» [«Pescador»], una referencia apenas velada que empleaba la metáfora del pontífice como pescador y que remitía a san Pedro, el primer papa, y al anillo del pescador que llevaban los pontífices desde entonces. Ledóchowski era, en clave, «nuestro jefe» y la encíclica «nuestro asunto». Gundlach había empleado esas semanas en recabar información y también en calmarse. Aun así, mostró cierta irritación y un asomo de sarcasmo al comienzo de la carta a LaFarge. «Llegué aquí el 1 de octubre, como habíamos convenido —le decía—. ¿Quién podría describir mi perplejidad cuando, al visitar al rector, me enteré de que se había marchado?».

A continuación le informaba de que Ledóchowski no había hecho nada con la encíclica en las tres semanas transcurridas desde que LaFarge la había dejado en sus manos. «[John Killeen] Me dijo que nuestro jefe había entregado el texto [...] al *signore* Rosa, de la conocida revista, para su inspección», añadía Gundlach.

Killeen le había asegurado que no se introducirían cambios que alteraran el contenido original y que le avisaría si ocurría algo. Gundlach reprochó a LaFarge que hubiera sido tan ingenuo y tan excesivamente cumplidor.

> *Esta es la situación. Desde entonces no he sabido nada más. ¡Querido padre LaFarge! Como ve, su intención de no permitir que el documento llegara a otras manos no se ha cumplido. Su lealtad en lo relativo al jefe, por la que yo había mostrado total comprensión en P[arís] pero que incluso entonces me parecía excesiva, no ha obtenido recompensa. En efecto, podría reprochársele que, debido a esa lealtad, la lealtad hacia el señor Fisher [el papa] ha salido menoscabada. Si se considera que, además, el jefe ha necesitado catorce días para entregarle la cosa al presunto «revisor» y que desde entonces guarda silencio, uno empieza a pensar cosas raras. Una persona ajena a este asunto podría ver en todo esto un intento de sabotear mediante el retraso, por*

motivos tácticos y diplomáticos, la tarea que el señor Fisher le encomendó a usted personalmente.

La misiva de Gundlach planteaba la posibilidad de que existiera una conspiración en contra de Pío XI. También acusaba a LaFarge de no haber estado más atento a lo que sucedía a su alrededor y no haberse percatado, por tanto, de que existía un complot para impedir la publicación de la encíclica. Gundlach creía que solo había una persona que pudiera recurrir directamente al papa, el propio LaFarge, y le pedía que hiciera lo que en su opinión debería haber hecho desde el principio: contactar directamente con el pontífice y contarle lo ocurrido. Lanzaba la idea como sugerencia pero en tono imperioso, convencido de que era su obligación. «La tarea le fue encomendada en su momento a usted y a nadie más que a usted», escribía Gundlach. «Le sugiero que escriba (que) le dio el texto a nuestro jefe para que lo entregara».

Ahora más que nunca, proseguía Gundlach, LaFarge debía decirle al papa que era evidente que la situación en Europa se estaba deteriorando y que la encíclica salía al paso de «necesidades concretas y urgentes».

Ledóchowski había conseguido lo que quería. Tenía en su poder todas las copias de la encíclica y LaFarge, el cándido jesuita estadounidense, se había marchado a casa. Ya podía decidir a su aire qué hacía con el documento. O quizá no decidir nada. Echó un vistazo al texto y llegó a la conclusión de que no era el momento de hacerlo público. Algunos pasajes eran en exceso explícitos y contundentes: así, por ejemplo, las críticas contra la política racial de Hitler. ¿Era el momento de publicar belicosos manifiestos dirigidos contra Alemania que podían deteriorar más aún la posición de la Iglesia en el país, y también en Austria y Checoslovaquia? En el Vaticano, eran muchos los que opinaban que, por el contrario, era hora de apostar por la pacificación.

1

Achille Ratti, futuro papa Pío XI, en torno a 1880. Ratti era originario de un pueblecito de montaña del norte de Italia, cerca de Milán. Se ordenó sacerdote en 1879, a la edad de veintidós años. Al tiempo que progresaba en la jerarquía católica, se dio a conocer como alpinista de primera fila. Entre sus hazañas se cuenta el ascenso al Monte Rosa (4.634 m), segundo pico más alto de los Alpes, por un paso intransitado hasta entonces.

2

John LaFarge hacia los veinte años de edad. En 1901 se licenció en la Universidad de Harvard, donde simultaneó sus estudios de poesía, literatura y cultura clásica con la formación en teoría musical y la práctica del piano.

3

LaFarge en Holanda a principios del siglo xx. En 1901 ingresó en un seminario en Innsbruck (Austria), después de que Theodore Roosevelt, amigo de la familia, contribuyera a convencer a su padre para que aceptara su deseo de hacerse sacerdote.

4

LaFarge en el condado de Saint Mary (Maryland), en torno a 1915. Tras ingresar en la orden jesuita fue destinado a parroquias de mayoría afroamericana en zonas rurales de Maryland, donde se convirtió en defensor de la formación vocacional, la educación y la igualdad de oportunidades para la población negra.

5

Achille Ratti a principios del siglo xx. Ratti, un erudito con tres doctorados en su haber, trabajó como maestro y posteriormente como bibliotecario, primero en la Biblioteca Ambrosiana de Milán, fundada en el siglo xvi, y más tarde como director de la Biblioteca Vaticana de Roma.

6

LaFarge en el condado de Saint Mary, c. 1920. Entre 1911 y 1926 vivió en el sur de Maryland, donde colaboró en la creación de los consejos católicos regionales interraciales, organismos que en su opinión debían servir para luchar contra los prejuicios raciales. En 1926 fue trasladado a Nueva York como editor asociado de la revista jesuita *America*.

El papa Pío XI y su secretario, monseñor Carlo Confalonieri, en los jardines del Vaticano en 1922. Achille Ratti fue elegido papa en febrero de ese mismo año, meses después de ser elevado al rango de cardenal y arzobispo de Milán. Anteriormente, al término de la Primera Guerra Mundial, había estado destinado en Polonia como representante diplomático del papa Benedicto XV.

7

8

Monseñor Joseph O. Hurley (derecha) junto al obispo Edward Mooney y un sacerdote sin identificar (Japón, 1931). En 1934 Hurley fue destinado a la Secretaría de Estado pontificia en sustitución de Francis Spellman, convirtiéndose así en el estadounidense de mayor rango en el Vaticano. Se convirtió en el intérprete inglés del papa y en mediador oficioso entre la Santa Sede y Estados Unidos.

9

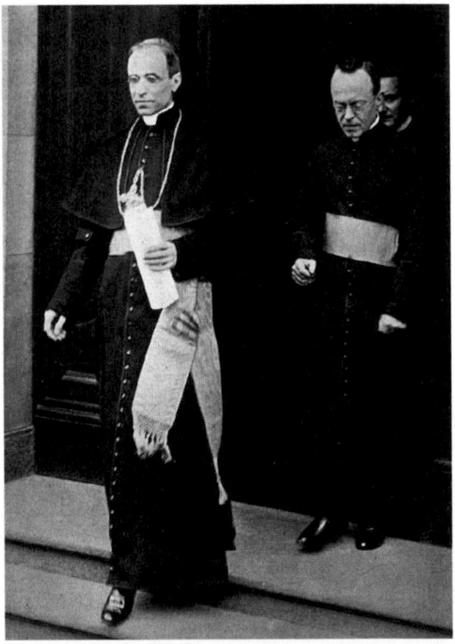

El cardenal Eugenio Pacelli, representante diplomático del Papado en Alemania y futuro papa Pío XII, saliendo de una reunión en 1929. Pacelli sirvió en Alemania durante doce años. En 1930 pasó a ser secretario de Estado del Vaticano. Eran muchos los que opinaban que Pío XI utilizaba a Pacelli como contrapunto sobrio a su estilo impulsivo de liderazgo.

10

El Papa y el inventor italiano Guglielmo Marconi (izquierda), durante la inauguración de la Radio Vaticana el 12 de febrero de 1931. Pío se sirvió de la inmediatez de la retransmisión radiofónica para dirigirse por primera vez a una audiencia de ámbito mundial. «Esta es la primera vez en la historia», declaró Marconi, «que la viva voz de un papa va a oírse simultáneamente en todos los rincones del globo».

11

El papa ante el micrófono en 1932. En sus frecuentes discursos radiofónicos fue adentrándose cada vez más en el terreno de la política al tiempo que hacía continuos llamamientos a la paz. Lejos de rechazar los avances tecnológicos, el papa auspició la ampliación del Observatorio Vaticano, sustituyó los carruajes tirados por caballos por automóviles e hizo instalar ascensores, un sistema telefónico automático y una nueva imprenta en el Vaticano.

El embajador William Phillips y su esposa, Caroline Drayton Phillips, en Europa. Amigos del presidente Roosevelt y su esposa (con la que estaba emparentada la senora Phillips), estuvieron destinados en Roma entre 1936 y 1941. Roosevelt encargó a Phillips que intentara disuadir a Mussolini de que reforzara su alianza con Hitler. En su diario personal, Caroline Phillips consignó numerosas observaciones acerca del fascismo y el antisemitismo en Italia.

12

Wlodimir Ledóchowski, superior general de la orden jesuita entre 1915 y 1942. Al general de los jesuitas se le conoce también como «el Papa negro», y Ledóchowski era considerado la tercera persona más poderosa del Vaticano después del papa y del cardenal Pacelli. Conocido por su rigidez dentro de la orden jesuita, adoptó posiciones antisemitas a pesar de que en 1938 simuló apoyar a John LaFarge y al papa en su proyecto de encíclica.

13

14

El papa en 1932. A finales de 1936 sufrió un ataque al corazón y se temió por su vida. Se recuperó a principios de 1937 y desde entonces comenzó a promulgar declaraciones, entre ellas una encíclica que condenaba rotundamente a Hitler y el nazismo. En 1938 Hitler y Mussolini lo consideraban uno de sus principales oponentes y temían que la popularidad del pontífice mermara su capacidad para influir en la opinión pública.

15

El cardenal Eugène Tisserant, viejo amigo y aliado del papa Pío XI, era el único cardenal francés que trabajaba directamente en el Vaticano. Tisserant había servido en el ejército francés durante la Primera Guerra Mundial, primero en el frente de batalla y más tarde como oficial de inteligencia. Considerado rival del cardenal Pacelli, su nombre se barajó como posible candidato al solio pontificio.

16

Mussolini y Hitler en Alemania en 1937. Hitler viajó a Roma en mayo de 1938 para reforzar sus lazos con Italia y crear el Eje. Íntimamente, los caudillos alemán e italiano se despreciaban el uno al otro. El papa Pío XI se trasladó a su palacio de verano en Castel Gandolfo para evitar encontrarse en el Vaticano durante la visita de Hitler. No quería ver «la cruz torcida del neopaganismo» ondeando sobre Roma.

17

El presidente Roosevelt y el cardenal George Mundelein de Chicago en fecha sin precisar. Mundelein se convirtió en uno de los críticos más contundentes del nazismo dentro de la Iglesia católica. En un discurso de 1937 ridiculizó a Hitler como «un empapelador austriaco, y malo, además». Tanto Roosevelt como el papa apoyaron a Mundelein, que en noviembre de 1938 viajó a Roma como emisario oficial del presidente estadounidense.

18

Jan Masaryk (fecha desconocida). John LaFarge se reunió con Masaryk, embajador checo en Gran Bretaña, en mayo de 1938 mientras Inglaterra intentaba apaciguar a Hitler cediéndole la región checa de los Sudetes, de mayoría alemana. En su encuentro con LaFarge, Masaryk, hijo del expresidente checo Tomáš Garrigue Masaryk, vaticinó una alianza entre Hitler y Stalin.

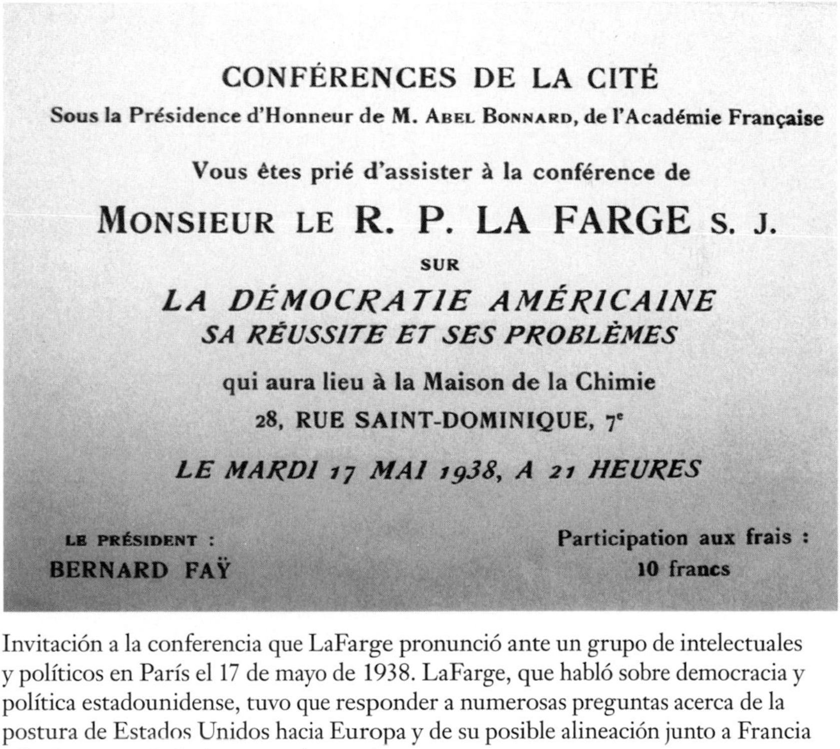

CONFÉRENCES DE LA CITÉ

Sous la Présidence d'Honneur de M. ABEL BONNARD, de l'Académie Française

Vous êtes prié d'assister à la conférence de

MONSIEUR LE R. P. LA FARGE S. J.

SUR

LA DÉMOCRATIE AMÉRICAINE

SA RÉUSSITE ET SES PROBLÈMES

qui aura lieu à la Maison de la Chimie

28, RUE SAINT-DOMINIQUE, 7e

LE MARDI 17 MAI 1938, A 21 HEURES

LE PRÉSIDENT :
BERNARD FAŸ

Participation aux frais :
10 francs

19

Invitación a la conferencia que LaFarge pronunció ante un grupo de intelectuales y políticos en París el 17 de mayo de 1938. LaFarge, que habló sobre democracia y política estadounidense, tuvo que responder a numerosas preguntas acerca de la postura de Estados Unidos hacia Europa y de su posible alineación junto a Francia e Inglaterra en la lucha contra los nazis.

LaFarge en Nueva York en 1938, tras su regreso de Europa. Por entonces todavía mantenía en secreto su trabajo en la encíclica papal, cuyo borrador había entregado en Roma a Ledóchowski, superior general de los jesuitas, quien le aseguró que se lo haría llegar al papa. A su vuelta de Europa, LaFarge habló públicamente sobre temas relacionados con la guerra y el antisemitismo.

20

21

De izquierda a derecha: el primer ministro británico Neville Chamberlain; Benito Mussolini; lord Halifax, ministro de Exteriores británico y su homólogo italiano, conde Galeazzo Ciano. Chamberlain y Halifax visitaron Roma en enero de 1939, pero no consiguieron mejorar las relaciones con Italia. También se reunieron con el papa, quien les reiteró su firme rechazo a Hitler y Mussolini.

El jesuita alemán Gustav Gundlach fue el principal colaborador de LaFarge en la redacción de la encíclica. En octubre de 1938, Gundlach escribió a LaFarge para advertirle de que Ledóchowski se negaba a recibirlo o a hablar del documento. Sospechaba que, dada la mala salud del pontífice, el general de los jesuitas estaba reteniendo a propósito el manifiesto antihitleriano para demorar su publicación.

22

23

El radiopredicador católico Charles Coughlin (fecha desconocida). En la década de 1930, su programa radiofónico semanal, cuya audiencia se contaba por millones, fue virando cada vez con mayor virulencia hacia la ultraderecha y el antisemitismo. En claro desafío al Vaticano, adoptó una postura extremista y contraria a Roosevelt. Investigado por el FBI por sus contactos con los alemanes y sus fuentes de financiación, finalmente fue silenciado por la jerarquía católica.

24

John LaFarge en torno a 1954. LaFarge se convirtió en editor de la revista *America* en 1944 y siguió hablando públicamente en contra del antisemitismo durante la Segunda Guerra Mundial. En sus memorias de 1954, *The Manner is Ordinary*, no reveló la historia de su colaboración con el papa Pío XI. Siguió promoviendo los derechos humanos hasta el final de su vida, escribió diversos libros y ganó numerosos galardones periodísticos en reconocimiento a su defensa de los derechos humanos.

25

LaFarge se unió a Martin Luther King en la marcha sobre Washington de agosto de 1963. Era optimista en cuanto al curso que seguía el movimiento en pro de los derechos civiles, un asunto, afirmó, que «afecta a los derechos fundamentales de todos [...]. Una cuestión [...] que nos incumbe a todos».

26 El obispo Joseph Hurley y el papa Pablo VI en el Vaticano, c. 1964. Hurley fue desterrado del Vaticano por el papa Pío XII después de hablar enérgicamente contra Hitler y el nazismo en 1940. Fue nombrado obispo de Saint Augustine (Florida), cargo que ocupó durante veintisiete años.

Ledóchowski decidió ignorar la encíclica durante un tiempo. Después, retrasó el proceso enviándosela a Enrico Rosa. El editor estaba gravemente enfermo e incapacitado para actuar, lo que ayudó al general de los jesuitas (supiera o no que Rosa estaba enfermo) en su propósito de demorar su publicación. Rosa murió a finales de noviembre con el borrador del texto todavía sobre su escritorio.

Después de recibir la carta de Gundlach, LaFarge recibió otra de Killeen informándole de que Ledóchowski le había encargado a él en persona que hiciera llegar un ejemplar de la encíclica a Enrico Rosa. «El padre general [Ledóchowski] mandó una nota acompañando el texto —le decía Killeen—, pero no me puso al corriente de su contenido».

Killeen también le decía a LaFarge que estaba decidido a preservar la parte del texto que abordaba el tema del antisemitismo y que haría todo lo posible «por salvaguardar sus deseos en dicha cuestión, en caso de que al hermano Rosa se le ocurra proponer algún cambio». Sin embargo, añadía: «Después no he vuelto a tener noticias, y así están las cosas de momento». Prometía, además, mantener informado a LaFarge.

Pese a que su estado de salud había empeorado, el papa estaba decidido a proseguir su campaña contra el totalitarismo. Ello le resultaba cada vez más difícil, pues seguía teniendo problemas para controlar las piezas del tablero. Nadie le había informado de que Rosa había recibido el borrador de la encíclica, y es dudoso que el papa hubiera aceptado cambios procedentes de esa fuente.

La animadversión nazi contra los judíos era para Pío XI un asunto de tal calado que pensaba hacer una declaración universal que cambiara por completo la perspectiva de la Iglesia Católica sobre la cuestión judía. Y eso era lo que quería retrasar Ledóchowski, sabedor de que el papa tenía los días contados.

Hoboken, Nueva Jersey, 9 de octubre de 1938

Cada día llegaban al puerto de Nueva York tres o cuatro transatlánticos cargados con miles de pasajeros. Después, los navíos emprendían rápidamente el regreso a Europa. La travesía de LaFarge había comenzado el 1 de octubre acompañada por las fuertes lluvias que durante varios días barrieron el continente desde Inglaterra a España. LaFarge se quejó de la incomodidad del viaje y del estado turbulento del mar, pero podría haber sido mucho peor. El *Statendam* había zarpado con rumbo oeste durante un periodo de calma entre tormentas. Las lluvias caídas sobre el continente eran los últimos vestigios de un huracán que una semana antes había cruzado el Caribe y subido por la costa atlántica de Estados Unidos.

LaFarge no había oído hablar de los fuertes temporales pero conocía, en cambio, su estómago. «El viaje de vuelta a Nueva York fue sumamente incómodo», recordaría después, «sobre todo porque yo no era un buen marinero». El pasaje que había conseguido en el último minuto era de tercera clase, pero por alguna razón LaFarge figuraba entre los pasajeros de primera. Su nombre debió de añadirse a la lista en el último momento. Al margen del lugar que ocupara en el barco, LaFarge no mencionó que hubiera abandonado en ningún momento su camarote para oficiar misa. El listado de pasajeros demostraba que probablemente muchas de las personas que había abordo iban huyendo de la conflagración: el señor Emanuel Feuermann, su señora e hija; el doctor Julius Heilbrunn, su señora y sus dos hijos de corta edad; la familia Oppenheimer, los Rosenbaum, los Buchbinder, los Strauss y los Furst, y así centenares de apellidos que parecían de origen judío. Pero también figuraban otros nombres, personas llamadas Franklin, Grant o Hoskins.

Sin que lo supieran LaFarge ni la mayoría de los pasajeros del barco, los gobiernos y los bancos europeos, temiendo el estallido de la guerra, habían embarcado millones de dólares en lingotes de oro para su depósito en Estados Unidos. Ese fin de semana, el *Statendam* y otros tres buques entregaron ciento doce millones de dólares en oro: más de cinco mil millones conforme al valor del oro en 2012.

La tarde del domingo 9 de octubre, cuando el *Statendam* pasó por delante de la Estatua de la Libertad en el río Hudson, el tiempo estaba despejado y hacía una temperatura agradable. Los remolcadores condujeron el barco hasta un atracadero del muelle de Holland-America Lines en la calle Quinta. Al otro lado del puerto por el lado de popa, el Empire State Building relucía a la luz del atardecer.

En tierra reinaba la confusión. La zona portuaria bullía llena de pasajeros, estibadores, taxis y automóviles. Francis Talbot, el editor y amigo de John LaFarge, lo esperaba entre aquel caos y, como sorpresa, había llevado consigo a Frances Childs, la sobrina de LaFarge, para que diera la bienvenida a su tío. Pero cuando miraron la lista de pasajeros, no vieron su nombre por ningún lado.

«El padre Talbot y yo fuimos a recogerlo al puerto a su llegada», recordaba Frances. «Debido a su tipo de pasaje no estábamos seguros de dónde encontrarlo, pero al final lo encontramos debajo de la «L» en primera clase, cargado con grandes bultos ¡y con pinta de ser el inmigrante arquetípico!».

Frances encontró a su tío muy desmejorado después de sus cinco meses en Europa. Había perdido cerca de quince kilos y parecía una pálida sombra de sí mismo. LaFarge contó poco acerca del viaje de regreso aparte de quejarse de la comida, pero parecía contento de haber escapado a la amenaza constante de la tiranía.

Lo más urgente era acudir junto al lecho de su hermano mayor. Pero pese a su prisa por llegar a casa, LaFarge no pudo estar presente en la muerte de otro familiar cercano: primero su padre, luego su hermano Bancel, y ahora también Grant. «¡Ay!, justo cuando me disponía a partir recibí la noticia de su muerte y tuve que conformarme con el triste consuelo de oficiar su misa de funeral en la iglesia de Saint Joseph, en Wickford, Rhode Island», escribió LaFarge. «Generoso hasta el exceso y profundamente cariñoso, Grant había sufrido en silencio el aguijonazo de la decepción. No pude evitar maldecirme amargamente por los días y semanas que, de no ser por ese verano en el extranjero, podría haber pasado junto a mi hermano mayor antes de que fuera demasiado tarde».

Adolf Hitler seguía dominando los titulares cuando LaFarge se instaló en la residencia jesuita de *America*, junto a West End Avenue, en Nueva York. La Wehrmacht estaba completando la ocupación de los Sudetes y las informaciones periodísticas describían una Europa que seguía precipitándose hacia la guerra. El curso de los acontecimientos había confirmado a todos los efectos lo que LaFarge había vaticinado cinco meses antes al visitar la plaza Wenceslas de Praga y darse cuenta de que estaba asistiendo a los últimos días de la independencia checa.

A su regreso a casa, Estados Unidos estaba dividido en dos bandos: por un lado, el de los que estaban de acuerdo con la política de apaciguamiento; por otro, el de los que creían que la guerra era inevitable. «Salvad a los refugiados y combatid el fascismo en todos los frentes», decían algunos. Otros alababan a Hitler por mantener a raya a los comunistas. LaFarge oraba para que de algún modo se preservara la paz en Europa, quizá con ayuda del Pacto de Múnich. Dudaba que fuera posible, sin embargo. Había escuchado el temible discurso de Hitler y visto la plácida reacción de Ledóchowski. El recuerdo de su encuentro con Jan Masaryk resonaba aún en su memoria, y cada vez veía con más claridad que podía elegirse entre comunismo y nazismo: ambos eran sistemas autoritarios, pero el nazismo estaba a punto de engullir toda Europa, y tal vez no se detuviera ahí.

Entre tanto aguardó noticias de Roma, quizá con las preguntas que pudieran tener el papa o Ledóchowski antes de la publicación de la encíclica.

CAPÍTULO 9

Vergüenza y desesperación

Roma, 7 de octubre de 1938

TAN PRONTO REGRESÓ a Roma tras presidir la firma del Pacto de Múnich en septiembre, Mussolini promulgó una nueva serie de medidas que prohibían el matrimonio entre judíos y católicos. Pío XI replicó que la nueva legislación conculcaba el Concordato de 1929 entre el Vaticano y el régimen fascista y exigió entablar negociaciones urgentes con el Gobierno de Italia.

A pesar de su reticencia de partida a criticar públicamente a Mussolini, el secretario de Estado Eugenio Pacelli dio la razón al papa en este caso, por estar convencido de que únicamente a la Iglesia Católica le correspondía decidir en materia de matrimonio. Para Pacelli, aquella cuestión superaba el ámbito de la política y atañía de lleno a la teología católica. El cardenal comentó abiertamente la crisis subsiguiente durante una cena celebrada en la embajada irlandesa en la que se sentó junto a Caroline Phillips, la esposa del embajador estadounidense. Aquella fue una rara oportunidad para la señora Phillips. «El cardenal es uno de esos sacerdotes de aspecto refinado y ascético que abundan tan poco y con los que siempre me parece un privilegio poder hablar», escribió en su diario. «Hemos hablado largo y tendido de las leyes fascistas contra los judíos que según ellos contravienen el Concordato entre el Vaticano y el Gobierno fascista. Cabe esperar una nueva controversia».

Pero mientras que Pacelli procuraba que sus comentarios fueran siempre modestos y diplomáticos, Pío XI se dejaba llevar por sus emociones y respondía airadamente a las leyes antisemitas. «Siento vergüenza [...], vergüenza de ser italiano», le dijo el papa a Domenico Tardini, mano derecha de Pacelli. «¡Dígaselo así a Mussolini, padre! ¡Siento vergüenza no como papa, sino como italiano! El pueblo italiano se ha convertido en un rebaño de borregos idiotas. Pienso hablar sin miedo [...] ¡No tengo ningún miedo!».

Llegara o no el mensaje a su destinatario, el ministro de Exteriores Ciano anotó en su diario que *Il Duce* «describía el Vaticano como un gueto católico. Y decía que todos los Píos habían traído la desgracia a Italia. Describía al papa actual como "el pontífice que dejará el mayor montón de escombros tras de sí"».

Varios prelados del Vaticano visitaron a Mussolini y le aconsejaron que fuera paciente. Dentro de la curia romana eran muchos los que afirmaban que Pío XI estaba cada vez más aislado, dando a entender de paso que no tardaría en morir.

El 9 de octubre, al día siguiente de promulgarse el decreto sobre los matrimonios interconfesionales, Hitler llevó un paso más allá su enfrentamiento con la Iglesia cuando unos matones nazis entraron por la fuerza en la residencia del cardenal Theodor Innitzer en Viena, intimidaron al prelado y a su personal, quemaron varios muebles y destrozaron sus oficinas. Innitzer resultó herido de levedad por esquirlas de vidrio. Innitzer, decían los nazis, se había entrometido en política y había que pararle los pies. Aquello supuso un revés de fortuna para Innitzer, al que se consideraba el cardenal predilecto del régimen nazi, el mismo que se había reunido con Hitler y le había felicitado tras la ocupación de Austria en marzo de ese año.

El Vaticano envió de inmediato a Joseph Hurley a Viena para que investigara lo ocurrido. Hurley regresó a Roma un par de días después y presentó un informe ante la Secretaría de Estado del

Vaticano. Varios días más tarde, el sábado 15 de octubre, fue a la embajada de Estados Unidos para informar al embajador Phillips.

«Un gentío de unos mil quinientos jóvenes nazis rodeó el palacio, algunos entraron en la primera planta, rompieron las ventanas, lanzaron a la calle reliquias sagradas y arrojaron a un sacerdote a la calle rompiéndole las dos piernas», le dijo Hurley a Phillips. «La única intervención policial durante el tumulto fue la de un agente que detuvo a uno de los alborotadores, al que enseguida liberaron sus compañeros».

Pío XI llamó «renegado» a Hitler y afirmó que el ataque a Innitzer era «siniestro». Negó las acusaciones contra el cardenal. «Es mentira. Repetimos: es mentira, mentira, mentira» que el Vaticano se hubiera metido en política, afirmó Pío hablando en tercera persona. «El papa sigue una única política de la que ningún poder sobre la Tierra puede disuadirlo: aportar algo al bien común».

A raíz de estos acontecimientos, Hurley le dijo a Phillips que tenía permiso para utilizar el diario y la radio del Vaticano para publicar y retransmitir los discursos y declaraciones del presidente Roosevelt y el Gobierno de Estados Unidos. Ello convertía al Vaticano en el único conducto de información libre de censura que había en esos momentos en Italia, una información que, además, sería publicada en numerosos idiomas, incluido el alemán. Es posible que la autorización procediera directamente de Pío XI, dado que Pacelli, como de costumbre, habría aconsejado moderación.

La mañana del 28 de octubre, el papa se abrigó bien contra el frío y la lluvia para emprender el viaje de regreso a Roma desde Castel Gandolfo. Se despidió de los vecinos de la localidad desde el balcón del palacio durante una pausa entre aguaceros. Cuando llegó a San Pedro la lluvia volvía a arreciar, pero pese a todo había gente esperando en la plaza para aclamarlo. Pío les dio su bendición y se retiró a sus habitaciones privadas. Empezaban a flaquearle las fuerzas. Habían pasado más de cuatro meses desde su encuentro con LaFarge y seguía sin tener noticias de la encíclica que podía cambiar el curso de la historia.

En otra época tal vez hubiera tomado medidas para encontrar a LaFarge e informarse sobre la encíclica, pero no lo hizo. Cada vez delegaba más en otras personas para liberarse de parte del peso de sus responsabilidades. Incluso había hecho regresar a Pacelli de sus largas vacaciones en Suiza para que lo ayudara con los asuntos de estado en el Vaticano.

Nueva York, 28 de octubre de 1938

LaFarge reaccionó a la imperiosa carta de Gundlach redactando el borrador de una misiva dirigida al papa. Tenía que haber algún modo de informar al pontífice, claramente pero con delicadeza, de que la encíclica había sido secuestrada. Gundlach, sin embargo, le advertía en su carta de que había espías por doquier. «Hoy en día la correspondencia corre con frecuencia una suerte extraña», escribió el jesuita alemán, quien le aconsejó que recurriera al obispo Amleto Giovanni Cicognani, legado apostólico en Washington y confidente del papa. Cicognani debería poder encargarse de que la misiva de LaFarge llegara a manos del pontífice, pero ni siquiera esa era una ruta segura.

LaFarge escribió la carta en francés, con estilo florido, y se aseguró de alabar en ella a Ledóchowski, el superior de la orden jesuita, por si acaso este leía una copia:

> *Habida cuenta de la responsabilidad que Su Santidad se dignó depositar sobre mis pobres hombros, me siento en la obligación de informar a Su Santidad de [...] las circunstancias relativas a mis esfuerzos. Obedeciendo lo mejor que pude las instrucciones que Su Santidad tuvo la gentileza de darme en aquella ocasión, trabajé con ahínco todo el verano, ayudado, a instancias de*

nuestro Reverendísimo Padre General, por uno de los profesores de la Pontificia Universidad Gregoriana.

LaFarge añadía que había regresado «a Roma a fines de septiembre y entregado el documento en mano a [Ledóchowski], quien con suma benevolencia me había brindado todas las facilidades para su elaboración». Se disculpaba, además, por no haber vuelto a ver a Pío XI. «Gracias a Dios», escribía, «el agotamiento físico que sufrí en agosto está ya curado. Por motivos personales de gravedad me vi obligado a abandonar [Roma] inmediatamente para regresar a America. Ello me causa honda tristeza, pues tenía el ardiente deseo de entregar el documento en persona».

Agregaba que Ledóchowski había prometido entregar el texto sin tardanza. «Así pues, me consuela pensar que sin duda estará ya en manos de Su Santidad, aunque yo haya perdido la ocasión de entregároslo en mano».

LaFarge sabía ya, naturalmente, que Ledóchowski había retenido la encíclica y que Gundlach consideraba que el papel desempeñado por el general jesuita formaba parte de una maniobra conducente a impedir su publicación.

Aunque no podía estar seguro de que el papa hubiera recibido la carta después de que LaFarge se la enviara a finales de octubre, Gundlach le informó de que, según sus fuentes en el Vaticano, Pío había hecho averiguaciones sobre la encíclica unas dos semanas después de la fecha en torno a la cual debería haber llegado la misiva. Dichas fuentes le informaron, de paso, de que quizá ya importara poco. Según el círculo íntimo del pontífice, su dolencia cardíaca se había agravado y no se esperaba que sobreviviera mucho tiempo. Pío XI se encontraba «muy débil», le comentó Gundlach a LaFarge en una carta fechada el 18 de noviembre.

La gente que le rodea no le da mucho tiempo de vida. Parece que la situación es tal que solo [le] llega lo que otros permiten que le llegue. Según parece él está mentalmente lúcido, pero no se encuentra en situación de tomar ninguna iniciativa.

La carta de Gundlach reconocía abiertamente, como muy pocos testimonios de la época, que había una escisión dentro del Vaticano. A medida que el papa se debilitaba y era menos capaz de valerse por sí mismo, Pacelli iba ganando poder, no solo como secretario de Estado sino también como camarlengo, el cardenal encargado de gobernar la Iglesia cuando el papa está incapacitado... o cuando muere. El resultado fue una carrera contrarreloj para intentar localizar y publicar la encíclica antes de que falleciera Pío XI.

Roma, 5 de noviembre de 1938

En otoño, el papa y el presidente Roosevelt acordaron una visita a Roma del cardenal George Mundelein, el prelado más controvertido de Estados Unidos. Mundelein, arzobispo de Chicago, iba a informar de los resultados de un Congreso Eucarístico celebrado hacía poco en Nueva Orleans en el que había actuado como representante oficial del pontífice. Estaba también la cuestión de la beatificación de la madre Cabrini, la monjita italiana que había trabajado con los pobres de Nueva York y Washington, cuya ceremonia tendría lugar el 13 de noviembre. Ambos asuntos, sin embargo, eran excusas; el verdadero motivo de la visita era otro.

El solo nombre de Mundelein era una espina clavada en el costado de Hitler y de los nazis. Mundelein, uno de los miembros más liberales del Colegio Cardenalicio, era una de las personalidades eclesiásticas que con mayor franqueza había hablado en contra de los nazis, si no la que más. En 1936 había declarado que la Iglesia Católica en Alemania estaba siendo «estrangulada lentamente.

Los líderes religiosos están en la cárcel. Nos bombardean con propaganda afirmando que son culpables de actos delictivos».

Y dos meses después de la primera encíclica del papa contra los nazis, en 1937, y con la evidente bendición del pontífice, Mundelein había ido todavía más lejos: se había mofado de Hitler y de su entorno. Durante un discurso en Chicago había preguntado:

> *¿Cómo es posible que una nación de sesenta millones de habitantes se someta al miedo y a la servidumbre a un extranjero, a un empapelador austriaco (y malo, además, por lo que me cuentan) y a unos pocos secuaces suyos como Goebbels y Göring, que dictan cada movimiento de las vidas de la gente?*

Hitler reaccionó con ira al discurso de Mundelein, que provocó protestas diplomáticas tanto en Washington como en el Vaticano.

El viaje de Mundelein parecía una maniobra orquestada por el presidente Roosevelt con conocimiento de Pío XI y quizás incluso con ayuda del propio Mundelein. Unos días antes de su llegada a Roma, el embajador William Phillips convocó a monseñor Joseph Hurley a una reunión en la embajada de Estados Unidos para preguntarle si sabía algo de la visita. Roosevelt quería que Phillips recibiera al cardenal como a un gran dignatario de Estados Unidos.

> *Todo esto es de lo más interesante y extraño y naturalmente va a suscitar un sinfín de comentarios públicos, dado que es la primera vez que ocurre algo así con motivo de la visita de un cardenal estadounidense a Roma, pero sin duda el presidente tiene sus motivos.*

Hurley estuvo de acuerdo en que la intervención oficial del embajador «suscitaría un gran interés en la prensa, porque anteriormente ninguna visita a Roma de un cardenal americano había requerido la participación de la embajada».

El 5 de noviembre, Phillips dispensó una ostentosa bienvenida a Mundelein en el puerto de Nápoles y lo llevó a almorzar a un buque de guerra americano, el *Omaha*. El embajador había dispuesto que, después de comer, un tren especial llevara al cardenal directamente a Roma.

El viaje fue una demostración de la solidaridad de Estados Unidos con el papa en contra de Hitler. Lo interesante de la visita de Mundelein fue que, aunque el cardenal no hizo ninguna declaración pública durante su estancia en la Santa Sede, su viaje consiguió lo que pretendía: hacer enfurecer a los nazis.

La prensa nazi vilipendió a Mundelein, al que apodó «el cura agitador» americano. *Angriff*, el diario de Joseph Goebbels, afirmó que la visita del cardenal a Roma era una treta de Roosevelt para conseguir el voto católico en las elecciones parciales que se celebraban el 8 de noviembre y una manera de distraer al gran público de la «realidad americana», compuesta por «familias de campesinos hambrientos abandonando sus hogares, huelguistas jugando a las cartas en lugar de trabajar, jóvenes vagabundos que nunca han tenido un trabajo, colas para conseguir pan llenas de padres con carritos de bebé y chabolas inmundas».

La ofensiva diplomática contra Hitler durante la visita de Mundelein se vio eclipsada en parte, sin embargo, por la salud del papa. El 13 de noviembre presidió la ceremonia de beatificación de la madre Cabrini en presencia de Mundelein, pero tuvo que hacerlo apoyado en un sillón diseñado especialmente para sostenerlo erguido. Al salir de su audiencia privada con el pontífice, Mundelein comentó que Pío parecía sano y lleno de energía. Pero lo cierto era que al papa se le estaban agotando las fuerzas.

El 12 de noviembre, tras agasajar al cardenal, que aún se hallaba en la ciudad, el embajador Phillips abandonó Roma para realizar el viaje de consultas a Washington que había pospuesto previamente. Caroline Phillips se quedó en Roma y consignó numerosos detalles acerca del resto de la visita del cardenal. Al día siguiente de la beatificación de la madre Cabrini, describió en su diario la ceremonia en la basílica de San Pedro y notó que el papa no se encontraba bien. «Era un panorama verdaderamente maravilloso», escribió. Estaba sentado detrás de

> *filas y filas de cardenales y obispos con sus sotanas púrpura y escarlata, los apuestos chambelanes del papa en traje español negro del siglo* XVI, *con golas blancas alrededor del cuello, cadenas de oro sobre la pechera de terciopelo negro, espada corta y calzas, caballeros de Malta resplandecientes con su cruz dorada y su insignia sobre terciopelo negro y sombreros emplumados [...]. Esperamos, y finalmente la bella fanfarria de las trompetas de plata, acompañada por vítores frenéticos y agitar de pañuelos, anunció la llegada del papa.*
>
> *Venía sentado en su sillón de terciopelo rojo [...] bordado que portaban en alto varios hombres con casaca roja, e iba precedido por cardenales, sacerdotes y acólitos. Parecía muy cansado, pero allí sentado transmitía una paz y una dignidad enormes mientras saludaba a las multitudes a un lado y otro con la mano derecha. Tenía un rostro fino, espiritual, intelectual, pero se le veía muy débil.*

Al concluir su visita, Mundelein estaba tan preocupado por la salud de Pío XI que retrasó un poco su partida por miedo a que la enfermedad del pontífice se hallara en fase terminal. Su estancia en Roma estuvo, además, teñida por otro motivo de preocupación y tristeza: la campaña nazi contra los judíos había alcanzado un nuevo grado de terror en Alemania.

Berlín, 9 de noviembre de 1938

La madrugada del 28 de octubre de 1938, las fuerzas de asalto nazis de Hanóver (Alemania) sacaron de la cama a un sastre polaco ya mayor, Zindel Grynszpan, y a su esposa Rifka y los obligaron a subir a un tren con destino a Polonia. Junto con otros doce mil judíos aproximadamente, se les negó la entrada al país y quedaron por tanto hacinados en un campamento de refugiados en la frontera germano-polaca. Grynszpan consiguió ponerse en contacto con su hijo Herschel, de diecisiete años, informándole de que estaban atrapados en aquel horrible y atestado campamento sin perspectivas de poder escapar. La familia se había quedado sin un céntimo. El joven estaba furioso y angustiado.

Una semana después, el 7 de noviembre, entró en la embajada alemana en París y pidió hablar con un diplomático. Cuando un subsecretario de nombre Ernst vom Rath salió a atenderle, Grynszpan le disparó a bocajarro. Vom Rath, miembro de las SA, murió dos días después.

Aquel incidente sirvió a los nazis como excusa para orquestar un ataque contra los judíos más violento y amplio que los anteriores. Joseph Goebbels informó que Hitler había decidido que «debía permitirse que prosiguieran las manifestaciones. Había que retirar a la policía. Por una vez, los judíos tendrían que sentir la ira del pueblo».

La noche del 9 de noviembre sería conocida como *Kristallnacht* o Noche de los Cristales Rotos. Las patrullas nazis asesinaron al menos a noventa y una personas, violaron y torturaron a muchas más, y quemaron como mínimo 270 sinagogas a lo largo y ancho de la Gran Alemania, que ahora incluía Austria y la región checa de los Sudetes. Destrozaron 750 negocios y enviaron a treinta mil judíos a campos de concentración. A las bandas organizadas se sumaron otros elementos que saquearon comercios y destrozaron tiendas, llevándose ropa y calzado al grito de «¡Abajo la judería!» y «¡Muerte a los judíos!».

El terror no conocía límites. Liesel Kaufmann, que por entonces tenía quince años, no conseguía sacudirse el recuerdo de aquella noche: «las llamas, el humo y los cánticos», recordaba. «Al día siguiente la sinagoga seguía ardiendo y todavía había un gentío gritando. Decían: «¡Quemadlos! ¡Matad a los judíos!». Todavía oigo esas voces».

Los transeúntes observaban impotentes y mudos de asombro cómo los asaltantes nazis vestidos de paisano daban caza a los judíos y destrozaban y prendían fuego a sus tiendas y sinagogas. A veces las bandas destrozaban por error algún establecimiento gentil, pero en general procuraban evitarlo y dejar intactos los negocios pertenecientes a extranjeros. Hubo numerosos saqueos: se robaban los zapatos de los escaparates rotos, y los niños se paseaban por la calle con la cara manchada de chocolate robado.

—Circule —le advirtió un policía a Otto D. Tolischus, del *New York Times*—. Ahí dentro hay jóvenes camaradas de [nuestra raza aria] que tienen cosas que hacer.

El presidente Roosevelt condenó los asaltos, expresó su indignación en nombre de todos los estadounidenses y afirmó que «apenas podía creer que tales cosas pudieran ocurrir en una civilización del siglo xx». Acto seguido anunció que iba a llamar a consultas al embajador estadounidense en Alemania.

El papa, gravemente enfermo, no emitió ningún comunicado condenando la *Kristallnacht*. Cabe preguntarse si la noticia del ataque le llegó de inmediato y si sus posibles declaraciones habrían podido pasar el filtro de Pacelli y de otros miembros de su entorno. El diario vaticano también guardó silencio.

Pero aunque Pío XI no dejara oír su voz, otros prelados afines a él sí levantaron la suya fuera de Roma. El cardenal Alfred Schuster, arzobispo de Milán, ciudad natal del pontífice, declaró que el racismo que predicaban Mussolini y Hitler era una herejía. Pese a los llamamientos a la «paz y a evitar a toda costa un conflicto internacional», afirmó Schuster, «las medidas racistas constituyen una fragua en la que se forjan las más mortíferas armas para la guerra venidera».

«Campa por sus respetos y se extiende por doquier», afirmó Schuster, «una forma de herejía que no solo ataca los cimientos sobrenaturales de la Iglesia Católica, sino que materializa en forma de sangre humana las nociones abstractas de individuo, nación y patria, niega a la humanidad cualquier otro valor espiritual y constituye por tanto un peligro internacional no menos que el propio bolchevismo. Es el así llamado racismo».

Por todas partes se dejaron oír otros ecos de las palabras de Pío, sobre todo entre los obispos y cardenales estadounidenses, muchos de los cuales hicieron suyas las críticas del papa en contra de los nazis.

Nueva York, 20 de noviembre de 1938

America, la revista de LaFarge, condenó la Noche de los Cristales Rotos en un duro editorial.

> *Alemania, que antaño se contaba entre las naciones civilizadas, se ha conducido de manera inaceptable [...]. No tenemos palabras para expresar nuestro horror y repugnancia ante el trato bárbaro y anticristiano que están recibiendo los judíos en la Alemania nazi. Es sin duda una de las páginas más negras de la historia.*

La *Kristallnacht* fue objeto de repudio por parte de los dirigentes católicos de Estados Unidos. La Universidad Católica organizó un programa especial de radio emitido de costa a costa, en el que intervinieron en directo obispos de todo el país junto con el rector de la universidad y el gobernador de Nueva York, Alfred E. Smith. El reverendo Maurice Sheehy, profesor de la Universidad Católica, marcó el tono del programa afirmando que los líderes de la Iglesia «elevan su voz no poseídos por la histeria desaforada, sino llenos de firme indignación por las atrocidades cometidas contra los judíos en Alemania, porque, como ha señalado el papa Pío XI, todos somos semitas en espíritu».

A pesar de la condena de los líderes religiosos, un conocido sacerdote americano esgrimió públicamente un mensaje muy distinto. El padre Charles Coughlin, antaño demócrata partidario del *New Deal*, tenía un programa semanal de radio de una hora de duración en el que vertía por igual demagogia, virulentas críticas contra Roosevelt y apoyo soterrado a Adolf Hitler. Coughlin, de cuarenta y siete años de edad y párroco del santuario de Little Flower, en Royal Oak, Míchigan, emitía su programa semanal desde 1926. Su poder e influencia habían decaído debido a las críticas constantes que recibía de la jerarquía eclesiástica, pero aun así se estima que llegaba a un público leal de quince millones de personas.

Coughlin se situó frente al micrófono a las cuatro de la tarde del 20 de noviembre para dar su sermón de todos los domingos. Esa tarde, dijo, su meta era someter la *Kristallnacht* a la lente del «análisis científico». El resultado fue una sarta de disparates y mentiras retóricas. ¿Por qué arremetían los nazis contra los judíos? Su respuesta: porque los judíos eran agresivos y taimados y los ateos que había entre ellos eran los responsables de una conspiración mundial que había conducido a la Revolución Rusa y al surgimiento del comunismo.

Tras esta invectiva antisemita, la cadena madre que emitía su programa, la WMCA de Nueva York, lo desterró de las ondas al igual que muchas otras emisoras. La semana siguiente, Coughlin siguió en la misma línea afirmando que solo pedía que «un mundo loco distinga entre los judíos inocentes y los culpables, al igual que pediría a ese mismo mundo loco que distinga entre los gentiles inocentes y los culpables».

Ya con anterioridad los sacerdotes y dignatarios católicos de Estados Unidos habían tenido dificultades para abordar de frente el problema que suponía Coughlin. LaFarge, entre otros, se sentía incómodo hablando de él en público porque temía su poder. «Tiene una influencia tremenda entre católicos y no católicos», dijo en una entrevista al poco tiempo de llegar a Inglaterra, en mayo de 1938. «Esa influencia llega a los lugares más inaccesibles, a cualquier lugar donde haya una radio, de hecho. Creo que en general su influencia es buena, aunque no estoy de acuerdo con muchas de las cosas que dice».

Coughlin tenía además amigos importantes, entre ellos Henry Ford, presidente de la firma de automóviles Ford, antisemita y filonazi, del que se pensaba que sufragaba las actividades del radiopredicador.

No es de extrañar, por tanto, que Coughlin se hubiera convertido en un personaje muy apreciado entre nazis y fascistas. Roberto Farinacci, uno de los propagandistas más acérrimos de Mussolini, lo llamaba «apóstol de la Cristiandad». Joseph Goebbels se preguntaba sarcásticamente qué había sido de los excelsos medios de comunicación estadounidenses y de su tan cacareada libertad de prensa.

Más de un año después, una investigación del FBI dictaminó que Coughlin llevaba tiempo en contacto con agentes alemanes dentro de Estados Unidos. Finalmente, fue obligado a abandonar las ondas en mayo de 1940, año y medio después de la emisión de sus programas antisemitas en torno a la *Kristallnacht*. En abril de 1942, cuando se prohibió la distribución de su periódico *Social Justice*, Coughlin fue silenciado definitivamente.

Tres semanas después de la Noche de los Cristales Rotos, LaFarge volvió a hablar contra el racismo en Estados Unidos y, lo que es más de destacar, lo comparó con lo que estaba sucediendo con los judíos en Europa. Durante una cena celebrada en su honor el 29 de noviembre, con motivo de su regreso de Europa, proclamó que el racismo en Estados Unidos era un «primo hermano, pálido pero venenoso» del racismo nazi.

> *El racismo, al igual que otras ideologías destructivas, no puede entenderse ni interpretarse meramente en términos de miedo y desagrado hacia sus víctimas. En Europa el racismo está tan íntimamente asociado con la propaganda antijudía que cabe preguntarse si la ideología racista tiene alguna otra meta u objeto que el de expresar el desprecio hacia los judíos.*

El discurso de LaFarge reflejaba el tono y el lenguaje que había empleado en la encíclica papal, pero nadie en aquella cena sospechaba que sus palabras formaban parte del manifiesto pontificio más importante de la historia contra el antisemitismo.

El Vaticano, 25 de noviembre de 1938

La mañana del viernes 25 de noviembre, Pío XI se despertó a su hora de costumbre, sintiéndose tan descansado como los días anteriores. Desayunó y salió de sus habitaciones privadas para dirigirse al ascensor y dar comienzo a su trabajo diario. Pero de pronto se tambaleó y, antes de que sus ayudantes pudieran reaccionar, perdió el equilibrio y cayó al suelo desmayado. Dos médicos del Vaticano, Aminta Milani, jefe del servicio de salud pontificio, y Filippo Rocchi, el miembro más joven del personal médico, corrieron a atender al papa. Sus ayudantes lo trasladaron a la cama. Milani le administró oxígeno y una inyección de aceite de alcanfor, sustancia esta que desde hacía décadas se empleaba como estimulante en tales casos.

Pasaron horas sin que recobrara la consciencia. Tenía el corazón delicado desde el ataque que había sufrido a fines de 1936, y en su entorno inmediato se palpaba la preocupación. Los sacerdotes y cardenales estaban informados de que el papa no sobreviviría a un segundo ataque. El rumor de que el pontífice estaba agonizando se extendió por Roma. Lorenzo Lauri, el primero de los cardenales en presentarse, le dio la extremaunción después de que Milani le detallara la gravedad de la situación.

El latido del papa era irregular y Milani siguió administrándole oxígeno. El cardenal Pacelli, que llegó al poco rato, envió recado a los representantes de la Iglesia en todo el mundo de que Pío XI estaba enfermo y de que debían estar preparados para lo peor. Ordenó que solo se permitiera el acceso al dormitorio a los médicos y a los asistentes íntimos del pontífice. La gente comenzó a congregarse en el Vaticano al difundirse la noticia. Reinaba un ambiente triste y sombrío. En todo el mundo se rezaba por el papa.

El corazón del pontífice latía a ratos débilmente y a ratos fibrilaba. Pío no se movía. Pasado un rato, justo cuando Milani había perdido la esperanza, el latido se hizo más fuerte y cesó la fibrilación. A última hora de la mañana el médico informó de la mejoría del papa. A eso de las tres de la tarde, Pío abrió los ojos y Milani pidió un poco de caldo caliente. La hermana del pontífice, *donna* Camilla Ratti, y su sobrino, el conde Franco Ratti, que habían salido de Milán nada más enterarse de la enfermedad del pontífice, pudieron entrar en la alcoba y sentarse junto a él. Al final de la jornada el papa se encontraba muy débil, pero el susto había pasado.

Un comunicado oficial del Vaticano informó de que Pío XI había sufrido un ataque de asma cardíaca (un síntoma de lo que posteriormente se llamaría «insuficiencia cardiaca congestiva») y de que su estado había mejorado notablemente en el transcurso del día. «Ahora es cuestión de determinar si se trata de una auténtica mejoría», añadía el comunicado, «o si dicha mejoría ha sido solo el efecto de la medicación administrada para mantener en funcionamiento el corazón del pontífice».

A la mañana siguiente, el papa estaba otra vez activo y despejado. A pesar de que comprendía la gravedad de lo ocurrido, volvió al trabajo e intentó quitar importancia al riesgo que corría.

—No se preocupen por mí —dijo—. Hay demasiada gente que sufre hoy día. Que Dios los ayude y les traiga paz a todos.

Entre tanto, hizo venir de Milán a un amigo de confianza, el doctor Domenico Cesa-Bianchi, presidente del Instituto Médico de la Universidad de Milán. Cesa-Bianchi había reunido en el instituto milanés a un equipo de doctores formado en su mayoría por antifascistas que trabajaban en la sombra contra Mussolini. Entre ellos estaba Massimo Calabresi, un cardiólogo judío de treinta y cinco años que en sus tiempos de estudiante había sido encarcelado por el régimen fascista. Calabresi acababa de terminar un manual sobre los avances de la cardiología y había recibido un premio de ámbito nacional al mejor libro de medicina del año. El papa quería contar con la mejor asistencia médica que pudiera conseguir mientras luchaba por mantenerse con vida.

A los pocos días se reanudaron las audiencias y los discursos papales.

—El papa ha de ser papa, no debe quedarse en la cama —decía Pío.

La mañana del sábado 27 de noviembre sorprendió a todo el mundo hablando ante cuatrocientos peregrinos llegados de Hungría. Uno de ellos comentó que Pío XI estaba «muy pálido, pero parecía dominar sus fuerzas y se movía con firmeza».

«Desde esa fecha», agregaba un informe oficial de la embajada estadounidense enviado a Washington, «el papa no se ha apartado de su agenda normal».

Pío XI había esquivado de nuevo la muerte, pero aquel episodio reforzó la impresión general de que se hallaba próximo al fin de su vida. A lo largo de diciembre se dio por sentado que reduciría el número de audiencias privadas. Sus secretarios insistieron en que se tomara descansos más prolongados y frecuentes. Él obedeció, al menos en parte.

CAPÍTULO 10

El nuevo año y el fin del apaciguamiento

El Vaticano, Navidad de 1938

A PESAR DE LA asombrosa recuperación de Pío XI, Pacelli vio en aquel incidente la oportunidad de asumir nuevas responsabilidades de gobierno dentro del Vaticano. El papa seguía ejerciendo su autoridad y manteniéndose atento a cuantos asuntos le interesaban, pero no podía hacerlo todo.

El 18 de diciembre, un día frío y lluvioso, tres semanas después de su bache de salud, Pío salió a los jardines de la Santa Sede a dar un discurso ante la Academia Pontificia de las Ciencias. El tema escogido para la ocasión era uno de sus predilectos, la relación entre ciencia y religión, y el papa había invitado a ingresar en la Academia a varios científicos judíos a los que la prohibición de Mussolini impedía trabajar en las universidades italianas. Asistieron al evento diplomáticos y científicos de renombre, entre ellos Alexis Carrel, un médico francés ganador del premio Nobel y pionero de la cirugía vascular. Carrel, que trabajaba en el Instituto Rockefeller para la Investigación Médica de Nueva York, estaba investigando nuevos procedimientos quirúrgicos para las operaciones a corazón abierto y colaborando con el gran aviador Charles Lindbergh en el desarrollo de lo que para muchos era una quimera: un mecanismo de bombeo que sirviera como corazón artificial. Ambos, Carrel y Lindbergh, habían sido portada de la revista *Time* en junio de 1938.

Tras un discurso de cuarenta y cinco minutos, el pontífice regresó al Vaticano y pasó el día siguiente en cama. El doctor Milani, jefe del servicio de salud de la Santa Sede, fue a visitarlo pero desmintió que, como se rumoreaba, el papa estuviera de nuevo enfermo. Al parecer no se llamó a Carrel (que años después se convertiría en buen amigo de John LaFarge) para que fuera a examinar a Pío XI.

Durante los días siguientes el papa sufrió con frecuencia dolores nocturnos, ataques de tos e insomnio. Algunas mañanas se quedaba dormido medio incorporado en la cama para poder respirar mejor. A menudo se despertaba antes de que amaneciera, pasaba un rato dando vueltas en la cama y luego volvía a dormirse. Todas las mañanas, sin embargo, se levantaba sin falta para desayunar. Después, a las ocho, se iba a su despacho, y se reunía con Pacelli de nueve y media a diez y media. Por la tarde hacía largos descansos, y de vez en cuando se le administraban inyecciones de alcanfor como había prescrito Milani, que iba a verlo varias veces al día.

GUNDLACH SABÍA por sus fuentes en el Vaticano que el papa había pedido información sobre la encíclica en más de una ocasión. Se desconoce, sin embargo, si alguna vez se encaró con Ledóchowski y le exigió que le entregara inmediatamente el documento. A los periodistas del Vaticano se les dijo que el papa seguía trabajando en una encíclica que versaría sobre «problemas mundiales». Las agencias de noticias transmitieron dicha información, que fue publicada en Estados Unidos. Un artículo aparecido en el *New York World Telegram* el 28 de noviembre afirmaba que Pío XI publicaría pronto una encíclica y que estaba «deseoso de reafirmar su postura respecto a varios problemas de alcance mundial, así como de reiterar su condena de los conflictos armados y el comunismo y su ruego a los principales mandatarios mundiales para que cooperen en pro de la paz».

La agencia Associated Press añadía que, según informaciones sin confirmar, «el pontífice podría publicar una encíclica de

Navidad sobre la situación mundial, impelido por las políticas raciales nazis y fascistas». La noticia agregaba, sin embargo, que el documento pontificio «podría haberse retrasado indefinidamente debido a su enfermedad».

Gundlach advirtió que, como consecuencia de la crisis de salud del pontífice, Pacelli adquiría un papel cada vez más preponderante. Como le dijo a LaFarge:

> *Las cosas parecen estar evolucionando de tal modo que [el papa] solo recibe lo que otros quieren que reciba; se supone que todavía está en buen estado psicológico, desde luego, pero no es capaz de hacer casi nada por sí solo.*

Los informantes del Gobierno italiano dentro de la Santa Sede filtraban continuamente noticias acerca de la precaria salud de Pío XI. Ni Hitler ni Mussolini habían perdonado la intransigencia de Pío y sus repetidos ataques contra sus políticas raciales. *Il Duce* le dijo a Ciano que esperaba que el papa «se muera muy pronto». Pese a ofuscarse, Mussolini siempre se refrenaba para no hacer lo que de verdad deseaba: promover una revuelta popular contra el Vaticano y echar el cierre a todas las iglesias de Italia. Sin embargo, le dijo a Ciano que era mejor «no provocar una crisis con el Vaticano en estos momentos».

Durante su tradicional saludo navideño ante el Colegio Cardenalicio, Pío volvió a afirmar que las leyes italianas sobre la pureza racial y sus ataques contra los judíos suponían una violación de los Acuerdos Lateranenses entre el Vaticano y el Gobierno de Mussolini. El papa añadió que había negociado el concordato con el rey de Italia y «su incomparable ministro», Mussolini. Sin mencionar el nombre del Duce, se mofó de él como si fuera un lacayo del monarca. La prensa fascista reaccionó a las críticas del pontífice reescribiendo y censurando la connotación negativa de sus palabras.

Continuando con su alocución ante los cardenales, Pío XI se refirió de nuevo a su discurso sobre la «cruz torcida» durante la visita de Hitler a Roma, en mayo de ese año. Habló de «la reciente apoteosis en esta misma ciudad de una cruz que es enemiga de la cruz de Cristo» en su afán por promulgar implacables leyes racistas. «Esperábamos que al menos respetaran nuestras canas. Pero siguieron groseramente adelante».

Alemania respondió a los pocos días al discurso navideño del pontífice sugiriendo de nuevo que el propio papa era judío o quería serlo. El diario nazi *Angriff* atacó a Pío afirmando que el Vaticano estaba «centrándose en la cuestión judía hasta el punto de dar la impresión de una completa solidaridad entre el judaísmo y la mayor iglesia cristiana».

El *Osservatore Romano*, entre tanto, cerró el año con un editorial que exponía enfáticamente la opinión del papa respecto a por qué Alemania era un enemigo mayor que la Unión Soviética.

> *Mientras que en Rusia hay sencillamente ateísmo sin un sucedáneo de religión, las cosas son muy distintas en la Alemania nacionalsocialista. En el ámbito nacionalsocialista, la negación del cristianismo, no menos obstinada, se transforma en un misticismo neopagano y panteísta que pretende protestar contra el ateísmo y hasta erigirse en defensor de la fe y la religión [...]. Esta labor de destrucción religiosa es tanto más nefasta por cuanto conduce al error y es más engañosa que el ateísmo que se proclama y se intenta llevar a la práctica abiertamente.*

Nueva York, 29 de diciembre de 1938

LaFarge seguía sin tener noticias de la encíclica. Mientras esperaba, empezó a elevar su perfil público como azote del racismo y el antisemitismo.

«Este último año ha supuesto un gran punto de inflexión en la historia», había escrito en *America* el 21 de diciembre resumiendo su periplo por Europa. Añadió que los líderes mundiales no habían sabido dar la suficiente importancia a la amenaza que representaban los ejércitos hitlerianos, y que el discurso de Hitler en el Sportpalast, seguido por la capitulación de Chamberlain en Múnich, habían hecho que «el mundo se familiarizara con una amalgama de método y locura».

La labor que quedaba por delante era evitar la guerra y al mismo tiempo defender la libertad a toda costa. «Es problema nuestro mantener encendida en el mundo la antorcha de la democracia y de la verdadera libertad», escribió.

La semana siguiente, LaFarge habló ante un público cuyo número superaba con mucho el de los lectores habituales de la revista. A las nueve y media de la noche del jueves 29 de diciembre de 1938, subió al escenario del Town Hall, en la calle Cuarenta y tres Oeste de Nueva York, para participar en un programa de radio de emisión nacional llamado *America's Town Meeting on the Air*, que se había convertido en un importante foro de discusión de los asuntos públicos. El programa atraía a una audiencia de cerca de dos millones de personas, que, sentadas en torno a sus aparatos de radio, oyeron la entradilla del célebre locutor Milton Cross:

—Bienvenidos al histórico Town Hall de Nueva York para otro debate libre y abierto acerca de uno de los grandes problemas que afronta actualmente la civilización. El tema de esta noche: «¿Cómo debe abordar la religión el totalitarismo?».

Aquello brindó a LaFarge la oportunidad de plantear los temas sobre los que había escrito por encargo del papa y definir el papel de la Iglesia Católica.

—Hay, creo, relativamente hablando, muy poco que pueda hacer la religión de manera directa para detener el curso del totalitarismo en otros países, no en el nuestro —comentó—. Por desgracia los dictadores no se presentan bajo los púlpitos de Nueva York o Filadelfia, y prestan poca atención a las declaraciones que llegan de lejos. Soy lo bastante partidario del intervencionismo como para estar de acuerdo en el uso de la fuerza cuando es el último recurso para liberar al pueblo de otro país de una injusticia flagrante.

Llegaría, añadió, el momento de aplicar la fuerza de las armas «en caso de que un poder totalitario crea conveniente lanzar un ataque físico contra nuestras costas».

Llamó además a su público a defender «la dignidad de todas las personas humanas [sic]: judíos, negros, católicos o indios [...]. Debemos, desde luego, denunciar las persecuciones en el extranjero, ya sean por motivos religiosos o nacionales [...] Hay que impedir la persecución por todos los medios que estén a nuestro alcance».

Presente también en el programa estaba el rabino Morris S. Lazaron, de la Congregación Hebrea de Baltimore y miembro del comité ejecutivo de la Conferencia Nacional de Judíos y Cristianos. Lazaron afirmó que la deriva que seguía el nazismo ponía en peligro todas las religiones y todas las libertades.

—Hoy es el odio al comunista o al radical; mañana, el odio a los judíos y pasado, a los masones, a los católicos o a los protestantes. Que nadie se confunda: si se destruye la libertad de las minorías, se destruye el principio que garantiza la libertad para todos.

Durante el turno de preguntas, un miembro del público presente en el Town Hall preguntó a LaFarge si podía silenciarse al padre Coughlin y cómo. LaFarge, muy cauto, se limitó a responder que los superiores directos de Coughlin tenían capacidad para llamar al orden al radiopredicador. Lamentablemente, Coughlin disfrutaba de la misma libertad de expresión que el resto de sus compatriotas. Sus superiores «emitirán al final un dictamen justo y ecuánime que satisfará a cualquier persona razonable. Esa es nuestra tradición y puede estar totalmente seguro de que así se hará en este caso o en cualquier otro».

El rabino puntualizó refiriéndose a Coughlin:

—Ninguna personalidad judía responsable defenderá que deban censurarse las ondas del éter y que haya que desterrar al padre Coughlin de la radio. No sería forma de luchar contra lo que está haciendo.

Cuando acabó la hora, Cross despidió el programa y se oyeron las tres notas de la sintonía de la NBC.

A PRINCIPIOS DE 1939, era ya evidente que, entre los líderes mundiales, había dos que destacaban por haber condenado rotundamente la amenaza del nazismo. Uno era el papa; el otro era Franklin Roosevelt, que en su discurso del Estado de la Unión, el 4 de enero de ese año, situó la libertad religiosa a la cabeza de los tres valores más amenazados en el mundo.

—Por todas partes a nuestro alrededor se libran guerras no declaradas, militares y económicas —aseveró el presidente—. Las tormentas procedentes del extranjero amenazan de manera directa tres instituciones indispensables para los americanos, ahora y siempre. La primera es la religión, que es fuente y origen de las otras dos: la democracia y la buena fe internacional.

»La religión, al enseñar al hombre su relación con Dios, brinda al individuo un sentido de su propia dignidad y le enseña a respetarse a sí mismo respetando a sus vecinos. Allí donde se ha atacado la libertad religiosa, el ataque ha venido de instancias opuestas a la democracia. Allí donde se ha derrocado la democracia, el espíritu de la libertad de culto ha desaparecido. Y donde la religión y la democracia se han desvanecido, la buena fe y la razón en la esfera de las relaciones internacionales han dado paso a la ambición desmedida y la fuerza bruta.

Tanto líderes políticos como religiosos alabaron a Roosevelt y a Pío XI por convertirse en abanderados de la oposición al nazismo.

«Si el pesimismo es la nota dominante al acabar el año 1938», comentó el rabino Israel Goldstein, líder judío clave en Nueva

York, fundador de la Universidad Brandeis y posteriormente presidente de la Junta de Rabinos de Nueva York, «la valerosa adhesión a la causa de los derechos humanos por parte del presidente Roosevelt y el papa Pío es la página más brillante de las pocas que pueden calificarse de brillantes en el triste volumen de este año».

LAFARGE RECIBIÓ malas noticias de Roma durante la segunda semana de enero de 1939. Zacheus Maher, el secretario estadounidense de Ledóchowski, le envió recado de que la publicación de la encíclica «está de momento "en suspenso", de modo que no podemos esperar su publicación inmediata».

Por primera vez, LaFarge tenía motivos para dudar de que el mensaje papal fuera a publicarse. John Killeen, que iba a regresar a Estados Unidos, acababa de dejar el asunto en manos de Maher. Antes de abandonar Roma, había puesto al corriente a Maher de la situación y le había dicho que, por su parte, no tenía ninguna información. «No he tenido ocasión de hablarlo con Su Paternidad [Ledóchowski]». Maher, sin embargo, se había reunido con Gundlach, que seguía intentando obtener información sobre el documento papal. Según Maher, Gundlach «se había alegrado de saber que la versión alemana, la francesa y la inglesa están en mi poder [de Maher]».

A LaFarge no le fue difícil deducir que la encíclica aún no había llegado a manos del papa.

Más preocupante aún fue la advertencia de Maher de que LaFarge no intentara comunicarse con el pontífice. Maher dijo saber que Gundlach había instado a LaFarge a recurrir directamente a Pío XI. Pero, escribió, «si se me permite, no creo que sea aconsejable escribirle en las presentes circunstancias».

Evidentemente, Maher no estaba enterado de la situación. Afirmaba además que LaFarge le había dado la encíclica a Gundlach para que este la entregara, lo que no era cierto. Estaba claro que Maher no formaba parte del sanctasanctórum del Vaticano. Posiblemente era una buena noticia, porque Maher y Ledóchowski ignoraban, al parecer, que LaFarge ya había escrito al papa. Pero también podía significar que Pío no había recibido la carta.

Por último, Maher decía: «Puede estar usted totalmente tranquilo respecto a los pasos que ha dado hasta el momento y estar seguro de que todo se hará como es debido. Todo lo que ha hecho es de gran valor y muy de agradecer».

Maher le estaba diciendo a LaFarge que aquello ya no era asunto suyo. Pero su respuesta no satisfizo a LaFarge, que siguió esperando noticias de Gundlach.

Roma, 13 de enero de 1939

Caroline Phillips era muy consciente de la necesidad de comportarse con decoro y elegancia diplomática en su papel de esposa del embajador de Estados Unidos en Italia. A veces, sin embargo, se le pedía que se saliera del estrecho margen que le permitían sus responsabilidades oficiales. La noche del 13 de enero, su marido y ella llegaron a eso de las diez y media de la noche (elegantemente tarde) a la embajada británica para asistir a una recepción con el primer ministro Neville Chamberlain y el ministro de Asuntos Exteriores, lord Halifax. La avenida en la que se encontraba la embajada era un revoltijo de «coches que circulaban unos contra otros en todas direcciones y docenas de infortunados policías todos dando indicaciones inconexas», recordaba la señora Phillips.

Nadie sabía exactamente a qué habían ido Chamberlain y Halifax a Roma o qué esperaban conseguir. Quizá Chamberlain confiaba en trabar una relación más estrecha con Benito Mussolini, con el que no había tenido ocasión de conversar con calma durante la firma del Pacto de Múnich.

Cuando Caroline y su marido entraron en la sala donde se celebraba la recepción, ella vio enseguida a los invitados de honor al fondo de la estancia. Lord Halifax era «el más interesante y atractivo de los dos, muy alto y distinguido, con cara de intelectual». Caroline, astuta analista de la personalidad y la política, se sintió mucho más impresionada por Halifax que por Chamberlain, que le pareció «más bien un hombre de negocios de clase media, práctico y formal».

Sabía que los defensores de la política de apaciguamiento seguían aplaudiendo los esfuerzos de Chamberlain por preservar la paz. Comentando la visita del primer ministro británico a Roma, el *Times* de Londres explicaba que Gran Bretaña «tiene que vivir codo con codo con estos países y pretende hacerlo sobre la base de la igualdad y la cooperación». Si las conversaciones de Chamberlain con Mussolini tenían «un resultado satisfactorio», añadía el rotativo británico, «sin duda ello no beneficiará únicamente a Gran Bretaña y a Italia».

Chamberlain sabía ya a esas alturas, sin embargo, que había fracasado en su intento y que el Pacto de Múnich se había venido abajo. Su ministro de Exteriores, lord Halifax, le comentó a Roosevelt durante un encuentro privado en Estados Unidos que «ya en noviembre de 1938 había indicios que luego fueron concretándose paulatinamente de que Hitler estaba planeando una nueva incursión en el extranjero para la primavera de 1939».

Si Chamberlain confiaba en convencer a Mussolini de que retirara su apoyo a Hitler tras varias horas de reuniones, no lo consiguió. Un periodista del *New York Times* lo expresó sin rodeos: «Dicho en un lenguaje más llano que el de la jerga diplomática, esto significa que la tan cacareada conferencia se ha cerrado [...] sin que haya cambiado nada. En Estados Unidos se la calificaría de chasco».

Caroline, en términos más personales, juzgó que la recepción en honor de Chamberlain fue desastrosa, casi un horror. Su marido, William, la agarró del brazo y le pidió que lo acompañara a charlar con Mussolini. A fin de cuentas ella hablaba un italiano fluido: sería un esfuerzo gratificante.

«Lo seguí un par de pasos, hasta donde estaba Ciano, al que dije "buenas noches"», anotó en su diario esa misma noche.

Para entonces Mussolini estaba mirando hacia ella mientras charlaba con la esposa del embajador alemán, barón Konstantin von Neurath. Caroline dio un par de pasos más, pero no pudo seguir. Se dio la vuelta rápidamente, intentando no llamar la atención. «No me sentí con fuerzas para meterme en aquel ambiente extraño, de odio a los judíos, de odioso y rimbombante "complejo de superioridad"», añadió. «¿Y de qué podía hablar con él? Cedí a mi impulso de huir, para espanto de William».

Ese mismo día, horas antes, Chamberlain y Halifax se habían reunido con el pontífice, quien se había levantado para saludarlos y les había dado la bienvenida con una sonrisa. Joseph Hurley actuó como intérprete. Halifax se alegró de verlo: se habían conocido una década antes, cuando ambos estaban destinados en la India: Hurley trabajando para la secretaría de estado del Vaticano y Halifax como virrey. El papa había acortado últimamente la duración de sus audiencias, pero Chamberlain había sido informado con antelación de que les dedicaría más tiempo del habitual.

Pío XI reiteró su opinión de que la Alemania nazi había ocupado el lugar del comunismo como principal enemigo de la Iglesia Católica. Su enérgica exposición impresionó a los mandatarios británicos. Tuvo duras palabras para con Chamberlain. Su intento de apaciguar a Hitler entregándole lo que quería había sido a todas luces un fracaso, él lo había dicho desde el principio y ahora Chamberlain tenía que reconocer que era cierto.

Pío XI repitió una vez más que no era el comunismo lo que amenazaba a la humanidad. Los mayores peligros que había conocido el mundo procedían, por el contrario, del nazismo y el fascismo, de su afán de dominación y su violencia racista. Si Gran Bretaña y el Vaticano coincidían en ese enfoque, podían cooperar.

El papa recalcó la necesidad de aunar esfuerzos para detener a Hitler. El embajador británico, resumiendo sus propias impresiones, comentó que el pontífice

> *ha demostrado un gran coraje. Ahora se encuentra en franco conflicto con los estados totalitarios [...]. Es natural que busque el apoyo de las grandes democracias [...]. El papa es un hombre mayor y seguramente moribundo; sea por lo que sea, ha adoptado una postura en cuestiones internacionales que, en los asuntos de principio más fundamentales, se corresponde casi por completo con la nuestra.*

Hurley le refirió al embajador de Estados Unidos lo esencial de la reunión con Pío XI, que acabó siendo más valiosa que el intento fallido de acercamiento a Mussolini. Chamberlain, Halifax y Pío XI eran de la misma opinión. La reunión había aclarado definitivamente la postura del papa respecto a Hitler, al que describió como «un enfermo». Halifax comentó más tarde que los tres habían estado de acuerdo en que sentían «aversión» por «la ideología brutal y totalitaria del hitlerismo». Además, escribió posteriormente el ministro de Exteriores, el papa «al final se había dado cuenta de que la amenaza más inmediata para el orden cristiano de Europa procedía de los propios nazis».

Cuando Chamberlain abandonó Roma el 14 de enero, Mussolini acudió a regañadientes a la estación de tren para despedirle, a pesar de que ambas partes sabían que no se había logrado nada. Al Duce le hizo cierta gracia que unos súbditos británicos que estaban presentes rompieran a cantar a coro *Porque es un chico excelente*. Aquello debía de tener un significado profundo porque, según relató Ciano, «a Chamberlain se le saltaron las lágrimas cuando el tren se puso en marcha».

Mussolini estaba atónito.

—¿Qué era esa cancioncilla? —preguntó.

CAPÍTULO 11

¿Habrá tiempo?

El Vaticano, 21 de enero de 1939

EL PAPA LOGRÓ dar con la pista de la encíclica a mediados de enero pese a los esfuerzos de Ledóchowski por ocultársela y retrasar su entrega. Pío encargó a Domenico Tardini, subordinado de Pacelli, que le dijera al general de los jesuitas que sabía que la encíclica estaba en su poder y que la quería inmediatamente. Ledóchowski no tuvo más remedio que entregar una copia del documento el 21 de enero de 1939, casi exactamente cuatro meses después de recibirlo de manos de LaFarge.

En la carta con la que acompañó el borrador, Ledóchowski reconocía que había retenido el original y afirmaba que el eminente editor jesuita Enrico Rosa había comenzado a reescribir la encíclica antes de caer enfermo. Ledóchowski no daba explicaciones de por qué había dejado languidecer la cuestión durante cuatro meses, incluidos los dos transcurridos desde el fallecimiento de Rosa. Proponía, además, rehacer la encíclica y descartar por completo la versión de LaFarge.

> *Me tomo la libertad de enviar inmediatamente a Su Santidad el borrador del padre LaFarge con respecto al tema del nacionalismo, así como las diversas notas redactadas por él. Al padre Rosa y a mí nos pareció que el borrador, tal y como estaba,*

no se correspondía con lo que tenía en mente Su Santidad. El padre Rosa comenzó a redactar otro borrador, pero no tuvo fuerzas para acabarlo.

Su Santidad sabe que estoy siempre a su disposición, deseoso de asumir cualquier pequeña tarea que me encomiende. Si Su Santidad quisiera, de hecho, que me ocupara de esta labor, quizás estaría bien seguir de la manera que hasta ahora ha funcionado bien, a saber: hacer primero un breve esbozo, añadir luego los detalles que quiera Su Santidad, presentárselo luego a Su Santidad y solo después de que se reciban los comentarios poner en limpio el primer borrador y someterlo de nuevo a Su Santidad para que pueda redactarse el borrador definitivo.

Ledóchowski pecó de insinceridad en varios sentidos tanto en su forma de actuar como en su carta a Pío XI. En primer lugar, no mencionaba el título provisional de la encíclica, *La unidad del género humano*, ni soportaba siquiera emplear las palabras «racismo» y «antisemitismo». Presentaba la encíclica como una disertación sobre el nacionalismo, cosa que no era, al menos en su forma original. Nada indicaba, por otro lado, que el papa hubiera encargado al general de los jesuitas que rehiciera el documento sin someterlo primero a su aprobación.

Ledóchowski pedía al pontífice que aceptara un documento completamente distinto, redactado conforme al procedimiento habitual. Pero no era eso lo que quería Pío XI, que había encargado personalmente a LaFarge la preparación de la encíclica, pidiéndole que la escribiera en secreto y en su nombre, «como si él mismo fuera el papa».

Ahora la cuestión era saber si Pío XI tendría fuerzas para revisar la encíclica y publicarla rápidamente. Los fríos cálculos que se hacían sus detractores dentro del Vaticano evidenciaban que el racismo y el antisemitismo, los temas que tanto preocupaban al papa, caerían en el olvido en cuanto su sucesor ocupara el solio pontificio.

Ledóchowski estaba intentando ganar tiempo hasta que muriera Pío XI.

El general jesuita, hombre proclive al secretismo por naturaleza, tenía por costumbre esconder documentos escritos de cierta importancia, y a menudo los destruía. De hecho, un investigador jesuita, el padre Robert Graham, se enteró de que Ledóchowski había «quemado todos los borradores preliminares de la encíclica» y entregado al papa una versión ya corregida. Ledóchowski dejó una sola carta para que la leyera Pío XI, una carta que sería archivada para posibles consultas futuras. Aparentó que estaba intentando seguir el protocolo de la manera más inocente. Pero no era cierto.

El 28 de enero, sin saber nada de esto, Gundlach escribió desesperado a LaFarge diciéndole que sentía que lo estaban tratando como a un «niño inmaduro». Ni siquiera tenía una copia original de la encíclica y temía que esta se hubiera perdido para siempre. Aunque el papa no llegara a utilizar el texto, confiaba en que pudiera dársele salida de alguna otra manera.

«No tengo, como sabe, ningún calco del texto alemán ni tampoco del índice», escribía Gundlach. «Solo dispongo del texto completo en francés de las partes primera y segunda». Confiaba en que, con los originales, su proyecto pudiera al menos ver la luz en forma de libro.

«A usted le es más fácil soportar esta situación», le decía a LaFarge, «porque en casa tiene actividad pública y muchas relaciones. Pero uno de nosotros (yo) está aquí sentado entre estas cuatro paredes, en este ambiente extranjero, y tiene que confiar en que la plana mayor se avenga a decirle algo o no, o a contestarle siquiera a una pregunta».

Zacheus Maher, añadía Gundlach, le había prometido un mes antes que hablaría con Ledóchowski al día siguiente, «mañana», sobre la encíclica. Pero no había sucedido nada. «Eso fue a finales de diciembre», decía Gundlach. «Luego me diría lo que fuese. Todavía estoy esperando noticias suyas».

Roma, 23 de enero de 1939

A fines de enero, Ciano, el ministro italiano de Asuntos Exteriores, comunicó a Mussolini que el Vaticano lo había invitado a una recepción el 11 de febrero para conmemorar el décimo aniversario de los Acuerdos Lateranenses. Mussolini rechazó de inmediato la invitación y estuvo de acuerdo con Ciano en que parecía una trampa urdida por el pontífice para encararse con él y humillarlo públicamente.

Mussolini empezaba a estar profundamente preocupado por los posibles pasos que podía dar el pontífice. Por Roma circulaban diversos rumores relativos a la celebración del 11 de febrero, sobre todo porque Pío XI había convocado a los 280 obispos italianos a un sínodo que debía celebrarse ese mismo día en el Vaticano.

Diversas fuentes pontificias agitaron el avispero al informar a los periodistas de que el papa aprovecharía la ocasión para «recalcar las diferencias surgidas entre la Iglesia y el Estado desde que Italia inaugurara su política antisemita».

Mussolini y Ciano comenzaron a preocuparse por lo que podía estar tramando el pontífice. ¿Declararía formalmente rotos los Acuerdos Lateranenses? ¿Llegaría al extremo de excomulgar a Mussolini, a Hitler o a los dos? Ciano exigió respuestas a sus informantes dentro del Vaticano, pero nadie sabía nada.

—No lo sé, porque el Santo Padre no le dice a nadie lo que tiene pensado —le dijo monseñor Francesco Borgongini-Duca que, como nuncio pontificio para Italia, se hallaba próximo al centro del poder. Pero añadió en tono agorero—: Está claro que va a hacer algo gordo.

Ciano escribió en su diario:

El ambiente para la celebración del décimo aniversario se está enturbiando [...]. Si vamos a aceptar la invitación a San Pedro, tenemos que estar seguros de que el papa no va hacer alguna de esas declaraciones críticas que suele hacer cuando habla delante de los obispos.

Mussolini estaba obsesionado con el peligro de lo que podía hacer el pontífice. La cuestión era hasta dónde estaba dispuesto a llegar para impedir que Pío XI provocara un conflicto grave entre el Vaticano y el Gobierno italiano. ¿Cómo podía detener al papa?

Aunque de manera indirecta y sin desvelar ningún detalle, Pío habló en público sobre sus planes en una ocasión. A fines de enero, se reunió con varios representantes de la Federación Italiana de Universitarios Católicos. Los estudiantes, en cuya asociación figuraban dos futuros primeros ministros, Aldo Moro y Giulio Andreotti, afrontaban tiempos difíciles. Se hallaban a la vanguardia de los jóvenes italianos que se oponían a Mussolini y al fascismo. Una de las delegadas que acudieron al encuentro con el papa era Bianca Penco, de Génova. En 2008, a la edad de noventa y un años, casi tres cuartos de siglo después, todavía recordaba lo cercano y comprometido que se mostró el pontífice en aquella ocasión.

Pío XI les confió a Penco y a los demás líderes estudiantiles que estaba decidido a hacer una última declaración importante. Reconoció los problemas que afrontaban los estudiantes y los comparó con su propia lucha contra el fascismo. Creía que la Iglesia «debía hablar en defensa de la libertad», recordó Penco en una entrevista con la revista italiana *Il Secolo XIX*. «Nos habló apasionadamente de la persecución que habían sufrido nuestra asociación y otros grupos [por su oposición al fascismo] como una traición a los Pactos de Letrán» y añadió que estaba preparando «un discurso muy duro: estaba decidido, hablaba con gravedad, como tenía por costumbre, y estaba totalmente dispuesto a desafiar a Mussolini y a Hitler. Parecía estar en perfecto estado de salud».

Esos días de finales de enero y principios de febrero, el papa se volcó en la redacción del discurso que iba a dar ante los obispos. Sus secretarios lo veían escribir, revisar y corregir el documento hasta el punto de olvidarse de cualquier otra tarea. Escribió el borrador en un cuaderno, a lápiz, y no se lo enseñó a nadie hasta que estuvo acabado. Luego le dio el manuscrito a su fiel ayudante personal, monseñor Confalonieri, que se encargó de pasar a máquina la versión definitiva. Solo entonces se lo mostró el papa a Pacelli, quien apenas hizo comentario alguno, a pesar de que el tema era muy polémico y sin duda levantaría controversia. Era como si sospechara que Pío XI no llegaría a pronunciar el discurso en público.

Al papa también le preocupaba hallarse incapacitado y no poder leer el discurso ante los obispos. Le dijo a Confalonieri que hiciera imprimir copias suficientes para que hubiera una para cada obispo. Quería que todo saliera a la perfección y se ocupó de cada detalle, incluso del menú que iba a servirse en la comida. Pacelli, que se ocupaba del resto de las tareas rutinarias del Gobierno de la Santa Sede, pidió al papa con insistencia que descansara más y retrasara el sínodo. Pío se negó.

En un principio Ciano informó al Vaticano de que no solo Mussolini no asistiría a la ceremonia ni visitaría el Vaticano, sino que ni siquiera concedería relevancia alguna al aniversario. Finalmente, sin embargo, afirmó que Mussolini había llegado a la conclusión de que no enviar a ningún representante sería un desaire diplomático demasiado grave. Iría el propio Ciano «a fin de evitar que se ofenda el papa».

Todo el mundo sabía que el Pío XI tenía considerable capacidad de maniobra en sus tratos con el Gobierno italiano. A pesar de sus tensas relaciones, de las críticas y de las amenazas y los aspavientos de Mussolini, al Duce le preocupaba mucho la opinión pública y no quería, por tanto, que se consumara la ruptura con el Vaticano.

Nueva York, 30 de enero de 1939

LaFarge siguió manteniendo un alto grado de notoriedad pública. El 26 de enero afirmó ante la audiencia de un programa de radio neoyorquino que el uso de la fuerza militar estaba justificado en determinadas circunstancias. «El peligro político inquieta a muchísima gente», dijo. «Les asusta no tanto el racismo en sí como la fuerza política y militar de la nación o naciones que han hecho del racismo su filosofía nacional. Si una potencia racista nos ataca con barcos y cañones o con cualquier otra arma, no hay duda de que debemos defendernos contra ella por tierra y mar».

El 30 de enero de 1939, Adolf Hitler pronunció un discurso importante ante el Reichstag alemán en el que se presentó a sí mismo como el enérgico guía de una nación pacífica. Eran los partidarios de la guerra en el extranjero, dijo, quienes, incitados por la «prensa judía», estaban forzando las cosas. Y añadió que, en caso de que el Reich alemán se viera arrastrado a la guerra, «si el poder financiero internacional de los judíos dentro y fuera de Europa lograra su propósito de empujar a las naciones a otra guerra mundial, el resultado no será la conversión al bolchevismo de la Tierra en su conjunto y por tanto la victoria del judaísmo, sino el exterminio de la raza judía en Europa».

Afirmó que Alemania estaba siendo objeto de calumnias por parte de agitadores entre los que se contaban Winston Churchill y el secretario de Interior del presidente Roosevelt, Harold Ickes, que había calificado al nazismo de tiranía en repetidas ocasiones y que, a fin de resolver el problema de la emigración judía procedente de Alemania, había propuesto su asentamiento en los vastos espacios abiertos de Alaska.

Al día siguiente del discurso de Hitler, el presidente Roosevelt propuso que Estados Unidos comenzara a armar a Francia y a Inglaterra para la guerra. El Vaticano declaró que Hitler estaba practicando «la propaganda del odio» y afirmó que la prensa alemana estaba llevando a cabo «una campaña antirreligiosa que no respeta ni el Evangelio, ni a Dios, ni al Redentor, ni a la Iglesia [...]. El papa, los obispos y el clero se ven arrastrados [...] por un mar de insultos y caricaturas inmorales en páginas que conceden derecho de asilo a la más inconcebible audacia».

El Vaticano, 5 de febrero de 1939

Pío XI pasó un fin de semana tranquilo mientras ultimaba el discurso que pensaba pronunciar ante los obispos italianos. Sabía que los interrogantes acerca del tema sobre el que versaría su alocución habían causado cierto revuelo en el Vaticano, pero había mantenido en secreto sus planes. Ese fin de semana, el pontífice se reunió con dos viejos amigos: con Tomaso Gallarati Scotti el viernes 3 de febrero y con el cardenal Eugène Tisserant el sábado 4. El escritor católico Gallarati Scotti pertenecía a la generación posterior a la del papa y había sido alumno suyo tiempo atrás. Tanto Gallarati como Tisserant afirmaron que Pío parecía encontrarse bien de salud y que habían estado hablando sobre la situación mundial y sobre los peligros que advertían a su alrededor.

Pío no dejó de arremeter contra Mussolini y Hitler. Más tarde se retiró a sus habitaciones, donde estuvo leyendo y escuchando las últimas noticias en Radio Vaticano. Los noticiarios desgranaban como una letanía las tensiones que vivía Europa, entre las que se incluían inquietantes noticias sobre Italia y sus relaciones con Alemania.

El papa interrumpió un momento su escucha de las noticias cuando sus ayudantes le comunicaron que Aminta Milani, el jefe del servicio médico del Vaticano y presencia constante en la Santa Sede, estaba en casa con una fuerte gripe. Esas dolencias eran peligrosas y contagiosas, sobre todo con el frío invernal. El confesor del pontífice, el padre Lazarini, también se hallaba enfermo y había sido trasladado al hospital para una intervención quirúrgica. Pío celebró misa en su capilla privada y se fue a la cama.

No durmió bien la noche del sábado. Sus ayudantes lo oyeron toser de madrugada. La mañana del domingo 5 de febrero, Pío cumplió con su agenda todo lo que pudo. Mantuvo una breve charla con un grupo de niños que habían ganado un concurso de catequesis, pero se retiró temprano. El lunes por la mañana, el cardenal

Pacelli canceló las reuniones rutinarias del pontífice y mandó llamar a los médicos del Vaticano y a varios especialistas. Estando Milani en cama, era Filippo Rocchi, el más joven de los cinco doctores que formaban el equipo médico del Vaticano, quien estaba de guardia. El papa le dijo a Rocchi que sentía «un dolor generalizado e inexorable». Su estado se fue deteriorando a lo largo del día: tenía fiebre, le costaba respirar, se encontraba agotado y sufría molestias y dolores. Rocchi redactó un informe médico interno:

«El estado del aparato circulatorio del Santo Padre vuelve a ser motivo de preocupación en el sentido de que han vuelto a manifestarse los síntomas de insuficiencia del ventrículo izquierdo y la bradiarritmia», escribió Rocchi, y agregaba que el pulso del pontífice variaba entre cuarenta y cuarenta y cuatro pulsaciones por minuto. «A ello hay que sumar un catarro traqueobronquial con leve fluctuación térmica, posiblemente secundaria a la dolencia circulatoria, y alteraciones de retención que han obligado a un drenaje permanente. El estado mental es de perfecta lucidez y de reacción normal a los estímulos externos».

Dicho en términos profanos, Pío XI tenía fiebre y un resfriado de pecho que estaba agravando sus problemas cardíacos.

El gabinete de prensa del Vaticano, cumpliendo órdenes del propio papa, no hizo mención alguna a su estado de salud el lunes 6 de febrero, día en que se cumplía el decimoséptimo aniversario de su elección al solio pontificio. Los diplomáticos y dignatarios de la Iglesia que acudieron a la Santa Sede fueron invitados a firmar en un libro de saludos y felicitaciones en honor del pontífice, pero Pío no recibió a ningún visitante. Mientras llegaban telegramas de felicitación de todas partes del mundo, el gabinete de prensa informó de que el papa había pasado la jornada «arrodillado largo rato en oración en su capilla privada» y el resto del tiempo «conservando sus fuerzas». Es probable que pasara en cama la mayor parte del día.

El miércoles 8 de febrero por la mañana, Pío XI estaba lúcido pero débil. Temía que cualquier comunicado oficial acerca de su salud dañara los preparativos para el sínodo del sábado. Pacelli le pidió por última vez que cancelara la conferencia, alegando que sería demasiado esfuerzo para él.

Él se negó con un sencillo «no» y ordenó a Confalonieri, su secretario, que guardara silencio respecto a su estado de salud. A lo largo de ese día no se hizo público ningún parte médico. «El papa deseaba evitar la difusión de noticias alarmantes», dijo Confalonieri, quien, en un comunicado oficial, anunció que se cancelaban las audiencias previstas para ese día.

El jueves 9 de febrero, sin embargo, ya se había difundido la noticia del empeoramiento del papa. El Vaticano se limitó a comunicar que habían vuelto a cancelarse los actos previstos en la agenda del pontífice para que este pudiera descansar y prepararse para el sínodo. Ciñéndose a sus planes, los obispos comenzaron a llegar a Roma procedentes de todo el país, a pesar de que muchos comenzaban a dudar de que fuera a celebrarse el sínodo del sábado. El jueves, un comunicado oficial repitió que «el papa se encontraba bien, pero que por recomendación de sus médicos había vuelto a cancelar las audiencias a fin de hallarse en condiciones de recibir al episcopado italiano el sábado», recordaría más tarde Confalonieri. Una nota similar se publicó en la edición vespertina del *Osservatore Romano*. Pío XI descansó y los médicos afirmaron que estaba siendo un buen paciente. Había una sola cosa que repetía en tono de exigencia: quería que lo mantuvieran vivo hasta que pasara el sábado.

Joseph Hurley le comentó al embajador Phillips en la legación diplomática de Estados Unidos que, como era típico en él, Pío había insistido en levantarse el jueves por la mañana, repitiendo con terquedad las mismas palabras a las que tenía acostumbrados a sus ayudantes: «Un papa nunca está enfermo». Sin embargo, a primera hora de la tarde sufrió una recaída y se vio obligado a volver a la cama. «A partir de entonces estuvo consciente intermitentemente» y pareció estar dormitando, añadió Hurley.

Desde ese momento circularon múltiples versiones acerca del estado de salud del pontífice y de lo que ocurrió en el transcurso de la noche. Algunos afirmaban que el papa, haciendo gala de una enorme entereza espiritual, se resignó a lo que pudiera pasar, permaneció consciente en todo momento, oró y bendijo a cuantas personas estaban a su alrededor. Otros, más objetivos y menos melodramáticos a la hora de describir los acontecimientos, dijeron que Pío XI no volvió a recobrar la consciencia desde la tarde del jueves 9 de febrero.

A partir de esa tarde, la secuencia de los hechos nunca ha estado del todo clara. Hubo múltiples relatos, algunos centrados en la medicina, otros en la oración y la dimensión religiosa de lo sucedido. Puede que todos sean ciertos en parte, y que algunos no contengan ni un ápice de verdad. La salud del papa se deterioró hasta el punto de que el jueves por la tarde le fueron administrados los últimos sacramentos. Hurley comentó que el pontífice había asentido con la cabeza para indicar que comprendía lo que estaba sucediendo mientras se recitaban las oraciones preceptivas. Hurley no desveló su fuente de información, pero parece improbable que estuviera presente junto al lecho del pontífice. Pacelli, su superior en la Secretaría de Estado, se había erigido de nuevo en guardián de la puerta de los aposentos papales.

Las otras fuentes de información respecto a lo sucedido al día siguiente son monseñor Confalonieri, secretario del papa; Zsoldt Aradi, biógrafo que trabajó bajo los auspicios de Francis Spellman; y los periodistas de los principales periódicos y revistas, muchos de los cuales citaban fuentes anónimas del Vaticano.

Las diferencias entre las distintas versiones se referían principalmente a quién había estado presente junto al lecho del pontífice y a si el papa estaba consciente o no en distintos momentos de la madrugada del jueves 9 al viernes 10 de febrero. La cuestión de quién tuvo acceso a Pío XI durante esas horas críticas se convertiría posteriormente en asunto de relevancia.

Todas las informaciones estaban de acuerdo en que el servicio de salud del Vaticano actuó aconsejado por diversos médicos ajenos a la Santa Sede. Las distintas versiones tenían un solo elemento en común: el papa, que parecía encontrarse bien el 4 de febrero, había contraído un resfriado o la gripe. Milani, el jefe del servicio médico pontificio, también tenía gripe. Se encontraba tan mal que durante esos primeros días de febrero se mantuvo alejado del pontífice por temor a contagiarlo. Más o menos por las mismas fechas, Pío XI contrajo un virus que el Vaticano calificó de «catarro leve». Pero el catarro había ido empeorando paulatinamente y era evidente que un anciano de ochenta y un años enfermo del corazón tenía pocas defensas.

Confalonieri, que estaba presente en aquellos momentos y que meses después redactó una crónica de lo sucedido, contó que el doctor Rocchi se había mantenido cerca del enfermo en todo momento. Afirmó que la tarde del 9 de febrero administró al papa una inyección sin especificar debido a que el enfermo parecía muy pálido y débil. Según algunas fuentes pontificias se trataba de una inyección de aceite de alcanfor, el mismo estimulante que se había empleado en otras ocasiones y que anteriormente parecía haber contribuido a la recuperación del pontífice.

Según la versión de Zsoldt Aradi, Rocchi empezó a preocuparse y mandó llamar a Milani a pesar de hallarse este enfermo. Aradi afirmaba que Milani se levantó de la cama, acudió al Vaticano y decidió administrar al paciente una inyección de adrenalina.

> *Después de la inyección, el papa se quedó dormido. Como los médicos no preveían ninguna crisis inmediata, todo el mundo salió de la habitación. A eso de las dos y media de la madrugada, uno de los monjes franciscanos que atendían al papa, el hermano Faustino, que en ese momento se hallaba a solas en la habitación con el pontífice, llamó alarmado a los médicos, los secretarios y el cardenal Pacelli.*

Dejando a un lado la cuestión del contenido de la inyección y de quién se la administró, el hecho es que Pío XI cayó en coma. Confalonieri, su secretario, contó que «esa noche, pasadas las once, la temperatura, casi normal, comenzó a subir rápidamente hasta superar los treinta y nueve grados centígrados. El profesor Rocchi meneó la cabeza tristemente y con un gesto típico, sin decir nada, indicó que había llegado el fin».

La información publicada por el *New York Times* el 11 de febrero contradecía en algunos puntos significativos el relato del secretario pontificio. Afirmaba el periódico que había sido Rocchi y no el hermano Faustino quien había pasado la noche velando al pontífice. A las cuatro de la madrugada, continuaba el periódico, Rocchi notó que el pulso del paciente se había debilitado y fue él y no Milani quien «probó de inmediato a administrarle varias inyecciones de estimulantes, a las que el papa no reaccionó». El diario trataba de dar una explicación médica a lo ocurrido, afirmando que Rocchi

> *asumió la gran responsabilidad personal de administrar una inyección de aceite alcanforado, una medida heroica dadas las circunstancias, puesto que la miocarditis es una disfunción de los músculos del corazón que hace que el órgano alterne entre fases de funcionamiento deficiente y excesivo. Cualquier estimulante, a pesar de producir alivio inmediato, puede por tanto resultar fatal. Como había sucedido durante su último ataque en noviembre, el día anterior el papa había reaccionado bien a la inyección y había recobrado la consciencia más o menos media hora después.*

El artículo del *New York Times* citaba a fuentes que, contradiciendo a Confalonieri (el único testigo presencial que escribió una versión pública de lo sucedido), afirmaban que el papa estuvo consciente toda la noche del día 9. Según este relato, Pío mandó acercarse a todos los presentes y pidió confesarse con el cardenal Lauri y tomar la comunión. «Unos minutos después, al hacerse evidente que el efecto de los estimulantes se estaba disipando y que se aproximaba el final, se le administró la extremaunción».

El corresponsal del *Times* de Londres informó asimismo de que el pontífice estaba consciente y de que Pacelli le había pedido su bendición. Pío levantó la mano derecha de la sábana e hizo ademán de dar la bendición apostólica al tiempo que mascullaba la fórmula ritual. Esta versión añadía otro elemento dramático al relatar que el papa reaccionó una ultima vez,

> *haciendo otra tentativa de aferrarse a la vida. Abrió los ojos [...] al tiempo que esbozaba la leve sombra de una sonrisa. Finalmente, con visible esfuerzo, se incorporó en la cama y farfulló unas palabras casi por completo incomprensibles para la mayoría de quienes las oyeron. Los que se hallaban más cerca cuentan que dijo: «Que Dios os bendiga, hijos míos», a lo que añadió con un hilo de voz: «Que haya paz».*

El corresponsal del *Times* contó, además, que Pío XI había pedido que se le administraran los últimos sacramentos a las cuatro de la madrugada del 10 de febrero en presencia de Pacelli, el cardenal Camillo Caccia-Dominioni, maestro de ceremonias y protegido del pontífice, varios prelados pertenecientes a la casa del papa, el gobernador de la Ciudad del Vaticano, el conde Franco Ratti, sobrino del pontífice, y «un grupito de médicos, asistentes y monjes penitenciarios». El doctor Milani, al que se había vuelto a llamar pese a seguir enfermo, le administró oxígeno en torno a las cinco de la mañana. Pío XI no respondió al tratamiento.

En una quinta versión de los hechos, la revista *Time* ofrecía un relato minuto a minuto de lo sucedido. Afirmaba que era el médico quien había despertado al hermano Faustino y a otro franciscano, y no al revés, y que Pacelli había estado presente junto al lecho del pontífice ya muy entrada la madrugada, junto con «Caccia-Dominioni, el conde Franco Ratti, sobrino del papa, el gobernador de Ciudad del Vaticano Camillo Serafini», Rocchi y Milani. Añadía que la inyección había «reanimado a Pío XI» durante un rato y que el papa se encontraba lúcido. El pontífice, añadía, «apoyado en las almohadas, se confesó en voz baja y recibió la absolución por sus pecados». En medio de los estertores de la muerte, según la revista, «el cardenal Pacelli, presa de profunda emoción, sollozó: "¡Santo Padre, denos su bendición!"».

> *En un esfuerzo agónico, mientras los otros lloraban, el papa hizo acopio de sus últimas fuerzas para hacer un último y supremo gesto. Levantó la mano derecha, farfulló una bendición. Su mano esbozó desmayadamente el signo de la bendición apostólica y cayó sobre la cama. Pío masculló algo. A algunos les pareció que decía: «Jesús y María. Paz para el mundo». Otros creyeron oírle decir: «En la hora de nuestros últimos sacramentos... la hermana Teresa y el niño Jesús... están junto a Nos. Dios es misericordioso. Hágase Su voluntad». Todos estuvieron de acuerdo, no obstante, en que anteriormente las últimas palabras coherentes del papa habían sido: «Tengo aún tantas cosas por hacer».*

No es cierto, sin embargo, que todos estuvieran de acuerdo. Las distintas versiones no se ponían de acuerdo respecto a quién había administrado los últimos sacramentos al papa y en qué momento. Un biógrafo afirmó que el cardenal Lorenzo Lauri, gran penitenciario de la Santa Iglesia Romana, era la persona designada *a priori* para esa tarea, pero no se le pudo encontrar. Según dicho biógrafo, fue monseñor Alfonso de Romanis, sacristán y párroco del Vaticano, quien dio la extremaunción a Pío XI en sus últimos instantes de vida. La revista *Time* afirmó que Lauri estuvo presente en la ceremonia, pero que fue De Romanis quien celebró el sacramento. Confalonieri, por su parte, no mencionaba en su relato la presencia de Lauri y afirmaba, en cambio, que la tarde anterior habían estado presentes otros miembros de la familia del pontífice y que el papa había orado con ellos. Después, Pío cayó en coma tras pronunciar sus últimas palabras en torno a las tres y media de la tarde: «Exhalo mi alma en paz con vosotros». Confalonieri afirmaba además que se hallaba presente otro prelado importante, monseñor Giovanni Battista Montini, subsecretario de Estado.

Nadie puede decir con exactitud qué ocurrió en los aposentos papales esa noche. Los periodistas compusieron el relato de los hechos a partir de fuentes que estaban disponibles en ese mismo momento. La revista *Time* tuvo unos cuantos días más para informar de lo sucedido en su edición del 20 de febrero. Aradi escribió su biografía en 1957 para conmemorar el centenario del nacimiento de Pío XI. De quienes informaron directamente de lo ocurrido, únicamente Confalonieri fue testigo presencial y, aunque quizá su relato no sea del todo preciso o no recordara con detalle quién estaba presente, es lógico pensar que se acordaba de si el papa estaba o no consciente. Publicó su libro sobre Pío XI unos años después, incluyendo su versión del momento de la muerte del pontífice. En cualquier caso, todas las versiones llevaban a la misma conclusión: el papa falleció el viernes 10 de febrero de 1939, antes de que amaneciera. Pareció exhalar su último suspiro a las 5:31, y Milani lo declaró muerto. Luego, conforme a una larga tradición eclesiástica, el cardenal Pacelli, el camarlengo, siguió el ritual preceptivo: se arrodilló junto al pontífice (informó el *Times* de Londres) y

> *retiró el velo del rostro y con voz potente llamó tres veces al difunto por su nombre de pila («Achille, Achille, Achille») al tiempo que golpeaba suavemente su frente con un pequeño mazo de plata. Hecha la comprobación, pudo declarar: «El papa está realmente muerto».*

CAPÍTULO 12

Cambio de la noche a la mañana

Trastévere, Roma, 10 de febrero de 1939

LA MAÑANA DEL VIERNES 10 de febrero, muy temprano, el teléfono despertó al cardenal Eugène Tisserant en su apartamento de vía Mercadante, en el barrio romano del Trastévere. Monseñor Carlo Grano, miembro del personal pontificio, le comunicó de parte de monseñor Giovanni Battista Montini (futuro papa Pablo VI) que Pío XI estaba vivo, pero «gravemente enfermo» y que había «recibido la extremaunción». La noticia entristeció a Tisserant, que sin embargo no perdió la esperanza de que su amigo, el papa, sobreviviera. A fin de cuentas, ya le habían administrado los últimos sacramentos dos veces antes y se había recuperado.

Tisserant era uno de los pocos amigos que tenía el pontífice. Hacía más de veintiocho años que se conocían, desde 1910, cuando habían coincidido trabajando en la Biblioteca Apostólica Vaticana. El papa, entonces monseñor Ratti, tenía cincuenta y tres años y acababa de ser nombrado subdirector de la biblioteca por el papa Pío X. Tisserant, que tenía veintiséis, era conservador de la biblioteca. «Debo decir que nos tratamos en los términos más cordiales desde nuestro primer encuentro», recordaba el cardenal.

Ratti y Tisserant adoptaron la costumbre de dar largos paseos vespertinos desde la plaza de San Pedro y la vía della Consolazione hasta el Palacio de Justicia siguiendo el curso del río Tíber. Tenían muchas cosas en común: ambos eran lectores voraces y eruditos, y vivían dedicados a la conservación de libros antiguos.

El de Ratti era un caso inaudito entre los mandatarios de la Iglesia romana por su pasado como escalador. Tisserant, por su parte, tenía también un bagaje poco ortodoxo. En 1914 abandonó temporalmente el ejercicio del sacerdocio para ingresar en el ejército francés como oficial de caballería, y estuvo destinado en los Dardanelos y Palestina. Posteriormente ejerció como oficial de inteligencia militar y logística hasta el final de la Primera Guerra Mundial y en 1919 regresó a la Biblioteca Vaticana.

Tisserant afirmaba que se había carteado con frecuencia con el futuro papa. Ratti «solía escribirme una vez al mes más o menos», le contó a un amigo, «y todavía tengo veinte de Sus cartas, una de Milán de 1913, tres de Varsovia después de la guerra, las otras de Roma durante la guerra». Cuando Ratti ascendió al solio pontificio, siguieron teniendo una relación estrecha. «Cuando se convirtió en papa», comentó Tisserant en una carta escrita un mes después de la muerte de Pío XI, «sentí que Su afecto para conmigo permanecía intacto».

Cuando Tisserant estuvo listo para salir de su apartamento y recorrer a pie el corto trayecto que lo separaba del Vaticano, comenzaron a tañer las campanas de San Pedro. A los pocos minutos resonaban todas las de Roma. La noticia de la muerte de Pío XI había cundido por doquier.

Al llegar al Vaticano, Tisserant fue informado de que el papa había fallecido a las 5:31 de la mañana. El cardenal francés había mirado el reloj al despertar sobresaltado por el timbre del teléfono. No entendía por qué había recibido recado de que el pontífice estaba vivo cuarenta y nueve minutos después de certificarse su fallecimiento. No creía que la llamada hubiera sido un error. Pensó más bien que le habían dado una información falsa. Pero no sabía por qué.

COMO ERA COSTUMBRE tras la muerte de un papa, el cardenal Pacelli, en su calidad de camarlengo, ordenó que se cerraran las oficinas y los archivos del pontífice. La mayor parte de los archivos no estarían disponibles para el público hasta pasados al menos setenta y cinco años, mucho después de que casi todos los testigos de la vida y muerte de Pío XI hubieran muerto también. Pacelli se retiró luego a su despacho en el Vaticano y comenzó a ponerse en contacto con cardenales y oficinas apostólicas de todo el mundo.

Encomendó a Joseph Hurley la misión de informar oficialmente de la muerte de Pío XI al embajador estadounidense William Phillips. Al llegar a la embajada, Hurley dejó claro que se trataba de una reunión oficial, muy distinta a las charlas informales que solía mantener con Phillips. Le dijo al embajador que iba «por orden del cardenal Pacelli, el secretario de Estado, que en el ínterin dirige los asuntos del Vaticano», y añadió que a otros países se les había avisado por escrito, «pero que en el caso de Estados Unidos me ha dado orden de comunicarlo de palabra».

Pacelli interrumpió su trabajo horas después, al recibir noticia de que Ciano, el ministro de Exteriores de Italia, iba camino del Vaticano.

Ciano se había reunido ya con Mussolini y le había comunicado el fallecimiento de Pío XI. El Duce se mostró «completamente indiferente», comentó Ciano, y «mencionó su muerte con el único propósito de informarme de que esta noche pospondrá la reunión del Gran Consejo por respeto a la memoria del papa, y también porque el público está demasiado distraído con el deceso para interesarse [por nada más]».

Varios días después, Mussolini expresó la opinión que le merecía la muerte del pontífice: «Por fin se ha muerto ese estirado».

Dado que Pío XI era un jefe de Estado e Italia tenía relaciones diplomáticas con el Vaticano, Ciano debía cumplir con el protocolo e ir a presentar sus respetos en persona. Al cruzar el Tíber en su coche y entrar en San Pedro, vio que los fieles ya habían comenzado a congregarse en la plaza.

Ciano entró con Pacelli en la Capilla Sixtina, donde el cuerpo del pontífice había sido colocado en un catafalco. «Les di el pésame de parte del Gobierno italiano y del pueblo fascista», anotó Ciano, «y comenté que el papa fallecido había ligado por siempre su nombre a la Historia gracias a los Pactos de Letrán. Les gustaron mucho mis condolencias».

Fue la primera reunión al más alto nivel entre el Vaticano y el Gobierno italiano desde hacía tiempo, y Ciano no tenía pensado sacar a relucir cuestiones políticas, pero Pacelli sí. El cardenal se refirió de pasada a sus intenciones futuras, reconoció que las relaciones con el Gobierno fascista no habían sido buenas y dio a entender que las cosas estaban a punto de cambiar. «Me habló de la relación entre la Iglesia y el Estado en términos muy razonables y esperanzadores», escribió Ciano en su diario. El ministro estaba muy satisfecho, pero no dio más detalles sobre la conversación.

Pacelli y Ciano se acercaron al catafalco de la capilla. «Del papa en sí no pudimos ver nada, solo sus enormes sandalias blancas y el bajo de su sotana, pero reinaba un ambiente de infinitud».

Era demasiado pronto para hacer pronósticos acerca del sucesor de Pío XI o de cómo cambiarían las relaciones Iglesia-Estado en el nuevo pontificado. De momento, lo que el papa tenía planeado hacer o decir en el sínodo de los obispos italianos había quedado pospuesto.

El nuevo objetivo del Gobierno italiano era asegurarse de que los planes de Pío XI para ese día no se llevaran a cabo. El sínodo había tenido muy preocupado al Duce. ¿Se preparaba Pío XI para excomulgar a Mussolini o a Hitler, o a ambos? ¿Sufrirían nuevas humillaciones o actos de desafío por parte de la Iglesia? Corrían persistentes rumores de que el contenido del discurso pontificio podía ser «devastador para el fascismo». Todo indicaba que Pío XI había trabajado con ahínco en su discurso y que confiaba en pronunciarlo él mismo o al menos en estar presente mientras se leía ante los obispos. Ahora corría el rumor de que el discurso, su última declaración ante el mundo, podía ser repartido como tributo al pontífice fallecido.

Mussolini quería saber qué iba a hacerse con el discurso y qué decía. Ciano le había hablado de su conversación con Pacelli y de cómo el cardenal le había dado a entender que las relaciones con el Vaticano iban a mejorar. Pero ¿qué suponía eso en términos prácticos? Pacelli, que se hallaba provisionalmente al frente de la Iglesia, podía tener una copia del documento. Mussolini ordenó a sus informantes en el Vaticano que consiguieran una copia o información relativa al contenido del discurso.

Pero Mussolini no tenía por qué preocuparse: Pacelli ya se había encargado de ese asunto al sellar el escritorio papal y todo lo que contenía. Entre los papeles de Pío XI figuraban tres documentos de importancia. Uno era el discurso a los obispos, en copia impresa y en su forma original escrito a lápiz de puño y letra del pontífice. El segundo era la carta de Ledóchowski al papa, y el tercero una carpeta más voluminosa que contenía el borrador de cien páginas de la encíclica *Humanis generis unitas*, escrita por John LaFarge en nombre del pontífice, con versiones en francés, alemán y latín.

Puede que Pacelli no hubiera leído la encíclica, pero estaba al corriente del discurso que el papa pensaba pronunciar ante los obispos. El camarlengo le dijo a su ayudante, monseñor Montini, que se cerciorara de que todas las copias del discurso definitivo quedaban confiscadas. Los ayudantes del papa debían «entregar todo el material que obrara en su poder relativo al discurso [y] el impresor destruir todo lo que tuviera relativo a dicho discurso», según las notas que tomó monseñor Domenico Tardini.

Montini encargó a Tardini que llevara a cabo las órdenes de Pacelli, y Tardini dio las instrucciones precisas a Confalonieri, el secretario del difunto papa. Confalonieri hizo lo que le ordenaban y acto seguido telefoneó a Tardini para decirle «que el vicedirector de la imprenta iba a encargarse personalmente de destruir todo el material que se había preparado de modo que no sobreviviera "ni una línea"». Mussolini supo por distintos conductos que el documento de Pío XI no aparecería nunca en forma alguna.

AL ESCRIBIR ACERCA de la muerte del pontífice, la prensa fascista, lejos de mencionar las críticas vertidas por el pontífice contra el fascismo y el nazismo, presentó una versión edulcorada de las relaciones entre Pío XI y el Gobierno italiano. Los periódicos informaron de que Mussolini y su gabinete lamentaban el fallecimiento del pontífice y afirmaron que el deceso se había producido en vísperas del anuncio oficial por parte del papa de la plena reconciliación entre la Iglesia y el Gobierno de Italia.

Varios portavoces del Vaticano tomaron parte en este engaño y se encargaron de transmitir la versión de Mussolini a la prensa extranjera. Cuatro días después de la muerte del pontífice, el *New York Times* informó de que Pío XI

> *había llegado a una solución satisfactoria de diversos asuntos polémicos en los que la Iglesia discrepaba con el Gobierno italiano. Cabe suponer que se había alcanzado asimismo un* modus vivendi *respecto a la cuestión del racismo, principal motivo de disensión entre el Gobierno de Italia y el Vaticano.*

El diario añadía:

> *Se comenta en círculos vaticanos que, de hecho, el pontífice tenía previsto pronunciar un discurso en el que el tema de la paz sería la nota dominante [...]. El papa estaba deseoso de*

pronunciar dicho discurso y pidió repetidamente a sus médicos que le prolongaran la vida al menos para que pudiera asistir al sínodo.

Naturalmente, un reducido grupo de personas sabían que esto era mentira, entre ellas Confalonieri y Pacelli, que habían leído el discurso.

Este distaba mucho de ser una reconciliación entre el Vaticano y el Gobierno de Mussolini. Era, por el contrario, una airada advertencia a los obispos de Italia y criticaba al Gobierno en términos que muy bien podían haber conducido a una ruptura permanente entre la Iglesia y el Estado italiano. Sin embargo, el conflicto y la oposición frontal entre Mussolini y el Vaticano concluyeron a las pocas horas de morir Pío XI. Las últimas palabras del papa fueron borradas de los archivos públicos. Sobrevivió, no obstante, al menos una versión del discurso pontificio que un grupo de investigadores italianos encontró en los Archivos Secretos del Vaticano más de medio siglo después.

Pese a hallarse el papa enfermo e impedido para comunicarse con el mundo exterior, un discurso escrito y promulgado por él habría conseguido abrirse paso y hacer mella en la opinión pública. Escribía Pío XI en su alocución ante los obispos:

Sabéis, queridos y venerables hermanos, cómo se tergiversan a veces las palabras del papa. Hay quienes, no solo en Italia, se apropian de Nuestras alocuciones y Nuestras audiencias y las alteran dándoles un sentido falaz [y] poniendo en Nuestra boca cosas absurdas y de una necedad asombrosa. Existe una prensa capaz de decir casi cualquier cosa con tal de oponerse a Nos y a Nuestras preocupaciones, a menudo retorciendo de manera perversa la historia reciente y lejana de la Iglesia, llegando incluso a negar con insistencia cualquier persecución en Alemania y añadiendo a ello la falsa acusación de Nuestra intromisión en

> *materia política [...]. Llegan a la verdadera irreverencia, y estas cosas se dicen mientras a nuestra prensa se le prohíbe contradecir a la otra o corregirla.*

Advertía a los obispos de que se mantuvieran en guardia contra la distorsión de sus declaraciones:

> *Queridos hermanos, debéis tener cuidado no solo con la manipulación de lo que digáis en público, sino también con lo que digáis en privado, especialmente si [...] habláis con personas que ostenten un cargo público o de partido.*

Es más, expresaba su preocupación acerca de las maquinaciones dentro del Vaticano y advertía de que había a su alrededor espías que trabajaban para Alemania e Italia:

> *No olvidéis que a menudo hay observadores e informantes (haríais bien en llamarlos «espías») que, sea por iniciativa propia o porque así se lo han ordenado, os escuchan con el único fin de condenaros.*

Además de los informantes, también los gobiernos mantenían escuchas ilegales. «No habléis nunca por teléfono de lo que no queráis que se sepa», escribió el papa. «Quizá creáis que vuestras palabras viajan únicamente hasta vuestro corresponsal en la distancia y, sin embargo, en cierto punto, tal vez sean detectadas e interceptadas por otros».

Pío hacía una última mención al tema del racismo. «La humanidad», afirmaba, «comparte una misma sangre y está unida por el lazo común de la gran familia humana».

Sus palabras finales reconocían la probabilidad de que estallara la guerra, pero lo hacían con una plegaria:

Paz, paz, paz para un mundo que, por el contrario, parece presa de la locura homicida y suicida de las armas. La paz exige de Nos que, para conseguirla, imploremos al Dios de la paz y la esperanza. ¡Así sea!

El papa tenía previsto que a su alocución del sábado siguiera lo que él llamaba un «diálogo» con los obispos acerca de la situación política. Dado que Pío era conocido por hacer declaraciones impulsivas que se salían del guion escrito, su conversación con los obispos podía haber causado chispas que fueran mucho más allá del contenido original del texto.

El Vaticano, 13 de febrero de 1939

El lunes 13 de febrero una ingente multitud organizada en fila de a doce desfiló ante el féretro que contenía los restos mortales de Pío XI. Los fieles siguieron afluyendo a lo largo del día, miles y miles de personas cada hora, hasta alcanzar quizá la cifra de doscientas mil al final de la jornada. Había tal muchedumbre agolpada a la entrada de la basílica de San Pedro que el cardenal Pacelli decidió dejar las puertas abiertas para que cupiera todo el mundo. El Vaticano tuvo que pedir ayuda al Gobierno italiano para mantener el orden. Esa mañana se ofició la primera de las nueve misas fúnebres por el pontífice.

Pío XI fue enterrado el martes 14 de febrero en una cripta de San Pedro labrada en el mismo mármol que había servido para edificar la catedral de Milán. La inscripción latina de la lápida decía:

Aquí descansa Pío XI, sumo pontífice. Vivió ochenta y un años, ocho meses y diez días y fue cabeza de la Iglesia Universal durante diecisiete años y cinco días. Murió el 10 de febrero del Año del Señor de 1939.

Había muerto un día antes de lo necesario.

Las honras fúnebres se prolongaron nueve días, del 12 al 20 de febrero. Un día se reservó a los diplomáticos, otro al Gobierno italiano. El embajador William Phillips se contaba entre quienes fueron a presentar sus respetos el 16 de febrero. Al día siguiente acudieron al Vaticano Mussolini, Ciano y los demás miembros del gabinete italiano. También estuvieron presentes el rey de Italia y su esposa. Mussolini declaró un día de luto nacional para dar la impresión de que la muerte de Pío XI había entristecido al Gobierno y al propio Duce.

Fuera de Italia, la reacción de la opinión pública al fallecimiento del pontífice se centró en su postura de enfrentamiento político al fascismo y el nazismo. Era la primera vez que la muerte de un papa suscitaba tanta consternación, lo que sirve de indicativo tanto de los tiempos que corrían como del papel que desempeñó Pío XI como abanderado de la lucha contra el fanatismo de Hitler y Mussolini. En Alemania, su muerte se trató con desprecio. Como era de esperar, el periódico nazi *Angriff* tildó a Pío de «papa politizado» que no entendía la capacidad del fascismo y el nazismo para defender al mundo del comunismo.

En Washington, el Congreso celebró un pleno en memoria del papa, cosa inaudita hasta entonces, y suspendió las sesiones el resto del día en señal de duelo. La declaración que emitió alababa al pontífice por haber «hecho los esfuerzos más sinceros y tenaces en pro de la paz mundial, por manifestar la más amplia tolerancia hacia todas las naciones y credos y haber abogado por la defensa de las minorías oprimidas».

El secretario de Estado Cordell Hull envió un telegrama a Pacelli de parte del presidente Roosevelt expresándole sus condolencias por el fallecimiento del papa, cuyo «celo a favor de la paz y la tolerancia le han granjeado un lugar en el corazón de todas las razas y credos».

La reacción de los líderes judíos reflejaba la amplia comprensión que se tenía de lo que había intentado hacer Pío XI. El rabino Edward L. Israel, de Baltimore, una voz emergente dentro del judaísmo estadounidense, puso de manifiesto la importancia de la labor del pontífice. Pío XI había sido

> *la primera voz cristiana en Europa en alzarse contra la política antisemita del nazismo en todas sus ramificaciones [...]. El mundo entero ora con la esperanza de que [...] el Colegio Cardenalicio, guiado por la Divinidad, eleve al solio pontificio a alguien que, a través de su amor por la paz, la justicia y la hermandad de los pueblos, sea un digno sucesor del llorado Pío XI.*

Francis Talbot habló en nombre de la revista *America* cuando se le preguntó por la muerte del papa. Entrevistado por el *New York Times*, se centró en el papel especial que había desempeñado el pontífice en la política mundial y ensalzó a Pío XI por su «persistente denuncia de la tiranía que pugna por destruir los derechos naturales políticos y religiosos del ser humano en los países heridos por el fascismo y el comunismo».

EL 16 DE FEBRERO, LaFarge escribió a Gundlach preguntándole si se sabía algo de la encíclica. Tanto él como el jesuita alemán sabían, sin embargo, que tendrían que esperar a que se eligiera al nuevo papa para ver si seguía la estela de Pío XI respecto a los asuntos que trataba la encíclica. Gundlach respondió que, a su modo de ver, cabía la posibilidad de que el nuevo pontífice se dejara llevar por la oleada de consternación que había producido la muerte de Pío y promulgara la encíclica contra el racismo.

Ledóchowski, por su parte, seguía dudando acerca de qué era más peligroso, si el nazismo o el comunismo. Parecía cambiar de perspectiva dependiendo de quién le estuviera escuchando. A veces «proclama ante quien quiera escucharlo que el nacionalsocialismo es como mínimo tan peligroso como el comunismo». Y al momento siguiente, escribía Gundlach, cambiaba de cantinela, sobre todo cuando se oía comentar alguna noticia acerca del comunismo en Estados Unidos. Cuando tales «informes sobre el comunismo vienen de América, ¡el comunismo vuelve a ser el único verdadero enemigo!», según el general de los jesuitas.

LaFarge recordaba todavía la extraña reacción de Ledóchowski al escuchar por radio el discurso de Hitler en septiembre de 1938. Gundlach, por su parte, ponía de nuevo en duda que su superior fuera de fiar en lo relativo a la encíclica. La decisión final, sin embargo, estaba en manos del nuevo papa.

Roma, 1 de marzo de 1939

Durante el periodo de duelo oficial por la muerte de Pío XI comenzaron a llegar al Vaticano cardenales de todos los rincones del mundo. Pacelli anunció que el cónclave para elegir al nuevo pontífice daría comienzo el 1 de marzo. Cundieron las especulaciones y las fuentes vaticanas alimentaron el rumor de que cualquiera de los sesenta y dos cardenales tenía oportunidad de alcanzar el solio pontificio, incluso los veintisiete que no eran italianos. La cuestión parecía ser, ¿sería el elegido un «papa político» o un «papa espiritual»? Un «papa político» tal vez coincidiera con Pío XI en su oposición a Hitler y Mussolini. Un «papa espiritual» se mostraría circunspecto e imparcial y se volcaría en su labor como Santo Padre de la Iglesia Católica romana.

Las informaciones oficiosas procedentes del Vaticano no desmentían los rumores en torno a la posible elección de un cardenal estadounidense o francés, como Tisserant. Los Gobiernos francés y británico mostraron de inmediato su apoyo a Pacelli, al que consideraban curtido por años de servicio diplomático en Alemania y al frente de la Secretaría de Estado del Vaticano. Había sido, decían, un fiel colaborador de Pío XI, cuyo rechazo frontal al nazismo había resultado muy atractivo. Además, Alemania e Italia habían comentado públicamente su oposición a la candidatura de Pacelli, lo cual, según los mandatarios británicos, era un punto a favor del cardenal italiano. Si Italia y Alemania no querían a Pacelli, tenía que ser el candidato perfecto.

Cabía asimismo la posibilidad de que desde el principio se llevara a cabo una campaña de contrapropaganda. Públicamente, a través de la prensa nazi y fascista, Alemania e Italia daban muestras de que interpretarían la elección de Pacelli como una continuación de la política vaticana de oposición a sus regímenes. Como colaborador y representante de Pío XI, Pacelli había criticado en numerosas ocasiones a los Gobiernos de ambos países. Se decía que Ciano, en particular, estaba presionando a los cardenales italianos para que no votaran a favor de Pacelli.

Pero entre bastidores algunos altos funcionarios alemanes e italianos decían otra cosa. Ciano ya había mantenido conversaciones con Pacelli que apuntaban claramente hacia un cambio en las relaciones entre el Vaticano y el Estado fascista, y había recibido noticia de la destrucción del problemático discurso final del difunto Pío XI.

El embajador alemán en el Vaticano, Diego von Bergen, informó a Berlín de que en su opinión la elección de Pacelli les sería favorable porque el cardenal no solo hablaba alemán y había pasado largo tiempo en el país sirviendo como diplomático, sino que era un reconocido germanófilo.

Por su parte, los diplomáticos estadounidenses concluyeron que Pacelli tenía escasas posibilidades de resultar elegido. Rara vez en la historia del Vaticano un secretario de Estado había alcanzado el solio pontificio. Al parecer, el embajador Phillips carecía de la información de primera mano que hasta entonces le había proporcionado monseñor Hurley, cuyo papel en la Santa

Sede sin duda cambiaría tras la muerte de su protector, Pío XI. Phillips informó a Washington de que, aunque se hablaba de diversos candidatos, era todo «pura especulación».

Es posible que Caroline Phillips, que había pasado más tiempo que su marido conversando con Pacelli, no hubiera descartado su candidatura tan rápidamente. La señora Phillips no solo era una mujer muy perspicaz, sino que además hablaba un italiano fluido, y Pacelli le parecía un hombre encantador además de un gran diplomático.

El embajador francés François Charles-Roux se encargó de recabar apoyos para Pacelli entre los diplomáticos extranjeros presentes en Roma. Instó a Phillips a hablar con los cardenales estadounidenses sobre los candidatos al solio pontificio, pero Phillips rehusó hacerlo argumentando que presionar a favor de uno u otro era impropio de un diplomático.

Charles-Roux, en cambio, sí presionó a los cardenales franceses para que votaran a Pacelli. Solo uno de ellos se opuso rotundamente: el cardenal Eugène Tisserant, quien afirmó que ni siquiera sopesaría la posibilidad de votar al secretario de Estado, aunque no quiso desvelar a quién pensaba dar su voto.

Al acercarse el día del cónclave, la policía y el ejército italianos comenzaron a vigilar todos los accesos a Roma en busca de armas, bombas o personas que consideraran sospechosas. Y no porque se tuviera noticia de ninguna amenaza concreta. Se trataba más bien de una sospecha de carácter general, motivada por los estallidos de violencia que, a lo largo de la historia, habían acompañado en ocasiones la celebración del cónclave. Mussolini fingió desinterés, pero en privado presionó de nuevo para obtener información confidencial. Ordenó a su servicio de inteligencia que diera prioridad absoluta al seguimiento de la elección papal y mandó que sus agentes buscaran medios de «infiltrarse y contactar con las autoridades vaticanas, labor esta que exigía la máxima delicadeza».

El 1 de marzo, el Gobierno italiano había recabado información de primera mano procedente de las altas esferas de la Santa Sede. Sus agentes vigilaban toda la correspondencia y las comunicaciones pontificias y habían conseguido reclutar para su causa a funcionarios de nivel medio dentro del Vaticano. Eran sacerdotes, obispos o prelados del más alto nivel que se prestaban a actuar como espías para el Gobierno fascista.

Charles-Roux hizo un intento de última hora de convencer a Tisserant para que diera su apoyo a Pacelli. Persuadido de la importancia del cónclave, el embajador francés presionó con fuerza. «Esta elección», argumentó, «es la que mayores posibilidades tiene de mantener al papado en el alto nivel moral al que lo ha elevado Pío XI». El cardenal francés estuvo de acuerdo, pero el argumento de Charles-Roux pareció reforzar su decisión de no votar a Pacelli. La postura de Tisserant era tan extraña a ojos del embajador que a este le pareció que tenía que haber algo más en juego. «Está influido por una antipatía personal hacia el exsecretario de Estado», escribió Charles-Roux en un informe, «una antipatía nacida probablemente de su relación a lo largo de las carreras de ambos».

Tisserant, que seguía teniendo sus sospechas acerca de la muerte del papa, desarrolló dos teorías. Le dijo a su amigo monseñor George Roche que creía que Pío XI había sido asesinado. Había llegado a la conclusión de que las pruebas se habían ocultado durante el lapso de tiempo transcurrido entre el fallecimiento del pontífice y la llamada telefónica que recibió él. «Lo mataron y nosotros sabemos quién fue», le dijo el cardenal a Roche y, según varias informaciones periodísticas, añadió que la cara del pontífice «mostraba unas marcas azuladas extrañas en casos de muerte por causas naturales».

Según Roche, Tisserant, aun a sabiendas de que el papa se hallaba en estado grave, culpaba al doctor Francesco Saverio Petacci de haber acelerado la muerte de Pío. El cardenal argumentaba que, en el tiempo transcurrido entre la llamada telefónica y el comienzo del repique de campanas, alguien con acceso a los aposentos pontificios había tenido oportunidad de ocultar las pruebas del asesinato. Cuando en 1972 se hicieron públicas las sospechas de Tisserant, un portavoz del Vaticano afirmó ante la prensa que era una idea demasiado «fantasiosa» para ser tenida en cuenta. La Santa Sede negó asimismo que Petacci hubiera podido tomar parte en semejante complot, dado que no había tenido acceso al pontífice ni antes ni después de su muerte.

A pesar de que el doctor Petacci ocupaba el segundo puesto en la jerarquía del servicio médico del Vaticano, las crónicas acerca de las últimas horas del pontífice no recogen que estuviera presente junto a su lecho de muerte. El Vaticano negó no solo que Petacci estuviera presente, sino que tuviera acceso a Pío XI. Cabría preguntarse por qué no estaba junto a su lecho. El servicio médico del Vaticano estaba formado por cinco doctores cuyos nombres figuraban por orden jerárquico en el anuario pontificio. Milani era el jefe, y Petacci aparecía como número dos. ¿Por qué no estaba presente el segundo médico del servicio y por qué no tenía acceso al pontífice estando este en estado grave? Tras caer Milani enfermo de gripe, fue el médico menos veterano del servicio quien se encargó de atender a Pío XI durante sus últimos días de vida. ¿Por qué afirmaría el Vaticano que Petacci no tenía acceso al papa?

Petacci era el padre de Clara Petacci, la amante de Mussolini, objeto de escándalos y habladurías que circulaban por toda Roma. Clara solía anotar en su diario sus conversaciones íntimas con *il Duce*, y Mussolini se había quejado con frecuencia del pontífice. En el momento culminante de los ataques de Pío XI contra las leyes antisemitas italianas, Clara anotó uno de estos estallidos: «No tienes ni idea del daño que le está haciendo este papa a la Iglesia», se lamentó Mussolini. «No ha habido nunca un papa de tan mal agüero para la religión. Hay católicos militantes que lo detestan.

Se ha quedado prácticamente solo. A Alemania la ha perdido por completo. No sabe cómo conservar a la gente y se ha equivocado en todo».

El doctor Petacci tenía larga experiencia en el Vaticano. Un familiar suyo, quizá su padre, Giuseppe, había sido médico personal del papa Pío X en la Santa Sede entre 1906 y 1912. Los Petacci eran una familia de clase media que había adquirido poder e influencia gracias a su vinculación con Mussolini. Según diversos relatos, Mussolini conoció a Clara en 1933, cuando tenía cincuenta años y estaba casado. Ella tenía apenas veintiuno y Mussolini, afirman diversas crónicas, la conoció en una fiesta o quizá la vio en la carretera un día mientras ella iba en coche con su novio, un oficial de la Fuerza Aérea. Fuera como fuese, se prendó de ella y telefoneó a casa de los Petacci. Contestó la madre, que aceptó encantada organizar su primera cita romántica. Menos de un año después eran amantes. Clara se casó con el oficial de la Fuerza Aérea para mantener las apariencias, y la boda fue todo un acontecimiento social. Uno de los invitados fue el cardenal Eugenio Pacelli. Poco después del enlace, el marido de Clara fue destinado a Tokio como agregado militar y ella se trasladó a una suite privada en el Palazzo Venezia de Mussolini.

Los otros dos hijos del doctor Petacci se beneficiaron de su cercanía al poder, y durante esos años tenían fama en Roma de estar muy ligados a la corrupción y al tráfico de influencias. El hijo, Marcello, también se hizo médico, y de él se decía que había superado los exámenes para ejercer su profesión gracias a una «recomendación» del Duce. Marcello solía viajar con su hermana durante las visitas oficiales de Mussolini como medio de prestar cierta pátina de respetabilidad a su relación. La otra hija, Maria, se hizo actriz, cambió su nombre por el de Miriam Day y se casó con un miembro de la nobleza.

Décadas después, cuando se hicieron públicas las acusaciones de Tisserant, uno de los supervivientes de la familia Petacci,

Ferdinando Petacci, hijo de Marcello, afirmó que se estaba difamando a su abuelo Francesco. Negó que este hubiera tomado parte en una conspiración para asesinar al papa y dijo que el doctor había admirado a Pío XI. «Mi abuelo era un médico humilde y sumamente capaz que tenía altos valores morales [...]. Era incapaz de hacer daño a una mosca», declaró. Además, añadió, el doctor Pettaci se había opuesto a la relación de su hija con Mussolini. «Personalmente, no creo que el papa Pío XI fuera asesinado. Era un hombre mayor y estaba muy enfermo».

El doctor Petacci murió en 1970, a la edad de ochenta y tres años. Había sobrevivido a dos de sus hijos. Clara y su hermano Marcello corrieron la misma suerte que Mussolini: fueron ejecutados por partisanos comunistas en el norte de Italia el 29 de abril de 1945.

Caben otros escenarios posibles en lo que respecta a la presunta muerte prematura de Pío XI. Los doctores Milani y Rocchi, que atendieron al papa en sus últimas horas de vida, le sometieron a tratamientos que eran corrientes en aquella época pero que muy bien podían haber sido nocivos sin saberlo ellos. Le administraron alternativamente inyecciones de aceite de alcanfor y adrenalina, sustancias destinadas a estimular el corazón y aumentar el ritmo cardíaco. El aceite de alcanfor, un remedio tradicional, era de uso corriente desde hacía tiempo, pero la publicación de diversos informes científicos hablaba de las consecuencias fatales que podía tener el envenenamiento por dicha sustancia.

Lo oportuno de la muerte del papa aumentó las sospechas de que había habido juego sucio. El discurso del 11 de febrero preocupaba a Mussolini hasta la obsesión, y sus informantes estaban al tanto de la importancia que daba Pío XI al documento, aunque no hubieran visto su contenido.

Cabe asimismo la posibilidad de que alguien sustituyera, contaminara o alterara de algún modo un fármaco destinado al pontífice. El Vaticano negó categóricamente la teoría de Tisserant, fundada en «afirmaciones e insinuaciones que ya han sido ampliamente rebatidas sobre la base de testimonios irrefutables». Reconoció, en cambio, que «el cardenal Tisserant pudo anotarlo en sus diarios junto con otros rumores y habladurías», informó el *New York Times* en 1972.

Otras personas que vieron al papa durante sus últimos días de vida también abrigaban sospechas. Bianca Penco, la líder estudiantil de la FUCI, la asociación juvenil católica y antifascista, es posiblemente la última superviviente de las personas que se reunieron y hablaron con el pontífice en aquellos días. En 2011, a los noventa y tres años, mantenía aún muy viva la impresión que le causó su encuentro con Pío XI el 31 de enero de 1939. En la entrevista publicada por *Il Secolo XIX* en 2008, afirmó que sus compañeros y ella se quedaron estupefactos al enterarse de que el papa había muerto apenas unos días después de recibirlos en audiencia.

«Sobre todo por el ambiente que rodeaba el discurso y por la actitud del papa durante la reunión», dijo. «Tuvimos la sensación angustiosa de que su muerte no había sido accidental. Ante nuestra insistencia en pedir explicaciones sobre el documento [del que había hablado Pío XI], [la Iglesia] contestó que no se había escrito nada parecido. Es un interrogante que nunca se ha resuelto».

El doctor Massimo Calabresi, el cardiólogo de Milán al que se había consultado anteriormente sobre la dolencia del papa a través de su jefe, el doctor Cesa-Bianchi, oyó los rumores que rodeaban la muerte de Pío XI. Calabresi era un ardiente opositor a Mussolini, un militante antifascista que había sufrido prisión debido a sus actividades políticas. Sin embargo, le comentó a su hijo Guido (que posteriormente sería decano de la Facultad de Derecho de Yale y juez en Estados Unidos) que también era un hombre honesto, y que no veía indicios de juego sucio. «Dijo que le habría gustado echarles la culpa a los fascistas, pero que no sería cierto. El papa estaba muy, muy enfermo».

El estado de salud del pontífice era tan precario que podía haber muerto en cualquier momento. Tisserant así lo reconoció en una carta a un amigo bibliotecario de Estados Unidos menos de un mes después del fallecimiento de Pío. El 4 de febrero, seis días antes de su muerte, el pontífice parecía encontrarse bien y rebosar energía, según Tisserant. «Nada hacía temer que el fin estuviera tan próximo, aunque todos sabíamos que llegaría bruscamente», comentó el cardenal francés el 27 de febrero de 1939.

Tisserant murió el 21 de febrero de 1972 sin que le diera tiempo a terminar de corregir y publicar sus memorias. Meses después, varias revistas y periódicos de relevancia internacional publicaron diversos pasajes seleccionados de sus diarios. La sobrina del cardenal había emprendido acciones legales contra el Vaticano para que le fueran devueltas doce maletas con notas y diarios de Tisserant. El Vaticano alegaba que todo el material pertenecía a la Iglesia, pero la sobrina, Paule Hennequin, era también la secretaria de Tisserant y, según afirmaba, la única albacea de su legado.

Al mismo tiempo, monseñor Roche, amigo de Tisserant, declaró que había sacado de Italia al menos parte de los papeles del cardenal, presumiblemente para guardarlos a buen recaudo en Francia. Dichos documentos nunca se han encontrado. Nicola Mattioli Hary, un doctorando de la Universidad de Indiana, afirmó que parte de los documentos del cardenal fueron llevados en secreto a los Pirineos franceses. Por su parte, los historiadores de la Iglesia creen que el grueso de los papeles de Tisserant sigue posiblemente en los Archivos Secretos del Vaticano. El traslado de los documentos del cardenal se atribuye en parte a su relación a veces turbulenta con el papa Pablo VI. Según se cree, sus desavenencias tenían como motivo principal la administración de la Iglesia. En noviembre de 1970, Pablo VI promulgó un decreto según el cual los cardenales que superaran los ochenta años no podrían votar en el cónclave. Tisserant, que entonces tenía ochenta y seis, pensó que la medida iba a dirigida expresamente, como algunas otras, a forzar su retiro.

En 1958, Tisserant era el decano del Colegio Cardenalicio y actuaba como camarlengo. Durante el cónclave celebrado ese año, algunos lo consideraron un posible candidato para reemplazar al papa, y se dijo que había recibido un pequeño número de votos en las primeras rondas de votaciones. Pero por entonces seguía siendo improbable que saliera elegido un prelado nacido fuera de Italia. El 28 de octubre fue elegido papa el cardenal Angelo Roncalli, que escogió el nombre de Juan XXIII. Hubo once votaciones a lo largo de cuatro días. Tisserant estuvo presente cuando Juan XXIII falleció de cáncer de estómago el 3 de junio de 1963, y fue el encargado de oficiar su misa fúnebre.

Todo lo que se sabe públicamente sobre los sentimientos y las sospechas de Tisserant respecto a la muerte de su amigo Pío XI se halla contenido en un puñado de informes diplomáticos y cartas personales. En una carta a un amigo bibliotecario de Míchigan escrita varias semanas después del fallecimiento del pontífice, Tisserant expresó únicamente pena y preocupación por cómo encararía el siguiente pontífice la situación mundial.

La muerte de Pío XI había supuesto

> *una gran pérdida para mí, y un gran dolor [...]. Ahora tenemos la terrible responsabilidad de elegir papa, y en las circunstancias más difíciles desde tiempos de la Revolución Francesa. Hay señales evidentes de que Alemania se prepara a marchas forzadas para la guerra. ¿Será capaz el próximo papa de hacer algo para impedir esa cosa horrible, la guerra?*

CAPÍTULO 13

El Nuevo Régimen

El Vaticano, 1 de marzo de 1939

LOS PERIODISTAS RECIBIERON permiso para visitar la Capilla Sixtina la noche antes de que los sesenta y dos cardenales se reunieran en ella a puerta cerrada. Los mullidos sillones de terciopelo se habían colocado formando una herradura frente a las paredes decoradas con frescos de escenas bíblicas: *El viaje de Moisés a Egipto* y *La entrega de las llaves* de Perugino, *La tentación de Cristo* y *El castigo de los rebeldes* de Sandro Botticelli, y *La última cena* de Cosimo Rosselli, todos ellos coronados por los frescos del techo abovedado que Miguel Ángel completó en 1512. Algunas de las imágenes estaban agrietadas y empañadas por el paso de los años, pero el ojo buscaba aún *La creación del hombre*: Dios tendiendo la mano desde lo alto al primer hombre, la vida humana condenada a no poder alcanzar lo divino para toda la eternidad.

Al abandonar la capilla cuando empezaban a llegar los cardenales, Camille Cianfarra, la corresponsal del *New York Times*, distinguió a monseñor Joseph Hurley, que había sido una excelente fuente de información para los periodistas estadounidenses. Cianfarra le preguntó quién creía que saldría elegido. «Lo sabrá muy pronto, creo», contestó Hurley. «No me sorprendería que tuviera la respuesta mañana mismo».

De los sesenta y dos cardenales, cincuenta y cinco eran europeos. Entre estos últimos se contaban treinta y cinco italianos. Aunque votaran en bloque, los italianos necesitaban los votos de otros países para alcanzar los cuarenta y dos votos necesarios para elegir pontífice. Había tres cardenales de Estados Unidos, uno de Quebec, uno de Asia y dos de América Latina. Los latinoamericanos fueron los últimos en llegar: Sebastiano Leme da Silveira Cintra, de Brasil, y Santiago Luis Copello, de Argentina. Todo el mundo creía que el nuevo papa sería un italiano. Desde la elección del inglés Adrián VI en 1522, no había vuelto a haber un papa nacido fuera de Italia. Aquel no parecía un momento para la experimentación, si bien seguía mencionándose a Tisserant y a varios cardenales americanos como posibles candidatos.

No había modo de sustraerse a la omnipresencia de la Alemania nazi cuando los cardenales llegaron a Roma. Una esvástica ondeaba en el mástil de un barco en el puerto de Nápoles a la llegada de los cardenales George Mundelein, de Chicago, y Dennis Dougherty, arzobispo de Filadelfia. El tercer cardenal estadounidense, William O'Connell, vio ondear otra por encima del balcón de su hotel en el centro de Roma, donde también se alojaban simpatizantes nazis y fascistas pertenecientes a la Organización Nacional de Mujeres.

Esa tarde, el gentío congregado en la Plaza de San Pedro ovacionó a los cardenales a su llegada a pie para dar comienzo al cónclave. A media tarde, antes de la tradicional ceremonia de apertura, se permitió acceder durante un rato a diversas personas ajenas al Colegio Cardenalicio. El cardenal O'Connell, que a sus setenta y nueve años tenía problemas de salud, fue el último en entrar y necesitó la ayuda de asistentes y colegas para subir los peldaños. O'Connell, arzobispo de Boston desde 1906, había oficiado en 1914 la boda de Joseph P. Kennedy y Rose Fitzgerald.

A eso de las seis de la tarde, las campanas de San Dámaso señalaron los últimos instantes antes de que los cardenales se reunieran a puerta cerrada. Por los pasillos del Vaticano se oyó resonar el tradicional grito latino: «*¡Extra omnes!*» («¡Todo el mundo fuera!»). La guardia suiza inspeccionó todas las salas y recorrió los alrededores de la capilla para cerciorarse de que solo estaban presentes los cardenales. A las 6:17 de la tarde se cerraron las puertas de la Capilla Sixtina. Se oyó cómo giraban tres llaves al otro lado, y un guardia giró otras tres por el lado exterior de la puerta.

Tanta relevancia se concedía al cónclave que los periodistas se mantuvieron en vela desde un apartamento alquilado y montaron un telescopio que apuntaba hacia la pequeña chimenea de hojalata que sobresalía por encima de la Capilla Sixtina. Después de cada votación, el humo negro señalaba que aún no se había elegido papa. La fumata blanca indicaba que había nuevo papa. Eran muchos los que suponían que el cónclave duraría días o incluso semanas.

Los cardenales habían ocupado sus puestos alrededor de la capilla, ataviados con los hábitos purpurados de rigor, abotonados por la parte delantera. Esa tarde no votaron. Los guardias suizos que custodiaban la entrada a la capilla vieron arder velas a través de las ventanas opacas de las salas donde los cardenales iban a pasar la noche. Se habían retirado relativamente temprano.

Los cardenales volvieron a reunirse el martes 2 de marzo por la mañana, día en que, casualmente, el cardenal Eugenio Pacelli cumplía sesenta y tres años. Inmediatamente, Pacelli recibió treinta y cinco votos, siete menos de los dos tercios necesarios para la elección del nuevo pontífice. Los cardenales votaron de nuevo a última hora de la mañana, y esta vez cuarenta votaron a favor de Pacelli. El procedimiento se vio interrumpido entonces porque el fogón que se usaba para quemar los votos se atascó y empezó a entrar humo en la Capilla Sixtina. Los cardenales se vieron obligados a abandonar la sala y a llamar a la brigada contraincendios del Vaticano, que extinguió las llamas y despejó el humo.

Por la tarde regresaron a la capilla y votaron una vez más. Esta vez, Pacelli alcanzó los cuarenta y dos votos. Si aceptaba, se convertiría en el nuevo papa. Varios cardenales que fueron testigos de aquel instante declararon que, al darse cuenta de lo que había pasado, Pacelli escondió la cabeza entre las manos.

En ningún momento, sin embargo, había habido una oposición seria a la candidatura de Pacelli como nuevo papa, y todas las especulaciones ajenas a aquella sala sobre otros candidatos carecían de sentido. Uno de los partidarios de Pacelli diría después: «No teníamos en contra nada más que un puñado de polvo».

Los otros cardenales se volvieron a Pacelli y aguardaron su decisión. Pacelli aceptó y dijo:

—Deseo que se me llame Pío XII porque toda mi vida eclesiástica, toda mi carrera, ha transcurrido bajo pontífices con ese nombre y en especial porque tengo contraída una deuda con Pío XI, a quien he de agradecerle el afecto que me demostró siempre.

El cónclave había acabado. Se había elegido nuevo pontífice en tiempo récord, en menos de veinticuatro horas y tras solo tres votaciones.

Pacelli tenía razón al decir que debía mucho al apoyo de Pío XI. Irónicamente, sin embargo, el nombre que eligió para su pontificado solo sirvió para eclipsar el de su predecesor. A causa de lo que sucedería después, cuando los seglares oían pronunciar el nombre del papa Pío, daban por sentado que se estaba hablando de Pío XII, Eugenio Pacelli.

Se hicieron los preparativos de rigor antes de dar la noticia al mundo. Según el ritual, el flamante papa debía vestir de inmediato sus nuevos ropajes. Pacelli salió de la Capilla Sixtina, abandonó la Logia de Rafael y bajó la escalera que conducía a la Sala Regia. «De pronto perdió pie», informó el *New York Times*, «y cayó de bruces los últimos seis escalones». Por suerte solo se hizo algunas magulladuras sin importancia, como le había sucedido unos meses antes al accidentarse el coche en el que viajaba.

AL EMBAJADOR WILLIAM Phillips le apeteció ir a la plaza de San Pedro la tarde del 2 de marzo para ver si salía humo del tejado de la Capilla Sixtina. Tenía «la sensación de que estaba pasando algo», recordó, pero se perdió por poco la fumata blanca que emanaba de la chimeneíta de hojalata. «Encontré Piazza San Pietro llena ya en sus dos tercios y estaban colgando un tapiz del pequeño balcón encima de la entrada principal de la basílica». A los pocos segundos una voz amplificada resonó sobre la muchedumbre: *Habemus papam*, «Tenemos papa».

«Un tremendo entusiasmo estalló entre el gentío», comentó Phillips. «Agitaron todos el sombrero y los vítores hicieron retumbar la *piazza*. Todas las caras estaban vueltas hacia San Pedro y entonces comenzó a sonar un lento cántico entonado por el coro invisible de la Sixtina. Fue un momento impresionante».

En un par de horas se había hecho de noche y la luna llena proyectaba sombras entre la columnata de San Pedro. Los operarios del Vaticano colgaron banderines adornados con la mitra papal sobre la balaustrada, delante del balcón del pontífice. Aquel era el centro de todas las miradas. Poco después de las seis de la tarde, Phillips vio aparecer «al nuevo papa en el balcón y la muchedumbre se arrodilló reverentemente ante él». Vestido de blanco, Pío XII bendijo al gentío, las dos manos levantadas hacia el cielo. «Como el balcón no estaba iluminado por focos, costaba verle la cara con claridad. La muchedumbre estaba otra vez entusiasmada», relató Phillips. «Era una curiosa mezcla de fervor, alegría y agitar de sombreros, pero era evidente que la elección de Pacelli gozaba del favor del público».

El Vaticano, 12 de marzo de 1939

Eugenio Maria Giuseppe Giovanni Pacelli fue coronado con la mitra papal diez días después, el domingo 12 de marzo.

Caroline Phillips, bien situada para asistir a la coronación, consignó por escrito sus observaciones. Escribió:

> *Hacía una mañana deliciosa, despejada, soleada y nada fría y, cuando cruzamos en coche el Tíber y pasamos junto a la torre de Sant'Angelo, la luz suave, diáfana y perlada de primera hora del día era tan hermosa que te dejaba sin respiración. Conservaré siempre, espero, esa vívida imagen de deslumbrante pompa eclesiástica: la figura central alta, ascética, demacrada, serena y distante con los ojos cerrados de un antiguo Buda camboyano [sic], absorbiendo en sí lo más místico, sagrado y hermoso del antiguo ritual. Parecía moverse en un mundo aparte, estar viviendo en lo más hondo de su alma una gran experiencia espiritual.*

Para entonces, Estados Unidos había resuelto un problema diplomático menor relativo a la coronación del papa. Pese a hallarse en Roma, el embajador William Phillips no estaba acreditado en la Santa Sede, y el Gobierno de Estados Unidos aún no había decidido retomar las relaciones diplomáticas con el Vaticano. Por motivos distintos, ni la Santa Sede ni Estados Unidos querían dar la impresión de que existía una relación demasiado estrecha entre el presidente Roosevelt y el Vaticano.

Roosevelt decidió enviar como representante oficial de su Gobierno a Joseph Kennedy, embajador de Estados Unidos en Gran Bretaña. Phillips y Caroline se sentaron discretamente a cierta distancia de los delegados oficiales, el embajador Kennedy y su esposa, Rose. Caroline se había fijado especialmente en uno de los guapos hijos del embajador que también estaba en la ciudad: John (Jack) Fitzgerald Kennedy, un joven de veintiún años estudiante en Harvard. Los Kennedy, incluidos Jack y dos de sus hermanas, Eunice y Kathleen, habían ido a cenar a casa de los Phillips la noche anterior. Jack Kennedy pasaba últimamente mucho tiempo con su padre en la embajada de Londres, aprendiendo el oficio diplomático y viajando por Europa cuando no estaba estudiando.

Los mandatarios reunidos para la coronación habían esperado durante horas. Al poco de dar las diez, se vio entrar por fin al nuevo pontífice. Caminó lentamente hacia el trono de San Pedro. «Después de que Su Santidad tomara asiento en el trono, cambiaron su mitra enjoyada por otra sencilla de tejido dorado», dijo el embajador Phillips comparando impresiones con su esposa.

Un coro invisible cantó a lo largo de toda la misa, que duró dos horas y media. «Luego siguió la procesión de todos los cardenales hasta el trono, besando cada uno su anillo [...]. Me fijé en que los cardenales más importantes no besaban los pies del papa [...]. Algunos eran muy mayores y estaban muy débiles y había que ayudarlos a subir y bajar los escalones que llevaban al estrado». Conforme a la tradición, un prelado se paraba ante el papa tres veces durante la ceremonia y entonaba el *Sic transit gloria mundi* [Así pasa la gloria del mundo], un recordatorio de que también él moriría algún día.

En su primer mensaje, el nuevo pontífice solo se refirió de manera indirecta a la situación mundial. «Invitamos a todos a la paz de conciencia», dijo, «serenos en la amistad con Dios [...], paz entre naciones mediante la ayuda mutua, la colaboración amistosa y el entendimiento cordial, por el bien común de la gran familia humana [...]. Tenemos ante nuestros ojos la visión de la grandes iniquidades contra las que pugna el mundo, al que es nuestro deber socorrer, desarmado pero fiado en la ayuda de Dios».

La prensa y diversos expertos se lanzaron a analizar por extenso cómo actuaría Pacelli como papa. Extrajeron conclusiones de su mención de la palabra «paz» dos veces en la misma frase: no tenían a mano nada más revelador. El uso de esa palabra, dijeron, indicaba que el pontífice se proponía auspiciar la paz. Pero ¿se enfrentaría a Hitler y a Mussolini como había hecho su predecesor?

Eso parecía. El nombre que había elegido, Pío XII, parecía significar algo. Muchos asumieron sencillamente que Pacelli (fiel servidor del papa y su auxiliar más visible) emularía la política del difunto pontífice.

Los analistas alabaron, en general, la elección de Pacelli. El embajador Phillips expresó la opinión mayoritaria al afirmar que «el hecho de que haya escogido el nombre de su antecesor es un modo de dar a entender al mundo que piensa continuar la enérgica política de Pío XI». Dorothy Thompson, del *New York Tribune*, comentó que su elección estaba «no solo en consonancia con el espíritu y la política de su predecesor [sino] en consonancia con su carrera diplomática». La misma impresión se tenía en Francia. «Los cardenales han dejado claro su deseo de proseguir la política enunciada rotundamente por Pío XI», comentó en su editorial el rotativo parisino *L'Époque*, «en contra de todas las doctrinas violentas y las que puedan aparecer en el futuro».

En el terreno diplomático hubo, no obstante, importantes divergencias de opinión. El cónsul general de Estados Unidos en Colonia (Alemania), Alfred Klieforth, informó al Departamento de Estado de que Pacelli, si bien era un diplomático veterano, se engañaba respecto a los nazis. El 3 de marzo comunicó a Washington que Pacelli le había comentado que, en su opinión, «Hitler no era un verdadero nazi y que a pesar de las apariencias acabaría en el bando de los extremistas nazis del ala izquierda, donde había comenzado su carrera». Otro crítico, el excanciller alemán Heinrich Brüning, al que Hitler derrocó en 1932 mediante una maniobra política, informó al Foreign Office británico de que conocía muy bien a Pacelli y consideraba que sus opiniones acerca de Hitler y Mussolini pecaban de una enorme ingenuidad.

Dentro de los muros del Vaticano había también voces disidentes, entre ellas la del cardenal Tisserant, que no solo se había negado a votar por Pacelli, sino que, según le confió a un amigo posteriormente, había dado su voto al cardenal jesuita de Génova Pietro Boetto, un voto perdido porque nunca se había elegido, ni se elegiría, a un papa jesuita. Entre quienes mantenían una actitud crítica respecto al nuevo pontífice pero guardaban silencio se hallaban Joseph Hurley, cuya relación con Pacelli siempre había sido fría y distante, y Gundlach, que dudaba de que Pío XII llegara a publicar una encíclica que condenara el antisemitismo. Gundlach describió lo que, fuera de los muros del Vaticano, casi nadie había advertido aún. Veía al nuevo pontífice como un hombre delgado que, como un junco muy fino, se mecía con la brisa, y temía que su voz fuera igual de fina y quebradiza.

Roma, 15 de marzo de 1939

Tres días después de la coronación papal, Hitler invadió lo que quedaba de la Checoslovaquia independiente, tomó Praga y se anexionó el país. Como había sucedido con Austria exactamente un año antes, el ejército alemán apenas encontró resistencia. Checoslovaquia ya no existía, y el plan de paz de Chamberlain había fenecido, tal y como predijera Pío XI.

El nuevo papa, que había instado a su predecesor a suscribir los Pactos de Múnich, no criticó en modo alguno la invasión alemana. Ya antes de su investidura había hecho todo lo posible por que el Vaticano evitara tomar partido y se mantuviera imparcial.

William Phillips advirtió que el diario vaticano, el *Osservatore Romano*, había rebajado el tono de su retórica y sustituido los vitriólicos ataques contra Italia y Alemania por un lenguaje mucho más moderado. También Gran Bretaña se percató de ello enseguida. «La postura del Vaticano cambió de la noche a la mañana», escribió el historiador británico Owen Chadwick. «Pío XI denunciaba el maltrato nazi a las iglesias, o arremetía contra las leyes antisemitas de Mussolini y defendía en general la justicia y la libertad. Todos esos objetivos loables se convirtieron de pronto en secundarios respecto a una meta suprema: la de ayudar a las potencias europeas a no destruirse las unas a las otras».

Los dignatarios británicos habían dado por sentado que la elección de Pacelli irritaría a Mussolini. Resultó, por el contrario, que sus felicitaciones eran sinceras. Ciano le dijo al embajador Charles-Roux que estaba «encantado con la elección. Me entiendo de maravilla con el cardenal Pacelli [...]. Su elección es un gran éxito para Italia».

El nuevo pontífice se reunió con el ministro de Exteriores italiano menos de una semana después de asumir el cargo y le comentó que tenía previsto «seguir una política más conciliadora que Pío XI», anotó Ciano en su diario. La conclusión que extraía Ciano era sucinta: «Creo que podemos llevarnos bien con este papa».

Los alemanes, por su parte, también estaban entusiasmados. Pacelli se puso casi de inmediato en contacto con la embajada alemana y a los pocos días de su elección mandó una carta amistosa a Hitler. Heinrich Himmler habló con Ciano acerca de las posibilidades de una mejora de las relaciones con la Santa Sede. «Les gusta el nuevo papa y creen que es posible un *modus vivendi*», anotó Ciano. «Le di ánimos en ese sentido, diciendo que un acuerdo entre el Reich y el Vaticano haría más popular al Eje».

Pío XII abogaba por las negociaciones de paz con Hitler y Mussolini por un lado y con las potencias occidentales por otro. Sus críticos argumentaban que las negociaciones iniciadas por el pontífice no redundaban en favor de la paz. Todo el mundo esperaba que el papa, que cualquier papa, promoviera la paz y «utilizara la autoridad de su elevado puesto para eludir la guerra que amenaza Europa», sostenía un editorial del *New York Times* publicado en mayo de 1939. Pero al pretender actuar como mediador e intermediario ecuánime entre el Eje y los Aliados, se enfrentaba al desafío, agregaba el periódico, de «generar una voluntad de paz en naciones que están dispuestas a recurrir a la violencia para lograr sus ambiciones».

Nueva York, 12 de marzo de 1939

John LaFarge escribió con entusiasmo en *America* acerca de la elección del nuevo pontífice. Daba por sentado que el papa Pacelli, como se le llamaba a veces, seguiría la política de Pío XI y haría suyo el legado de su predecesor. LaFarge nunca había hablado con él y solo lo había visto en dos ocasiones: en Budapest y, fugazmente, en el patio de Castel Gandolfo. Tenía, no obstante, motivos sobrados para abrigar la esperanza de que su trabajo viera todavía la luz en forma de encíclica.

LaFarge había leído lo que se comentaba acerca de las prioridades del nuevo pontífice. «En un sentido simplificador el nuevo papa es, naturalmente, «político». Durante años ha desempeñado con brillantez un importante cargo político [...] y ha tratado con los grandes líderes de la política mundial», escribió LaFarge.

Sin embargo, en otro sentido, LaFarge repetía lo que Pío XI había dicho a menudo: que la Iglesia es intrínsecamente apolítica. Sirve de guía y contempla la política como una parte de su misión espiritual, que ha de basarse en el ser humano y la moralidad.

«Para los gobiernos totalitarios», proseguía LaFarge, «ya sean comunistas, nacionalsocialistas o fascistas, es prácticamente imposible ver en el papado algo que no sea un rival de su autocracia estatalista».

LaFarge escribió que la civilización y la humanidad estaban en juego. La Iglesia «crea una devoción inquebrantable a los derechos humanos y el bien común. Si volvemos la vista hacia el difunto papa Pío XI, hallamos este principio ejemplificado en su propia vida y en sus declaraciones públicas». LaFarge daba por descontado que el nuevo pontífice seguiría el mismo camino.

En el Vaticano, el día 9 de abril, Domingo de Resurrección, o el lunes siguiente, Pío XII, nuevo jefe de la Iglesia Católica romana, se reunió con el superior de la Compañía de Jesús, Wlodimir Ledóchowski y sopesó las palabras de John LaFarge que condenaban el antisemitismo como un modo de racismo y un crimen de lesa humanidad. El papa Pacelli indicó que no había visto hasta entonces el borrador de la encíclica de LaFarge. Su buen amigo Ledóchowski comentó que, en su opinión, el documento carecía de objeto definido y era demasiado radical. El pontífice aceptó su dictamen. Ledóchowski no necesitó oír más.

Su asistente, Zacheus Maher, escribió a LaFarge el lunes para informarle de que el nuevo papa había rechazado la encíclica. El Vaticano ya no la quería y prohibía expresamente cualquier referencia a ella como documento papal. «Si lo desea, puede aprovechar su trabajo reciente y proceder a su publicación», añadía Maher. Pero «no debe hacer la menor alusión a la obra como vinculada en modo alguno con nada que le haya solicitado el difunto Santo Padre. El Señor sin duda le bendecirá por todo el esfuerzo y los sinsabores que le haya causado esta labor, aunque no vaya a tener el resultado que se pensó en un principio».

LaFarge y Gundlach intercambiaron varias cartas tras recibir, cada uno por su lado, noticias de la Santa Sede. LaFarge propuso a su amigo alemán que pactaran no publicar la encíclica por su cuenta, ni siquiera como documento independiente. Quizá de ese modo el nuevo papa cambiaría de idea y la publicaría algún día.

«Hay pocas probabilidades de que eso ocurra», le respondió Gundlach, pero estuvo de acuerdo en no publicar el texto de momento. A su modo de ver, el bloque «diplomático» del Vaticano (los que se oponían al estilo batallador del difunto pontífice) habían ganado la partida, era así de sencillo.

Gundlach recibió también una carta de Maher de parte de Ledóchowski de la que le habló a LaFarge.

«Puede imaginarse que me alteró muchísimo», escribió Gundlach, «no tanto por el contenido de la nota, que a fin de cuentas no me esperaba que tuviera otro cariz, como por la manera peculiar en que se ha tratado este asunto y se nos ha tratado a nosotros».

«Henos aquí», agregaba Gundlach, «a la espera de que se continúe la genuina línea de antaño». Pero se daba cuenta de que el papa Pacelli no tomaría partido en la batalla contra la marea creciente del nazismo. Algunos defendían al papa, añadía Gundlach, alegando que Pacelli «no se degradaría de ningún modo ni se saldría del buen camino, aunque sus decisiones y pronunciamientos sean menos vehementes y estén aquilatados con mayor precisión». Gundlach no estaba de acuerdo.

El jesuita alemán resumía, además, lo que creía que había ocurrido con la encíclica de Pío XI: la estrategia de dilación de Ledóchowski había dado resultado. El general de la orden había frustrado las intenciones del papa anterior y había aconsejado a su íntimo amigo, Pacelli, el nuevo pontífice, que descartara la encíclica sobre el racismo y silenciara a quienes la habían redactado. «Entre tanto, en todo caso, nuestro asunto ha corrido la misma suerte que la carne»: había muerto con el viejo papa.

Gundlach estaba resentido por el trato que habían recibido LaFarge y él mismo, pero, por encima de cualquier otra consideración, estaba convencido de que la encíclica merecía publicarse. Se esforzaba en vano por ver el lado positivo de aquel asunto. Daba las gracias a LaFarge por permitirle colaborar en la redacción del documento y por su amistad, y le expresaba lo mucho que había disfrutado ese verano trabajando en París.

Esta experiencia sirvió a los dos jesuitas para comprender cuál era el *modus operandi* del nuevo pontífice. Esa sería la postura de la Iglesia en medio de la guerra inevitable: mantenerse al margen mientras Europa se derrumbaba ante el avance del ejército alemán y los nazis llevaban a cabo su persecución de los judíos.

El Vaticano, 14 de agosto de 1940

El cardenal Tisserant nunca habló públicamente en contra del papa Pacelli. En un principio sufrió en silencio. Luego comenzó a quejarse en privado y directamente al nuevo pontífice sobre su política de neutralidad. Algunos sostenían que dicha política tenía como objetivo proteger al Vaticano y a los católicos europeos. Otros decían que no le correspondía al papa hacer declaraciones políticas. Tisserant disentía con vehemencia. «Le he pedido insistentemente al Santo Padre que promulgue una encíclica [condenando el nazismo y el fascismo]», comentó en una carta dirigida a otro eclesiástico. «Temo que la historia pueda reprocharle a la Santa Sede el haber seguido una política de conveniencia para sí y no haber hecho mucho más. Esto es sumamente triste, sobre todo para quien ha vivido bajo Pío XI».

Joseph Hurley, intérprete personal de Pío XI y mediador oficioso entre el Vaticano y la embajada de Estados Unidos, opinaba también que Pío XII debía levantar su voz. La guerra había comenzado en Europa con la invasión alemana de Polonia en septiembre de 1939. Chamberlain dimitió el 10 de mayo de 1940, reconociendo así finalmente que su política de apaciguamiento había sido un fracaso. Murió de cáncer seis meses después. El 10 de junio de ese mismo año, Italia se sumó a la guerra del lado alemán. Cuatro días después, la Wehrmacht de Hitler entraba triunfalmente en París tras conquistar Bélgica y Holanda.

Hurley dio un primer paso hacia la ruptura con el Vaticano cuando el 4 de julio de 1940, menos de un mes después de que París cayera presa de los nazis, hizo unas elocuentes declaraciones en inglés en Radio Vaticano. En su discurso, que pudo escucharse en Gran Bretaña y Estados Unidos, Hurley declaraba que había pasado la hora del pacifismo. «Sentimos simpatía por los pacifistas, pero se equivocan», afirmó. «No hay una sola palabra dentro de los Evangelios o en la doctrina papal que sugiera que haya que dejar indefensa a la justicia, que no merezca la pena morir por ella [...]. La Iglesia no es un objetor de conciencia».

Hurley, el estadounidense de mayor rango dentro de la Secretaría de Estado del Vaticano, se había extralimitado en sus declaraciones aun a sabiendas de que al nuevo papa no le gustaban los comentarios categóricos. Su declaración suponía una vuelta a los tiempos del pontífice anterior, su amado benefactor. El discurso de Hurley se emitió sin que su autor se identificara, pero los periodistas del Vaticano reconocieron su voz.

El *Times* de Londres informó sobre ello afirmando que aunque el *Osservatore Romano* «no publica actualmente comentarios sobre la guerra», las palabras de Hurley demostraban que «el Vaticano sigue permitiendo declaraciones enunciadas con contundencia». Es muy probable que el discurso de Hurley no estuviera autorizado por el papa ni por ningún otro dignatario del Vaticano. Hablaba como un estadounidense leal y un hombre de fuertes convicciones morales.

Hurley nunca había contado con las simpatías de Pacelli, y su franqueza resultaba muy visible. Siguió colaborando estrechamente con los delegados de Estados Unidos en Roma, en especial con Myron Taylor, que había sido nombrado enviado personal del presidente Roosevelt en el Vaticano. El papel de Hurley como intermediario con el embajador Phillips se vio por tanto restringido, para desilusión de ambos.

Phillips permaneció en Italia un año y medio más, cooperando con Taylor en sus vanos esfuerzos por disuadir a Mussolini de que luchara del lado de Hitler. Abandonó su puesto en Italia en octubre de 1941 para pasar a dirigir la Oficina de Servicios Estratégicos (OSS) de Estados Unidos en Londres. La OSS fue el organismo precursor de la Agencia Central de Inteligencia (CIA). Phillips siguió sirviendo a Roosevelt y al presidente Truman en diversos puestos diplomáticos a lo largo de la década de 1940. Él y su esposa, Caroline, se retiraron posteriormente a su casa de Beverly, Massachusetts. Caroline siguió llevando un diario hasta su muerte en 1965, a los ochenta y cuatro años. Su marido falleció tres años después, a los ochenta y nueve.

A Pío XII se le presentó muy pronto la ocasión de expulsar a Hurley del Vaticano. El 12 de agosto se supo que había fallecido Patrick Barry, arzobispo de Saint Augustine, Florida. Cuatro días después, Hurley fue designado intempestivamente para sustituirle. En circunstancias normales, el nombramiento de un nuevo obispo requería meses de deliberaciones. La elevación de Hurley a obispo de Saint Augustine se presentó como un ascenso y se llevó a cabo con alabanzas y palabras encomiásticas.

Pero la jerarquía eclesiástica sabía que Hurley estaba siendo desterrado del Vaticano. El obispado de Saint Augustine se consideraba un destino de poca monta para un funcionario pontificio de tan alto rango. Hurley fue apartado por atreverse a hablar en contra de los nazis, rindiendo así un solitario tributo a su mentor, Pío XI. Uno de los primeros actos del nuevo pontífice fue nombrar a Francis Spellman, el predecesor de Hurley, como principal representante de Estados Unidos en el Vaticano. Spellman se convirtió en arzobispo de Nueva York el 15 de abril de 1939 y siete años después accedió a la dignidad cardenalicia.

Incluso estando en Florida, Hurley se hizo notar como una de las figuras eclesiásticas más activas dentro de Estados Unidos en el transcurso de la Segunda Guerra Mundial. Así, por ejemplo, el 6 de julio de 1941 habló con orgullo de los preparativos de guerra estadounidenses en la cadena de radio CBS, diciendo a modo de prefacio que sus palabras no respondían «a ningún mandato del Vaticano [...], solo a mi propia autoridad». Repitió la condena de Pío XI de «la cruz torcida del nacionalsocialismo», una expresión acuñada por el propio Hurley, y agregó que el pontífice anterior ya había avisado de que se habían «desvelado intrigas nazis que apuntaban nada menos que a una guerra de exterminio».

No criticó a Pío XII. Por el contrario, alabó su intento de negociar la paz. Dijo, sin embargo, que era hora de prepararse para una conflagración inevitable. «El papa Pío XII no ha cesado de levantar Su voz en contra de las iniquidades del totalitarismo» y a favor de la paz. «Ya es historia, desde luego, que fracasamos», agregó. «Fracasamos porque una nación, arrogantemente confiada en su poder armamentístico, quería la guerra. Esta guerra es obra de Alemania [...]. No podemos, no debemos, esperar el comienzo de las hostilidades [...]. Oremos por la paz pero preparémonos para la guerra».

Después de la guerra se requirió ocasionalmente su presencia en la Santa Sede para realizar alguna que otra tarea diplomática. Hurley, sin embargo, siguió siendo obispo de Saint Augustine hasta su fallecimiento en 1967. Amargado y desilusionado, se volvió cada vez más conservador y gobernó su diócesis de Florida con mano tan firme como su querido mentor Pío XI había gobernado el Vaticano.

EPÍLOGO

Nueva York, 20 de mayo de 1963

LA SALA DE DESCANSO de Casa América había quedado en silencio. Solo se oía la voz de John LaFarge mientras relataba la historia de su verano en Europa, en los días que precedieron al comienzo de la guerra.

LaFarge estaba detallando la historia que él mismo había contado en sus memorias de 1954, *The Manner Is Ordinary* [Un talante corriente]. En aquel momento describió su encuentro con Pío XI como un debate acerca del racismo y el antisemitismo. «Había leído mi libro *Interracial Justice* y le había gustado el título», escribió LaFarge.

> *«Interracial Justice, c'est bon», dijo el papa, pronunciando el título como si estuviera en francés. Dijo que le parecía que mi libro era el mejor escrito sobre la materia, y lo comparó con otra literatura europea. Naturalmente, me sentí muy halagado.*

LaFarge siguió promoviendo los derechos humanos el resto de su vida a través de libros, de artículos en *America* y de conferencias por todo el país. Le llovieron los premios: el Premio Católico Internacional de la Paz (1955), el premio a la Justicia Social del Consejo de las Religiones y el Trabajo (1957), compartido con Martin Luther King, y el del Comité Judío Americano (1962), además de diversos galardones periodísticos. Entre sus libros destacan *A Catholic Viewpoint on Racism* (1956) [Un enfoque católico sobre el racismo] y *An american amen* (1958) [Un amén americano]. «La vida de un sacerdote», escribió en este último, «se asemeja a un puente entre Dios y el hombre». En 1963 vio la luz su último libro, *Reflections on Growing Old* [Reflexiones sobre el hecho de envejecer].

Pese a todo, seguía teniendo clavada la espina de su encuentro con Pío XI. En *The Manner Is Ordinary* escribió a modo de conclusión: «Si estuviera otra vez en Roma, sin duda me pasaría a verlo. Tal vez quisiera volver a hablar conmigo sobre el tema y tuviera nuevas ideas».

El papa había esperado que regresara en persona ese mismo año con la encíclica terminada.

En 1963 reveló por fin lo que había sucedido realmente durante su conversación con el pontífice.

Les dijo a sus amigos que había confiado en Wlodimir Ledóchowski. Sus hermanos jesuitas comprendían que su lealtad y su consideración hacia el superior de la orden eran primordiales. ¿Cómo iba a saber LaFarge que estaba mintiendo?

Ledóchowski había muerto el 13 de diciembre de 1942, a la edad de setenta y seis años, unos cuatro después del fallecimiento de Pío XI. Un jesuita que trabajaba con él afirmó que siempre se cubría las espaldas y que no había dejado ningún documento comprometedor.

LaFarge sabía, no obstante, que había fallado. El papa le había pedido que regresara para hacerle entrega de la encíclica en persona. Había, sin embargo, circunstancias atenuantes que le habían impedido ver de nuevo a Pío XI: la enfermedad, la muerte y la presión que ejercía sobre él la personalidad de Ledóchowski.

Walter Abbott, uno de sus compañeros jesuitas más veteranos en la residencia America House, formuló al «tío John» una pregunta elemental sobre el papel que había cumplido Ledóchowski.

«Le pregunté si creía que el padre general había saboteado la encíclica», declaró Abbott.

LaFarge respondió que sí, que creía que Ledóchowski había bloqueado la publicación de la encíclica. «No me explico por qué» había hecho tal cosa, añadió LaFarge. En todo caso, agregó, seguramente a esas alturas ya no importaba. Según le dijo Abbott, creía que «Pío XI estaba demasiado débil y poco lúcido» para seguir adelante con la publicación de la encíclica.

LaFarge, movido por la obediencia a Ledóchowski y por su necesidad íntima de estar con su familia, había tomado una decisión difícil y hasta cierto punto defendible. Ahora, sin embargo, se arrepentía de su decisión de regresar a casa. Podría haber entregado la encíclica al papa en mano. «Cometí un error al hacer lo debido», les dijo a los otros jesuitas.

Luego se levantó y, arrastrando lentamente los pies, salió de la habitación para irse a la cama. Después de que se marchara, Abbott miró a los demás. «Nos contó la historia completa [...]. Nos dejó fascinados. Llevaba veinte años viviendo con él y era la primera vez que oía hablar de ese proyecto».

Unas semanas después, el presidente John F. Kennedy invitó a LaFarge a la Casa Blanca para asistir a una reunión de líderes religiosos en la que se debatirían «ciertos aspectos del problema de los derechos civiles en este país. Este asunto merece atención seria y urgente y estaría encantado de que asistiera usted al encuentro que va a celebrarse en la Sala Este de la Casa Blanca».

El encuentro era un paso más en el compromiso de la Administración Kennedy a favor de la igualdad formativa y de oportunidades para la población negra de Estados Unidos. Durante los meses siguientes, sin quejarse nunca de cansancio o dolor de piernas, LaFarge se volcó en los preparativos para la marcha sobre Washington de Martin Luther King y en el alud de medidas legislativas en torno a los derechos civiles. El día de agosto en que se celebró la marcha estaba demasiado débil para recorrer un largo trecho andando, pero se empeñó en estar presente y fue llevado hasta la primera línea de la manifestación a hombros de otras personas. Fue un gesto digno de él: sabía que, al final, el sueño de King se haría realidad en una nueva generación «en la que los niños no sean juzgados por el color de su piel, sino por el conjunto de su carácter».

Al ser entrevistado por un periodista del *New York Times*, afirmó que los derechos civiles constituían un asunto vital para el porvenir de Estados Unidos: «Afecta a los derechos fundamentales de todos, no solamente de los negros, sino de la población en su totalidad. Esta cuestión, la del bien y el mal, nos incumbe a todos».

Bromeó con una sobrina sobre el hecho de que lo hubieran llevado a hombros ese día, quitando importancia al asunto. «A fin de cuentas, el mecanismo acaba por averiarse pasado un tiempo», escribió. «Qué maravilla que haya funcionado tanto tiempo».

TRES MESES DESPUÉS, el 9 de noviembre de 1963, LaFarge apareció en público por última vez junto a Martin Luther King para presentar al líder del movimiento por los derechos civiles en el hotel Statler Hilton de Nueva York. A King le concedieron ese día la Medalla de San Francisco por su trabajo en pro de la paz a través de la no violencia. Fue una de las escasísimas apariciones de LaFarge, que ya había empezado a rechazar invitaciones para asistir a encuentros y celebrar conferencias.

El 22 de noviembre de ese mismo año prefirió quedarse en casa, en la sede de la revista *America*, en lugar de servir de guía a un sacerdote que estaba de visita en la ciudad, algo que por lo general le encantaba hacer. A eso de mediodía, se enteró de que el presidente Kennedy había sido asesinado en Dallas. LaFarge quedó consternado. Al igual que todo el país, los jesuitas de America House vieron desarrollarse la historia por televisión: la muerte del joven presidente, el traslado del cadáver a Washington, las manifestaciones de duelo en la capilla ardiente instalada en la cúpula del Capitolio, y la primera declaración pública del nuevo presidente, Lyndon Johnson.

La mañana del domingo 24 de noviembre de 1963, John LaFarge desayunó y se puso a ver las noticias en televisión. A mediodía se retiró a su cuarto para dormir la siesta, seguramente antes del impactante homicidio televisado de Lee Harvey Oswald, el asesino del presidente. Los otros jesuitas pasaron la tarde pendientes de las noticias.

A eso de las cuatro, uno de los hermanos más jóvenes, C. J. McNaspy, fue a ver a LaFarge. Al llamar a la puerta y no recibir respuesta, entró en la habitación. LaFarge estaba completamente vestido y tumbado en la cama, inmóvil. Se había quitado las gafas tras leer el periódico que tenía a mano. McNaspy se dio cuenta de lo que ocurría y salió corriendo de la habitación.

—¡El tío John está muerto! ¡El tío John está muerto! —les gritó a los otros.

LaFarge había muerto apaciblemente en algún momento de esa tarde.

El editor en jefe de *America* en aquel momento, Thurston N. Davis, declaró que entre los jesuitas la pena era tan grande que parecía que «la Tierra entera sufría».

«No puedo evitar sentir que la tragedia de Dallas ha tenido algo que ver en ello», afirmó David. «Uno de los padres lo ungió y llamó a la policía para que trajera a un médico. Cuando la policía examinó su cuerpo en busca de "objetos de valor", un procedimiento rutinario, encontraron dos rosarios muy gastados».

El 27 de noviembre de 1963, el cardenal Richard Cushing de Boston, que dos días antes había oficiado el funeral del presidente Kennedy, fue el encargado de celebrar la misa fúnebre por John LaFarge, de la Compañía de Jesús, quien había escogido un camino que lo retrataría a ojos del mundo como un hombre corriente. Cushing, una fuerza progresista dentro de las relaciones entre católicos y judíos, conocía a LaFarge desde hacía al menos cuarenta años y centró su discurso en la exhortación de LaFarge a los católicos para que se sumaran al movimiento por los derechos civiles.

«Atesoremos el recuerdo de este gran cruzado de la verdad. Y el mejor modo de hacerlo no es solo mediante nuestras oraciones, sino perpetuando más y más el espíritu maravilloso de la labor interracial católica».

LA ÚLTIMA CRUZADA del papa Pío XI contra los nazis se conoció tras la muerte de LaFarge. Los sacerdotes que revisaron los papeles del jesuita encontraron el borrador de la encíclica contra el antisemitismo y comenzaron a hablar de ello. La primera gran revelación se produjo el 15 de diciembre de 1972 con la publicación en *National Catholic Reporter* de un extenso reportaje sobre LaFarge y la encíclica firmado por el editor asociado Jim Castelli.

«La encíclica, de haberse publicado, habría roto el muy criticado silencio del Vaticano acerca de la persecución de los judíos en Europa antes y durante la Segunda Guerra Mundial», escribió Castelli.

Los portavoces del Vaticano rechazaron la idea de que el documento pudiera clasificarse siquiera como encíclica, arguyendo que no estaba claro que el papa hubiera decidido publicarla finalmente. En 1973, el reverendo Burkhart Schneider, funcionario pontificio, describió el texto como «especulativo, teorético y [escrito en]un estilo trabajoso que se asemeja más a la manera de pensar de Gundlach que a la de LaFarge». Además, afirmó, la presentación del borrador estuvo motivada por el deseo de Pío XI de conmemorar el décimo aniversario del Concordato con Italia. Su fallecimiento, sin embargo, hizo que «el texto acabado, junto con muchos otros sobre diversos temas, acabara en el silencio de los archivos».

Es cierto que probablemente el papa habría corregido y limado, incluso acortado, la encíclica. Publicó treinta y dos encíclicas a lo largo de su pontificado, una media de dos por año. Algunas eran cortas; otras, tan largas como la de LaFarge. El pontífice las revisó y las corrigió todas.

El artículo de *National Catholic Report* citaba por extenso el texto de la encíclica, que se hacía así público por primera vez. Citaba asimismo cartas entre LaFarge y Gundlach acerca de su misión secreta y algún que otro documento más.

El reportaje estaba basado en la investigación de un joven sacerdote, Thomas Breslin, que había descubierto las cartas y el borrador de la encíclica entre los papeles personales de LaFarge. Breslin se puso en contacto con *NCR* después de leer que el cardenal Tisserant sospechaba que Pío XI había sido asesinado. En 1995, Georges Passelecq y Bernard Suchecky escribieron un libro sobre la encíclica basado en parte en el material encontrado por Breslin. El libro, escrito en francés y traducido al inglés en 1997 con el título *Un silencio de la Iglesia frente al fascismo: la encíclica de Pío XI que Pío XII no publicó*, incluye una traducción inglesa de la encíclica hecha a partir de la versión francesa.

En aquel entonces aún no estaban disponibles diversos elementos de la historia: así, por ejemplo, los archivos de Pío XI, que los Archivos Secretos del Vaticano abrieron en 2006, y los archivos completos de Edward Stanton conservados en la Biblioteca Burns del Boston College, que incluían informes y documentos anteriormente desconocidos y extraídos de los papeles de LaFarge. Stanton, un jesuita canadiense, escribió sobre LaFarge y la encíclica en su tesis doctoral. Cuando en 1970 comenzó a impartir clases en el Boston College seguía trabajando sobre el tema, recabando material y haciendo nuevas pesquisas para un libro que iría mucho más allá que su tesis doctoral. Sus archivos incluían copias originales del borrador de la encíclica en inglés, así como papeles y notas desconocidos hasta ese momento. Entre ellos estaba el borrador original de la carta que LaFarge escribió al papa el 28 de octubre de 1938, en francés, y una nota sin fechar dirigida a Stanton por el reverendo Walter Abbott, el viejo amigo de LaFarge que estaba presente la noche del 19 al 20 de mayo de 1963, cuando LaFarge contó la historia a sus compañeros jesuitas.

Los archivos pontificios revelaron por primera vez una copia de la carta con la que Ledóchowski acompañó la presentación de la encíclica al papa el 21 de enero de 1939, lo que, junto a los comentarios del propio Pío XI durante su encuentro con estudiantes antifascistas la semana posterior, brinda pruebas circunstanciales de que el pontífice tuvo la encíclica en su poder.

Stanton murió de un ataque al corazón mientras corría el 13 de marzo de 1983, y el material acerca de LaFarge permaneció oculto entre sus papeles personales, custodiados por la Biblioteca Burns del Boston College. El borrador original de la encíclica que figura en este archivo, y que incluye correcciones manuscritas del propio LaFarge, es similar pero no idéntico a las versiones del documento publicadas con anterioridad.

Otras fuentes incluyen los diarios inéditos de William Phillips, conservados en la Biblioteca Houghton de la Universidad de Harvard, y sus memorias publicadas a título privado, *Ventures in diplomacy* [Andanzas diplomáticas]. El diario de Caroline Drayton Phillips puede consultarse en la Biblioteca Schlesinger del Instituto Radcliffe de Estudios Avanzados, Universidad de Harvard.

Los archivos de Pío XI se abrieron a los investigadores en 2006. El material acerca de las relaciones del papa con otros miembros de la curia pontificia y otros documentos de referencia proceden de los magníficos estudios de la profesora Emma Fattorini, de la Universidad La Sapienza de Roma, quien comenzó entonces a examinar los archivos de Pío XI. Su obra y la de otros estudiosos (entre ellos los historiadores David Kertzer, de la Universidad de Brown; Robert Maryks, de la Universidad de Nueva York; Frank J. Coppa, de la Saint John's University y Hubert Wolf, de la

Universidad de Munster) se basa en años dedicados a la investigación. Estoy en deuda con todos ellos. Los papeles del obispo Joseph Hurley, que también fueron consultados para este libro, se conservan en los archivos de la diócesis de Saint Augustine (Florida).

Durante la redacción del presente volumen se hizo evidente que parte del material no había visto aún la luz. Hurley guardaba cuadernos semejantes a diarios en los que fue anotando pensamientos al azar a lo largo de su vida. En una anotación de sus últimos años comentaba que pensaba reunir estos cuadernos y otros materiales para escribir sus memorias. Las notas se encuentran en sus papeles de Saint Augustine, pero el material relativo a su época romana parece haber desaparecido de los archivos. El jesuita Charles Gallagher, antiguo archivero de Saint Augustine, y el profesor Michael Gannon, historiador y exsacerdote afincado en Florida que fue ayudante de Hurley, afirman que las autoridades vaticanas se pusieron en contacto con la diócesis de Saint Augustine. Partes sin especificar de los papeles de Hurley fueron extraídas de los archivos y al parecer trasladadas al Vaticano en algún momento tras la muerte del obispo. Gannon afirmaba que había encontrado los cuadernos en el escritorio de Hurley tras su fallecimiento, pero no está claro dónde acabaron las anotaciones romanas a las que se refería Hurley.

En el caso del cardenal Tisserant, no hubo, que se sepa, seguimiento alguno del artículo aparecido en 1972 en el *New York Times* que informaba de un litigio en torno a sus archivos personales, cuyo rastro se ha perdido por completo. Los Archivos Secretos del Vaticano informaron en 2010 de que están catalogando archivos que cubren el papado de Pío XII, millones de documentos que pueden brindar nueva información. Se espera que dicho material esté disponible en 2015.

LA TENTATIVA DE PÍO XI de utilizar su voz como un arma seguía siendo materia de controversia setenta y cinco años después de los hechos. Históricamente, la figura de Pío XI se ha visto eclipsada por la de Eugenio Pacelli, su sucesor en el cargo con el nombre de Pío XII y antiguo secretario de Estado. Pacelli ha sido objeto tanto de adulación como de censura por el papel que desempeñó durante la Segunda Guerra Mundial. Dicho papel no es el tema de este libro, pero ha sido tratado ampliamente en decenas de estudios, ensayos, artículos y obras de ficción. Se argumentaba, por un lado, que el papa Pacelli podía haber hecho más. Albert Camus se encargó de resumir este argumento en 1948. «Durante esos años terribles esperé mucho tiempo que se alzara una voz en Roma», declaró en un encuentro con frailes dominicos. «Parece ser que esa voz se alzó, pero les juro que millones de hombres, entre los que me incluyo, jamás la oyeron».

Pío XII se refirió una vez indirectamente a su enfoque de la cuestión. Empezada ya la guerra, un redactor del *Osservatore Romano*, Edoardo Senatro, le preguntó si consideraba la posibilidad de criticar las atrocidades nazis. El papa Pacelli respondió: «No debe olvidar, querido amigo, que en el ejército alemán hay millones de católicos. ¿Le gustaría crearles un conflicto de conciencia?».

Su búsqueda de la imparcialidad política no le impidió dar cobijo a judíos y a otros refugiados en Castel Gandolfo, ni respaldar diversas iniciativas individuales que posiblemente salvaron a decenas de miles de judíos. Yo mismo paseé por los jardines de Castel Gandolfo un día de otoño de 2011 y pude entrar en las estancias con arcadas de ladrillo en las que, gracias a Pío XII, muchos judíos se salvaron de los nazis.

Las críticas contra el papa Pacelli se centraron, no obstante, en lo que podría haber hecho la Santa Sede para detener la matanza sistemática de judíos por parte del régimen nazi. Ya en febrero de 1942 el Vaticano tenía información fiable acerca de las ejecuciones masivas que se estaban llevando a cabo en los campos de concentración nazis. El arzobispo de Cracovia (Polonia) Adam

Stefan Sapieha hizo llegar un mensaje al Vaticano informando de que «vivimos en el terror, constantemente en peligro de perderlo todo si intentamos escapar, de vernos arrojados en campos de los que muy pocos salen con vida. Para dejar claro el alcance del desastre», añadía, «no hay diferencia entre judíos y polacos».

Tras el fallecimiento de Pío XII a la edad de ochenta y dos años, el 9 de octubre de 1958, se dejaron oír algunas críticas. Domenico Tardini, el prelado que, a instancias de Pacelli, había ayudado a destruir las copias del último discurso de Pío XI a los obispos, el 11 de febrero de 1939, declaró que Pacelli era «por temperamento natural, dócil y más bien tímido. No había nacido con talante de luchador. En eso no se parecía a su gran predecesor, Pío XI, que disfrutaba, al menos en apariencia, con el conflicto. Pío XII sufría visiblemente».

En el siglo xx fueron elegidos ocho papas. El primero de ellos en ser canonizado fue Pío X, cuyo pontificado se extendió entre 1903 y 1914. Otros cinco han sido considerados candidatos a la santidad, entre ellos Juan XXIII, Pablo VI y Juan Pablo I. Juan Pablo II, que murió en 2005, fue beatificado por Benedicto XVI en 2011 como paso previo a su canonización. Pío XII va camino de la beatificación, lo que requiere pruebas de que obrara actos milagrosos. El sacerdote a cargo del proceso, Peter Gumpel, un jesuita alemán, ha afirmado que cabe atribuirle varios milagros. El proceso de canonización ha estado rodeado por la controversia y ha generado numerosas críticas que acusan a Pío XII de no haber hecho lo suficiente por luchar contra el nazismo.

Solo dos papas del siglo xx no se hallan en proceso de beatificación: Pío XI y su benefactor y predecesor, Benedicto XV.

Algunos estudiosos argumentan que el discurso de Pío XI, de haberse pronunciado el 11 de febrero y haber venido acompañado por la publicación de la encíclica de LaFarge, habría conducido a una ruptura de los concordatos con Alemania e Italia. Si el papa hubiera muerto una semana más tarde, sostienen tales análisis,

Eugenio Pacelli no habría sido el principal candidato para acceder al solio pontificio. Un partidario del apaciguamiento ya no habría sido capaz de restaurar las relaciones entre dichos Estados y el Vaticano.

Otros estudiosos afirman, asimismo, que una vez efectuada dicha ruptura y promulgada la condena del Vaticano, el mundo podría haber sido otro. Cabe la posibilidad de que la presión continuada de un papa que hablara enérgicamente contra el nazismo hubiera bloqueado o mitigado lo que acabó siendo la Solución Final de Hitler para los judíos.

Después de la Noche de los Cristales Rotos, Hitler sentía que «podía llegar hasta donde quisiera con los judíos sin miedo a ningún reproche de la Iglesia», declaró el escritor y político irlandés Conor Cruise O'Brien en 1989.

> *De haber podido Pío XI promulgar la encíclica como tenía previsto, la luz verde podría haber cambiado a roja. La Iglesia Católica de Alemania se habría visto obligada a hablar en contra de la persecución de los judíos. Y es muy posible que muchos protestantes dentro y fuera de Alemania hubieran seguido su ejemplo.*

Décadas después se dio a conocer, dentro del seno de la propia Iglesia, una prueba contundente de que los prelados católicos ejercían, en efecto, influencia sobre el comportamiento de los nazis. En 1996, el entonces cardenal Joseph Ratzinger, que posteriormente se convirtió en papa como Benedicto XVI, recordaba que en su pueblo de Alemania «se experimentó una sensación de liberación» cuando el cardenal Clement von Galen de Múnich «rompió el silencio y defendió públicamente a los enfermos mentales que estaban siendo igualmente destinados al exterminio por el Reich de Hitler».

Ratzinger, que se vio obligado a ingresar en las Juventudes Hitlerianas a los catorce años, en 1941, y en una unidad militar antiaérea a los dieciséis, vio como los nazis se llevaban a rastras a un primo suyo de catorce años afectado de síndrome de Down que posteriormente fue asesinado.

«Solo un valeroso clamor público podría haber detenido las atrocidades», escribió en 1946 Max Pribilla, un periodista jesuita alemán. Cabe deducir de ello que una voz igualmente audaz surgida del Vaticano podría haber cambiado el curso de los acontecimientos.

Tras la publicación en 1972 de su reportaje acerca de la encíclica, los editores de *National Catholic Reporter* declararon:

> *Teniendo en cuenta que Hitler solo había comenzado a poner en práctica su plan de exterminio y que Italia solo empezaba a emular las leyes raciales alemanas; teniendo en cuenta la persecución de los judíos a través de los tiempos; la dificultad, sobre todo en Europa, de lanzar un ataque similar a gran escala contra los católicos, y el peso moral del papado, especialmente en aquel momento de la historia, teniendo en cuenta todo esto, hemos de concluir que la publicación del borrador de la encíclica en el momento en que fue escrito podría haber salvado cientos de miles, quizá millones de vidas.*

Nunca lo sabremos. Está claro, sin embargo, que Pío XI se posicionó a favor de la moralidad absoluta y defendió hasta el último aliento sus principios de decencia y humanidad. Nada más y nada menos.

AGRADECIMIENTOS

GRACIAS EN ESPECIAL a Charles Gallagher, C. J., profesor ayudante de Historia del Boston College, por su amistad, su ayuda y su atento análisis al considerar los asuntos relativos al Vaticano en la Europa de las décadas de 1930 y 1940 y por revisar el manuscrito. Gracias también a Robert Burruss por sus mapas y por leer las primeras versiones del manuscrito. Steve Christensen me brindó, como siempre, sus certeros consejos, al igual que Henry Heilbrunn, Lynne Heilbrunn y Madeleine Lundberg.

El reverendo Donald Conroy me ofreció ánimo constante, consejo y contexto histórico y eclesiástico, y me hizo sugerencias y comentarios muy valiosos sobre una versión preliminar del manuscrito. Mi reconocimiento y gratitud también para Ian Portnoy, que me asesoró, alentó y siguió en este proyecto desde el principio.

Doy asimismo las gracias al rector T. Frank Kennedy, C. J., de la Comunidad Jesuita del Boston College, y a los miembros de dicha Comunidad que me acogieron calurosamente durante mis dos visitas y me brindaron conversación estimulante, además de habitación y viandas exquisitas.

Gracias a Miguel Pagliere, amigo y fotógrafo sin igual, y a Neal Levy por sus ánimos. En Italia disfruté del asesoramiento del profesor Piero Melograni, y estoy muy agradecido por su ayuda a mi colega de Roma Sarah Delaney por hacer que las cosas salieran a pedir de boca. En el encantador pueblo de Segni, en el

Lazio, el personal del Archivio Diocesano Innocenzo III nos dispensó una acogida maravillosa. Gracias a Alfredo Serangeli, director del archivo, por su tiempo y sus conocimientos. Durante una larga comida, los archiveros me hicieron comprender que pervive el recuerdo de la Segunda Guerra Mundial y sus consecuencias.

Uno de los momentos culminantes de mi viaje a Italia fue una excursión a Castel Gandolfo, donde el hermano Guy Consolmagno, de la Compañía de Jesús, astrónomo estadounidense especialista en ciencias planetarias, nos sirvió de guía en un largo *tour* por los jardines papales que incluyó una infrecuente visita al magnífico Observatorio Vaticano, con su telescopio Zeiss y su sobrecogedora biblioteca museo, en la que se conserva un ejemplar de hace cuatrocientos años de la *Astronomia Instaurata* de Copérnico, publicada unos setenta años después de la muerte del sabio.

El papa no estaba en Castel Gandolfo durante nuestra visita en octubre de 2011, pero era fácil imaginar la figura de Pío XI paseándose por los balcones y sintiendo el viento que soplaba sobre el lago Albano. Agradezco al hermano Guy su amabilidad, y también a mi sobrina, Natalie Hinkel, que se encargó de los contactos que hicieron posible dicha visita.

Sor Catherine Bitzer, archivera de la diócesis católica de Saint Augustine (Florida), fue de gran ayuda, y le estoy muy reconocido por la consideración que me demostró. Vaya también mi agradecimiento para sus compañeras de la orden de las Hermanas de San José de Saint Augustine, que me alojaron durante una semana. Mis tíos Jerry y Joan Gropper y mis primos Amy Gropper y David Futch se encargaron de la logística. Gracias también a David Futch por ayudarme a revisar los archivos del obispo Joseph Hurley.

Disfruté enormemente de mis conversaciones con el honorable Guido Calabresi, juez decano de la Corte de Apelaciones del Segundo Circuito Judicial de Estados Unidos, tras la revelación de que su familia tenía relación directa con algunos de los hechos que se recogen en este libro. Gracias también al reverendo Michael P. Morris, licenciado en Teología y archivero de la Archidiócesis de Nueva York, que me brindó generosamente consejo y acceso a importantes documentos de los archivos archidiocesanos.

Gracias, entre otros, a los historiadores Richard Breitman, Suzanne Brown-Fleming, Michael Gannon, David I. Kertzer, a mi colega David Kahn, a David Álvarez, Robert Maryks, Michael R. Marrus, Thomas J. Reese, C.J., Thomas Brennan, y a Tomas Gergely, Martin Hosking y Berle Cherney, por su saber fotográfico; a Neal S. Levy; y a Matthew Budow, que ayudó a ponerme en contacto con un archivo importante de la Universidad de Míchigan a través de Adam Zarazinski, quien dio con la pista de una carta del cardenal Tisserant conservada en dicho archivo.

No puede haber mejor editor que Henry Ferris, cuya lógica y sensibilidad no tienen parangón y han sido vitales para este libro. Mi agente, Flip Brophy, es la dinamo que lo mantiene todo en su sitio. Muchas gracias a ambos.

Nada de esto podría funcionar sin el apoyo de mi familia: mi esposa, Musha Salinas Eisner, compañera, correctora y crítica sin igual; mis hijas, Isabel y Marina, animadoras constantes; mi tía María Teresa Leturia y Amparo María Salinas no solo me apoyaron sino que también actuaron a menudo como críticas y correctoras. Siempre deseo que Bernie, y Lorraine Eisner y Agricol Salinas Artagoitia hubieran podido quedarse con nosotros más tiempo. *Sic transit gloria mundi.*

EXTRACTOS DE LA ENCÍCLICA DE LAFARGE

Los siguientes extractos del borrador de la encíclica de LaFarge proceden de los archivos de Edward Stanton, de la Compañía de Jesús, conservados en la Biblioteca Burns (Boston College).

Humanis generis unitas
(Inédito)
Pío XI, papa

La unidad del género humano ha caído prácticamente en el olvido debido al desorden extremo que impera hoy día en la vida social del hombre. Dicho desorden se manifiesta en los grupos más pequeños o minoritarios de personas, pero se hace especialmente visible cuando contemplamos los grupos mayoritarios. Se trasluce no solo en lo que hace la gente, sino sobre todo en lo que piensa. A fin de remediar la situación actual se generan toda clase de lemas cuyo mero número es una prueba elocuente de la confusión reinante.

Aquí se prescribe un remedio mágico bajo la fórmula grandilocuente de la Unidad de la Nación; allí, la gente se exalta intoxicada por los llamamientos de un caudillo a la Unidad de la Raza, mientras en los cielos del este de Europa despunta la promesa, enrojecida por el terror y la sangre, de una humanidad nueva que presuntamente ha de materializarse en la Unidad del Proletariado. En nombre de la Unidad del Estado, a las obligaciones impuestas por la naturaleza política de la vida social se suman las con frecuencia incompatibles exigencias de diversas colectividades: Nación, Raza y Clase.

RAZA Y RACISMO

111 Al abordar la cuestión de la raza hallamos ejemplificado en su grado máximo el daño que hace la verborrea difusa, sentimental, casi mística, que se ha venido aplicando a las ideas de nación, pueblo y Estado. Existe tan poca unanimidad, tanto en el campo científico como en el uso práctico, respecto al significado de los términos «raza» y «unidad racial», que Nos parece que en la actualidad se emplean, como se emplearon con anterioridad, para designar meramente a una nación o un pueblo. Fuera de esto, según el lenguaje científico actual, por «unidad racial» se entiende la participación de un grupo de seres humanos de ciertas cualidades físicas definidas e inmutables, cualidades físicas estas que definen una constitución anatómica asociada a su vez con ciertos rasgos psicológicos observados de manera constante. Si lo que se quiere decir es esto y nada más y si, además, la constancia de los rasgos específicos no se hace extensiva a un periodo muy largo de tiempo, el uso del término «raza» permanece encuadrado dentro de los límites de la observación verificable.

Negación de la unidad humana

112 Pero el así llamado racismo pretende dar a entender mucho más que esto. Contradice las conclusiones negativas que ya hemos establecido en esta Carta, fundamentadas en las ense-

ñanzas de la Fe, la experiencia y el testimonio de la filosofía y otras ciencias en cuanto a toda forma de diferenciación genuinamente humana en la vida social del hombre. Contradice tanto en lo teórico como en lo práctico el principio de que ninguna distinción del tipo que sea puede ser genuinamente humana a no ser que contemple lo que de común tiene el conjunto de la humanidad. La teoría y la práctica del racismo, al distinguir entre razas superiores e inferiores, ignoran el vínculo de unidad cuya existencia está demostrada por estas tres fuentes de conocimiento o, como poco, lo despojan de cualquier relevancia práctica. Cuesta creer que, en vista de estos hechos, aún haya gente que sostenga que la doctrina y la práctica del racismo no atañen en modo alguno a las enseñanzas del catolicismo en cuanto que fe y moral, ni tampoco a la filosofía, sino que son un asunto meramente político.

Negación de la personalidad humana

113 El asombro que producen tales opiniones aumenta cuando a la doctrina del racismo se le aplican los tres criterios ya expuestos en relación con dichas conclusiones negativas. El primer criterio demostraba que la unicidad intrínseca y el libre albedrío de la persona eran indispensables para la creación de cualquier sociedad verdaderamente humana. Pero para que la comunidad racial sea la fuente y el origen de cualquier otra forma de sociedad, esta unicidad intrínseca y este libre albedrío del ser humano deben quedar garantizados. El racismo, no obstante, no hace justicia a la importancia del individuo en la formación de la sociedad. Según el racismo, la corriente de la sangre común ejerce sobre los individuos una fuerza compulsiva que los lleva a integrarse en una comunidad de rasgos físicos y psicológicos distintivos. De otro modo no se explican la postura de absoluta cerrazón que asume el racismo respecto a las así llamadas razas

inferiores, su completa certeza en cuanto a las llamadas razas superiores y los mecanismos de su práctica legislativa, que juzga a todos los individuos de una raza dada conforme a la misma fórmula étnica.

La religión no está sujeta a la raza

120 Pero el racismo no se contenta con negar la validez del orden moral universal como algo beneficioso que unifica a toda la raza humana; niega por igual la aplicación general y equitativa de los valores esenciales en el campo del bienestar económico, del arte, de la ciencia y, sobre todo, de la religión. Mantiene, por ejemplo, que cada raza debería poseer su propia ciencia, la cual no debería tener nada en común con la ciencia de otras razas, y menos aún con la de una raza inferior. Si bien la unidad del compendio de la cultura humana es materia de preocupación para la fe y la moral católicas, aquí vamos a tocar únicamente la relación entre raza y religión. A este respecto, Nos llamamos recientemente la atención sobre una falsa proposición del racismo que afirma que «la religión está sujeta a la ley de la raza y ha de adaptarse a dicha ley». Sin embargo, diversos estudiosos de reconocido prestigio, que en el curso de sus investigaciones han comparado distintos pueblos y distintas fases de desarrollo de pueblos concretos, afirman que no hay relación inmediata entre raza y religión y que el resultado de sus estudios apunta más bien a la unidad religiosa de la humanidad.

El racismo destruye la estructura de la sociedad

123 El respeto por la realidad, como han puesto de relieve unánimemente la Revelación divina, la experiencia humana y las diversas ciencias, no permite a los católicos permanecer mudos ante el racismo. Pues el respeto a lo que es ha de ser siempre un rasgo esencial del ser católico. Así pues, se hace

preciso afirmar que el racismo tampoco resiste la prueba del tercero de los criterios negativos. Según dicho criterio, un grupo que reclama para sí la extensa totalidad, es decir, que juzga el contenido de todos los demás fines y valores desde el punto de vista de sus propios fines y de su escala fundamental de valores, destruye la estructura básica de la humanidad como unidad verdadera dentro de la verdadera diversidad y deja traslucir, por tanto, su falsedad intrínseca y su falta de validez. Esto es justamente lo que hace el racismo tanto en la teoría como en la práctica: coloca el agrupamiento racial en un lugar tan central, le asigna una eficacia y una relevancia tan excluyentes, que, comparados con él, todos los demás vínculos y formas de agrupamiento social carecen de individualidad relativamente independiente y distintiva o de fundamento jurídico. Mediante la extensión de los valores raciales, la vida social en su conjunto se convierte en un todo unificado mecánicamente. Se la despoja precisamente de esa forma que le viene dada por el espíritu. La unidad verdadera es la diversidad verdadera.

124 La raza en cuanto que valor fundamental simplifica en exceso, confunde y oblitera todo lo que está fuera de ella. Mediante su totalitarismo acaparador crea un tipo de sociedad en todo semejante al internacionalismo que pretende reprobar y que Nos combatimos. Su noción del mundo es demasiado simple y primitiva. La juventud que se educa en dicha noción del mundo será fanática mientras la acepte, y nihilista una vez la rechace. Cualquiera de ambos resultados es posible si la mente y el corazón han perdido la capacidad de apreciar la infinita riqueza de la Verdad y el Bien, riqueza esta que, en toda su amplitud y unicidad, solo puede experimentarse mediante una vida verdaderamente espiritual.

Efectos perversos sobre la juventud y la educación

125 Desventurados los jóvenes, desventurados los padres, desventurados los maestros a los que la ley fundamental de la educación racista aboca a la fanatización o al nihilismo. Expongamos ante el mundo entero este vergonzoso principio educativo que recientemente Nos estigmatizamos como falso: «El fin de la educación es desarrollar las cualidades de la raza e inflamar la mente con el amor entusiasta a la propia raza como bien supremo». Todo fervor Nos parece poco para rezar por la juventud a la que tal doctrina racista aboca a la indigencia y la degradación espirituales, y pedir por ella al Divino Maestro que en Su propia Persona dio perfecto ejemplo al unir lo sobrenatural y lo natural con amplitud y universalidad incomparables, diciendo «He venido para que tengan vida y para que la tengan en abundancia».

La diversidad de las razas

126 Desearíamos que el mundo se viera libre de este racismo equivocado y dañino, con su pretensión de rígida separación entre razas superiores e inferiores y sus distinciones sanguíneas puras e inmutables. Existen ciertamente hoy día razas más o menos perfectas o más o menos perfectamente desarrolladas si las valoramos conforme a las manifestaciones externas de su vida cultural. Pero estas diferencias proceden del entorno y vienen definidas por él, en el sentido de que solo a través de las influencias ambientales (dejando a un lado las consecuencias del ejercicio del libre albedrío) podían las inclinaciones raciales primigenias evolucionar de una u otra manera y seguir desarrollándose. Aun reconociendo que las diversas tendencias raciales originales y ulteriores impongan un rumbo definido e incluso limiten tanto ese desarrollo como la influencia del entorno, dichas tendencias no pueden servir como fundamento para justificar una

diferencia esencial entre las razas particulares en cuanto a su capacidad para la vida religiosa, moral y cultural, según demuestran las enseñanzas de la Revelación así como las de la filosofía y otras ciencias.

Influencia del entorno

127 Pues dichas enseñanzas apuntan a la unidad original y esencial del género humano, de acuerdo con lo cual las diversas tendencias raciales primigenias no deben atribuirse a diferencias originarias de sangre, sino únicamente a la influencia del entorno, incluido el entorno espiritual. A dicha influencia se han visto expuestos durante largos periodos de tiempo grandes grupos aislados. A ese respecto, el desarrollo positivo de diversas tendencias raciales, merced a la diversidad de las razas particulares, se da exactamente del mismo modo que la evolución de otros elementos que conforman las comunidades humanas. Estas tendencias llevan en conjunto el claro marchamo de una individualidad vital, y enriquecen la vida del total de la humanidad. La única influencia sobre el desarrollo fértil y positivo de las distintas razas del mundo actual (de nuevo dejando a un lado la influencia de la libertad humana) viene determinada por la disposición favorable o perjudicial del entorno pasado o presente.

Los judíos y el antisemitismo (segregación religiosa)

131 Quienes han situado ilegítimamente la raza sobre un pedestal han prestado un flaco favor al género humano, pues no han hecho nada por promover la unidad a la que tiende y aspira la humanidad. Cabe preguntarse, naturalmente, si muchos de los principales promotores de la así llamada pureza racial persiguen este fin de buena fe o si su meta no será más bien la de fraguar un lema propagandístico artero y engañoso para mover a las masas con fines muy distintos. La

sospecha se agudiza cuando se piensa en cuántas subdivisiones se establecen dentro de una sola raza y el trato distinto que esos mismos hombres conceden simultáneamente a cada una de ellas, y se acrecienta todavía más cuando se hace evidente que la lucha por la pureza racial termina por ser únicamente la lucha contra los judíos. Salvo por su crueldad sistemática, esta lucha no se distingue, en cuanto a sus métodos y motivaciones verdaderas, de las persecuciones que desde la antigüedad se han llevado a cabo por doquier contra los judíos. Dichas persecuciones han sido condenadas por la Santa Sede en más de una ocasión, pero en especial cuando se han revestido con el manto del Cristianismo.

La persecución actual de los judíos

132 Como resultado de esta persecución, millones de personas se ven privadas de los derechos y privilegios más elementales de la ciudadanía en su país de nacimiento. Despojadas de protección legal frente a la violencia y el pillaje y expuestas a toda clase de insultos y vejaciones públicas, personas inocentes son tratadas como criminales pese a haber obedecido escrupulosamente la ley de su país natal. Incluso aquellos que en tiempos de guerra lucharon valerosamente por su país, así como los hijos de quienes dieron sus vidas por su patria, son tratados como traidores y estigmatizados como proscritos por su solo origen. Los valores del patriotismo, que tan estentóreamente se invocan en beneficio de una sola clase de ciudadanos, se convierten en objeto de mofa cuando se invocan en favor de quienes caen bajo la exclusión racial.

En el caso de los judíos, esta negación flagrante de los derechos humanos aboca a muchos miles de personas indefensas a recorrer la faz de la Tierra sin ningún recurso. Vagando de frontera en frontera, son una carga para la humanidad y para sí mismos.

NOTAS

ABREVIATURAS DE LAS FUENTES

ACDSA Archivos de la Diócesis Católica de Saint Augustine
BLBC Biblioteca Burns, Boston College
GUL Archivos de la Universidad de Georgetown
HLHU Biblioteca Houghton, Universidad de Harvard
NARA National Archives and Records Administration [Administración Nacional de Archivos y Registros], Washington
NYT *The New York Times*
SLRH Biblioteca Schlesinger, Instituto Radcliffe de Estudios Avanzados, Universidad de Harvard

Prólogo

1 **«Si por casualidad...»** Robert A. Hecht, *An Unordinary Man. A Life of Father John LaFarge, SJ* (Lanham, MD: Scarecrow Press, 1996), p. 242.
2 **«esa gran llama...»** John LaFarge, *The Manner Is Ordinary* (Nueva York: Harcourt Brace, 1954), p. 194.
2 **«Tan pronto queda iluminada por la luz de la ciencia...»** John LaFarge, *Interracial Justice* (Nueva York: America Press, 1937), p. 11.
3 **En ocasiones parecía** Hecht, *Unordinary Man*, p. 251.
3 **Una noche, LaFarge** Walter Abbott, C.J., a Edward Stanton, C.J., sin fecha precisa. Stanton Papers, BLBC.

Capítulo 1: Nostalgia frente a realidad

8 **«Si bien hay diferencias...»** «Religious Leaders Unite for Austria», *NYT*, 23 marzo 1938.

10 **Recurrió de nuevo** LaFarge, *Manner Is Ordinary*, p. 76.

12 **Allí comprobó horrorizado** Ibid., p. 254.

12 **El trayecto en taxi** John LaFarge, «Europe Revisited», *The Month*, Londres, marzo 1939, p. 215.

13 **«Católicos de la diócesis de Viena...»** «Cardinal Makes Appeal», *NYT*, 13 marzo 1938.

13 **El secretario de Estado del Vaticano** Emma Fattorini, *Hitler, Mussolini and the Vatican* (Malden, MA: Polity Press, 2011), p. 140.

14 **El viaje de Hitler el 2 de mayo** «Rome Ready for Hitler, An Elaborate Welcome», *The Times*, Londres, 2 mayo 1938, p. 1.

14 **El embajador William Phillips, acompañado** Diarios de William Phillips (MS AM2232), HLHU, 2539.

14 **«Solo espero que a los pobres desgraciados...»** Carta de William Phillips a Franklin D. Roosevelt, 8 mayo 1938, Diarios de William Phillips (MS AM2232), HLHU, 2539.

15 **El *Times* de Londres describió el acontecimiento** «Dictators Meet», *The Times*, Londres, 4 mayo 1938, p. 1.

15 **El periódico de LaFarge informaba** «Rome Ready for Hitler, An Elaborate Welcome», *The Times*, Londres, 2 mayo 1938, p. 1.

16 **«Qué curiosa sensación...»** LaFarge a Margaret, 3 mayo 1938, LaFarge Papers, GUL, 38-3.

16 **«¡Supongo que reventó!»** Ibid.

17 **«Tal y como preveía»** Ibid.

17 **Le asaltaba continuamente** LaFarge, «Europe revisited», p. 215.

18 **«Gran Bretaña da por perdida...»** Robert F. Post, «British Bid Czechs to Give Nazis More,» *NYT*, 3 mayo 1938, p. 13.

18 **«Si Gran Bretaña...»** LaFarge, *Manner Is Ordinary*, p. 255.

19 **«Si mando...»** LaFarge a Talbot, 17 mayo 1938, GUL, 21-2.

Capítulo 2: Una «cruz torcida»

21 **«Suceden cosas tristes...»** Carlo Confalonieri, *Pius XI, A Close-Up* (Altadena, CA: The Benzinger Sisters Publishers, 1975), p. 303.

22 **La Gran Guerra, como se conocía** Arnaldo Cortesi, «Pope Pius Avoids Meeting Hitler», *NYT*, 30 abril 1938, p. 31.

22 **El periódico informó en tono burlón** Confalonieri, *Pius XI*, p. 303.

24 **Un periodista del *New York Times* afirmó** «Pope Canonizes Three Saints», *NYT*, 18 abril 1938, p. 1.

25 **«A pesar de sus ochenta años...»** Ibid.

25 **El cardenal Carlo Salotti le dijo** El pasaje acerca del tratamiento médico del papa procede de Thomas B. Morgan, *A Reporter at the Papal Court* (Nueva York: Longman, 1937), pp. 287–292.

26 **Milani, un respetado médico** Correspondencia por correo electrónico con Alfredo Serangeli, director del Archivio Storico «Innocenzo III», Segni, Italia, 5 febrero 2012.

26 **El biógrafo personal del papa** Morgan, *Reporter at the Papal Court*, pp. 288–289.

27 **«No nos es posible contemplar...»** Confalonieri, *Pius XI*, p. xv.

27 **El papa había chocado** Frank J. Coppa, «The Papal Response to Nazi and Fascist Anti-Semitism: From Pius XI to Pius XII,» in *Jews in Italy under Fascist and Nazi Rule, 1922–1945*, ed. Joshua D. Zimmerman (Londres: Cambridge University Press, 2005), pp. 265–286.

28 **Los documentos pontificios. . . censuraban los métodos y la legislación nazis** Ibid.

28 **La encíclica, *Mit Brennender Sorge* [Con viva preocupación]** Nazismo, http://www.vatican.va.

28 **Prometió tomarse la revancha** Otto Pies, *The Victory of Father Karl* (Londres: Victor Gollancz, 1957), pp. 39–40, citado en Joseph M. Malham, *By Fire into Light: Four Catholic Martyrs of the Nazi Camps* (Bruselas: Peeters Publishers, 2002), p. 160.

29 **«Nuestros hermanos estaban...»** Arnaldo Cortesi, «Pope Foresees Break with Reich and Plans Appeal to the World», *NYT*, 21 junio, 1937, p. 1.

29 **El papa planeaba ampliar** Fattorini, *Hitler, Mussolini and the Vatican*, p. 51.

29 **La práctica del montañismo exigía** Los pasajes acerca de los primeros años de la vida del papa, su afición por el montañismo y sus descripciones se basan en la obra de Morgan *Reporter at the Papal Court*, p. 57, pp. 81–83, pp. 111–126, de la que se han extraído asimismo citas literales. Para más información acerca de los Alpes, ver Nicholas Shoumatoff y Nina Shoumatoff, *The Alps: Europe's Mountain Heart* (Ann Arbor: University of Michigan Press, 2001).

36 **«Hay ahora dos cruces...»** Charles R. Gallagher, *Vatican Secret Diplomacy: Joseph P. Hurley and Pope Pius XII* (New Haven: Yale University Press, 2008), p. 75.

37 **El mundo sabría** Confalonieri, *Pius XI*, p. 303.

37 **«Usted debe de ser el padre LaFarge...»** Borrador de un artículo redactado para *America*, julio 1938, GUL, 38–3.

37 **Tanto interés despertaban sus opiniones en París,** GUL, 21–2.

38 **«Cuesta explicar...»** Anne O'Hare McCormick, «A Human Enigma Casts a Long Shadow», *NYT*, 8 mayo 1938.

Capítulo 3: La imposición del Reich

39 «***Bleiben Sie hier, bitte***», LaFarge Papers, GUL, 38-3 y LaFarge, *Manner Is Ordinary*, descripción del viaje de París a Roma, pp. 253–284.

40 **«Una ojeada por la ventanilla...»** Notas de LaFarge sin datar, LaFarge Papers, GUL, 38–3.

45 **Antes de que amaneciera esa mañana de sábado,** Edward L. James, «Europe Boiling Again, Czech Election Today», *NYT*, 22 mayo 1938, p. 59.

46 **«Estamos viviendo el momento...»** Ibid.

46 **Cuando sir Neville Henderson Robert** P. Post, «Rebuff to Britain by Reich», *NYT*, 21 mayo 1938, p. 34.

46 **Todo esto sucedió** Descripción del viaje en un tren checo, LaFarge, *Manner Is Ordinary*, p. 264.

47 **«Medio paralizado por el miedo...»** Ibid.

48 **LaFarge durmió «entre mapas...»** Ibid.

48 **Sin embargo, el periódico nazi** The Associated Press, «Press Issues an Appeal», *NYT*, 22 mayo 1938, p. 34.

48 **«El Führer [...] sabe...»** David Irving, *Goebbels, Mastermind of the Third Reich* (Londres: Parforce Ltd, 1996), p. 457.

49 **«Con tanta agitación...»** LaFarge, *Manner Is Ordinary*, p. 265, y carta de LaFarge a Talbot, 15 mayo 1938, GUL, 21-2.

49 **«IMPOSIBLE EXAGERAR...»** Cable de LaFarge, 27 mayo 1938, LaFarge Papers, GUL, 38-3.

50 **«Se ha convertido en práctica habitual...»** «Nazi Terror Drive Goes on in Vienna», *NYT*, 23 mayo, 1938, p. 1.

50 **Asistir al Congreso Eucarístico** Frederick T. Birchall, «Catholics Worship in Danube Pageant», *NYT*, 28 mayo 1938, p. 8.

51 **Jesucristo, afirmó** Moshe Herczl, *Christianity and the Holocaust of Hungarian Jewry* (Nueva York: New York University Press, 1993).

52 **Vio al cardenal** LaFarge, *Manner Is Ordinary*, pp. 265–266.

52 **La ciudadela medieval** La colina recibe su nombre de san Gellert, que se propuso convertir a los húngaros al catolicismo. Los húngaros no se mostraron receptivos. En 1046, lo arrojaron a él, junto con su carruaje y sus caballos, al Danubio desde la colina que ahora lleva su nombre.

52 **La luz de las velas brillaba** LaFarge, *Manner Is Ordinary*, p. 266, y Birchall, «Catholics Worship», 28 mayo 1938.

53 **«Una ciudad y una nación...»** LaFarge, *Manner Is Ordinary*, p. 266.

53 **Oró por la paz** «The pope's broadcast to Budapest», *The Times*, Londres, 30 mayo 1938.

53 **Mientras pronunciaba estas palabras** Reuters en *The Times*, Londres, 30 mayo 1938.

Capítulo 4: El plan de batalla del papa

55 **«Aún no está contado el cuento...»** Anne O'Hare McCormick, «A Human Enigma».

56 **«de toda raza y condición...»** LaFarge, *Interracial Justice*, p. 194.

58 **«espléndidos eslóganes...»** LaFarge, *Manner Is Ordinary*, pp. 270–272.

58 **«¿Sabe?, estábamos celebrando...»** Ibid., p. 270.

58 **«Nada que yo haya visto...»** Ibid., p. 271.

59 **«los mosquitos han sido abolidos...»** Ibid.

59 **Los proyectos urbanísticos de Mussolini** Borden Painter, *Mussolini's Rome: Rebuilding the Eternal City* (Nueva York: Palgrave Macmillan, 2007), p. 94.

60 **El miércoles 22 de junio** «Memo on Conversation with Holy Father, June 25, 1938», LaFarge Papers, GUL, 38-3.

60 **McCormick había preguntado** Ibid.

60 **McCormick y LaFarge entraron** «Visit to Castel Gandolfo, June 22, 1938», LaFarge Papers, GUL, 38–3.

61 **Dos días después** «Memo on Conversation with Holy Father, June 25, 1938», LaFarge Papers, GUL, 38–3.

61 **LaFarge se sintió honrado y abrumado** John LaFarge, «The New Holy Father Will Face Grave Problems», *America*, 25 febrero 1939, p. 490.

61 **«Estaba perplejo...»** LaFarge, *Manner Is Ordinary*, p. 272.

61 **«una sensación de maravillado asombro...»** Ibid.

64 **Pasado un rato, un asistente** Este encuentro aparece recogido en LaFarge, *Manner Is Ordinary*, pp. 272–274; ver también Jim Castelli, «Unpublished Encyclical Attacked Racism, Anti-Semitism», *National Catholic Reporter*, 15 diciembre 1972, p. 8; informes 22 y 25 junio 1938, GUL, 38–3; e informe de LaFarge a Talbot, 3 julio 1938, GUL, 38–3; Edward S. Stanton Collection, BLBC.

65 **«un vigor natural...»** LaFarge, «The New Holy Father Will Face Grave Problems», *America*, 25 febrero 1939, Ibid.

65 **LaFarge iba más allá** LaFarge, *Interracial Justice*, p. 11.

68 **«La Roca de Pedro...»** Informe de LaFarge a Talbot, 3 julio 1938, 38–3.

70 **tenía una visión más amplia** Herbert Matthews, «Papal Summer Home Nearly Completed», *NYT*, 5 febrero 1933, E2.

70 **«El siglo xx se impone...»** *Popular Mechanics* 56, no. 5 (Noviembre 1931): pp. 722–727.

71 **«Esta es la primera vez...»** Arnaldo Cortesi, «Pope Speaks to World in greatest broadcast», *NYT,* 13 febrero 1931, p. 1.

71 **Sus primeras palabras** «Latin Text of Pope's Speech», *NYT,* 13 febrero 1931, p. 14.

71 **«Escuchad, pueblos todos...»** «Text of Pope's Radio talks», *Washington Post*, 13 febrero 1931, p. 5.

71 **Cuando acabó** The Associated Press, «Pope's Talk Translated», *NYT,* 13 febrero 1931, p. 14.

72 **«Los oyentes de Estados Unidos...»** «150 Stations Carry Program to Nation,» *NYT,* 13 febrero 1931, p. 15.

73 **«Pocos acontecimientos en la historia...»** *New York Herald*, 13 febrero 1931, http://www.vatican.va/news_ser vices/radio/multimedia/storia_ing.html.

73 **ante la visita de Hitler a Roma** The Associated Press, «Führer and Duce Political Talks Ended», *NYT,* 7 mayo 1938.

Capítulo 5: El cardenal volante

75 **El presidente Roosevelt estaba muy interesado** Sobre el desempeño de Phillips como subsecretario de Estado y las relaciones de otros diplomáticos estadounidenses con Alemania durante este periodo, ver Erik Larson, *In the Garden of the Beasts* (Nueva York: Crown Publishers, 2011).

76 **Como muchos otros miembros** Sobre el trato del Departamento de Estado a los judíos en este periodo, ver Eisner, Peter, «Bingham's List: Saving the Jews from Nazi France», *Smithsonian Magazine*, marzo 2009, http://www.smithsonianmag.com/history-archaeology/Binghams-List.html.

77 **Los medios de comunicación llamaban** John Cornwell, *Hitler's Pope: The Secret History of Pius XII* (Nueva York: Penguin, 2008), p. 177.

78 **La Casa Blanca informó** «Pacelli Lunches with Roosevelt», *NYT*, 6 noviembre 1936.

78 **el presidente describió** La anécdota de Franklin D. Roosevelt procede de Charles R. Gallagher, *Vatican Secret Diplomacy: Joseph P. Hurley and Pope Pius XII* (New Haven: Yale University Press, 2008), p. 87.

79 **Dos días después** «Cardinal Pacelli Departs for Rome», *NYT*, 8 noviembre 1936, p. 1.

79 **De pronto, Pío XI** The Associated Press, «The President's Speech», *NYT*, 5 octubre 1937.

79 **Aunque el papa** Owen Chadwick, *Britain and the Vatican During the Second World War* (Cambridge: Cambridge University Press, 1986), pp. 17–19.

80 **Eugenio había nacido en 1876** Cornwell, *Hitler's Pope*, p. 19.

80 **«Soy de estatura media...»** Ibid.

81 **Comenzó sus estudios religiosos** Ibid., y Hubert Wolf, *Pope and Devil. The Vatican Archives and the Third Reich* (Cambridge, MA: Belknap Press of Harvard University, 2010), pp. 33–37.

81 **«un apasionado de la música de [Richard] Wagner...»** Notas inéditas, Bishop Joseph P. Hurley Papers, ACDSA.

84 **El papa, que nunca solventaba** Chadwick, *Britain and the Vatican*, p. 50.

85 **«el nacionalsocialismo es para el catolicismo...»** Dorothy Thompson, «On the Record», *Washington Post*, 13 febrero 1939, p. 9.

85 **«Tal vez Su Santidad...»** Fattorini, *Hitler, Mussolini, and the Vatican*, p. 65.

86 **Divinis redemptoris criticaba** Ver http://www.vatican.va/holy_father/pius_xi/encyclicals/documents/hf_pxi_enc_19031937_divini-redemptoris_en.html.

86 **sugirió a Su Santidad** Fattorini, *Hitler, Mussolini and the Vatican*, p. 66.

86 **«Porque no solo...»** Ibid., p. 69.

86 **«¡Verificar!»** Ibid.

87 **Le comentó a un obispo francés** Ibid., p. 78.

87 **«Los jesuitas obedecen...»** Notas sin fechar, Hurley Papers, ACDSA.

88 **«El pueblo dirige su mirada...»** Carta de LaFarge a Talbot, 8 junio 1938, GUL, 38–3.

89 **«Por suerte...»** Informe de LaFarge a Talbot, 3 julio 1938, GUL, 38–3.

90 **«todos los gobiernos europeos...»** Ibid.

91 **«Si la gente pregunta...»** Manuscrito inédito, p. 53, Edward Stanton, Stanton Papers, BLBC.

91 **«Recuerde, va a escribir...»** Hecht, *Unordinary Man*, citando a Walter Abbott, p. 120.

91 **«Tuve la curiosa sensación...»** LaFarge, *Manner Is Ordinary*, p. 273.

Capítulo 6: La respuesta democrática

93 **«Teníamos unas vistas magníficas...»** Un relato de la visita a París puede encontrarse en LaFarge, *Manner Is Ordinary*, pp. 277–278.

94 **«Dos horas antes de su llegada...»** United Press, «Paris Acclaims Royal visits», *Miami News*, 19 julio 1938, p. 1.

94 **«Encontré a mis amigos franceses...»** LaFarge, *Manner Is Ordinary*, pp. 277–278.

94 **«una migración forzosa...»** «U.S. Spurs Nations to Prompt Action at Refugee Parley», *NYT*, 7 julio 1938, p. 1.

95 **«tan profunda simpatía...»** Citado en Walter F. Mondale, «Evian and Geneva», *NYT*, 28 julio 1979, p. 17.

95 **«No es bueno...»** Carta de LaFarge a Margaret, 3 mayo 1938, LaFarge Papers, GUL, 38–3.

96 **«encontrando de pronto cien cosas...»** LaFarge, *Manner Is Ordinary*, p. 280.

96 **«No formé parte...»** Ibid., p. 3.

97 **«el telón de fondo de mi infancia»** Ibid., p. 37.

97 **Cuando todavía era muy joven,** Ibid., p. 30.

97 **compartía con ella** Ibid.

97 **«Me alegré de saber...»** Ibid.

98 **Una crítica aparecida** «The Ascension by LaFarge», *NYT*, 27 septiembre 1888.

98 **Henry Adams, en su obra autobiográfica** Henry Adams, *The Education of Henry Adams: An Autobiography* (Boston: Mariner Books, 2000; publicado originalmente en 1918), p. 161.

100 **citaba al papa en el prefacio** LaFarge, *Interracial Justice*, vi, viii, and xi.

100 **LaFarge añadía que** Ibid., pp. vi.

101 **LaFarge y Gundlach se dividieron** Castelli, «Unpublished encyclical», p. 8.

101 **«cierto grado de contexto histórico...»** LaFarge al papa Pío XI, 28 octubre 1938, Stanton Papers, BLBC.

102 **En 1930 había identificado** Georges Passelecq y Bernard Suchecky, *The Hidden Encyclical of Pius XI* (Nueva York: Harcourt Brace, 1997), p. 47.

102 **Con todo, tres años antes** Ibid., pp. 48–49.

103 **«De vez en cuando»** Carta manuscrita de LaFarge a Talbot, GUL, 32–3.

103 **«Es usted el mejor pertrechado...»** Talbot a LaFarge, 13 julio 1938, Stanton Papers, BLBC.

104 **«Que yo recuerde»** Passelecq y Suchecky, *Hidden Encyclical*, pp. 173-174.

104 **«Si nos remontamos a los comienzos...»** Borrador de encíclica, Papers of Edward Stanton, BLBC.

105 **La concepción mecánico–atomicista** Ibid.

105 **«Los hombres de buena voluntad...»** Ibid.

106 **Un jesuita contó después** Passelecq y Suchecky, *Hidden encyclical*, p. 174.

106 **Ledóchowski causó cierto revuelo** Passelecq y Suchecky, *Hidden Encyclical*, p. 61, y Ledóchowski a LaFarge, 17 julio 1938, LaFarge Papers, GUL.

107 TALBOT RECIBIDO GRAVE Stanton Papers, BLBC.

108 **El Ministerio de Exteriores alemán** David Kahn, *Hitler's Spies* (Nueva York: DaCapo Press, 2000), p. 185.

108 **El Vaticano disponía, además** David Álvarez, *Spies in the Vatican* (Lawrence: University Press of Kansas, 2002), pp. 130–172.

109 **Eran, por lo visto** Ibid., p. 156.

109 **a fines de 1938** Ibid., p. 166.

110 **Ahora, de repente,** Passelecq y Suchecky, *Hidden Encyclical*, pp. 60–61.

111 **«Todo el tiempo...»** Heinrich Bacht, citado en Passelecq y Suchecky, *Hidden encyclical*, p. 57.

Capítulo 7: Al calor del verano

113 **El papa Pío replicó** Frank Coppa, «The Papal Response to Nazi and Fascist Anti-Semitism: From Pius XI to Pius XII,» in *Jews in Italy Under Fascist and Nazi Rule 1922–1925*, ed. Joshua D. Zimmerman (Londres: Cambridge University Press, 2005), p. 274.

113 **«Deberíamos preguntarnos...»** Giorgio Angelozzi Gariboli, *Pius XII, Hitler e Mussolini: Il Vaticano Fra Le Dittature* (Milán: Mursia, 1988), p. 81.

114 **«afirmar que el fascismo...»** Arnaldo Cortesi, «Mussolini Defies Vatican Warning in Racist Dispute», *NYT*, 31 julio 1938.

114 **«Enemigos, reptiles»** The Associated Press, «Lover's Diary: Mussolini Wanted to Destroy Jews», 16 noviembre 2009, http://www.msnbc.msn.com/id/33973018/ns/world_news-europe/t/lovers-diarymussolini-wanted-destroy-jews/#.TtY9VLIr2nA.

115 **No había forma, sin embargo** Fattorini, *Hitler, Mussolini and the Vatican, p.* 160.

115 **El embajador de Estados Unidos, William Phillips** Phillips, diario inédito, HLHC, 2675.

115 **«el papa no se retractaría...»** Phillips, diario inédito, 2697.

115 **Hurley, hombre clave** La biografía de Hurley procede de Gallagher, *Vatican Secret Diplomacy*, esp. pp. 71–92.

118 **«Si los rojos continuaban...»** LaFarge, *Manner Is Ordinary*, pp. 279–280.

119 **La notas de LaFarge** Borrador de un artículo preparado para *America*, julio 1938, GUL, 38-3.

119 **El papa había criticado** United Press, «"Useless massacre of the civil population..." Vatican Paper Joins in Bombing Protests», *NYT*, 10 junio 1938.

120 **LaFarge lamentó** LaFarge, *Manner Is Ordinary*, pp. 281–282.

120 **«Tenía tantas esperanzas...»** Ibid., p. 282.

120 **«Dije misa por su hermano»** Talbot a LaFarge, 8 agosto 1938, GUL, 21–2.

120 **«Unos días antes del fallecimiento...»** Ibid.

121 **las últimas horas de su hermano** LaFarge, *Manner Is Ordinary*, p. 282.

121 **«Sobre otras cosas de casa»** Carta de LaFarge a Talbot, GUL, 38–3.

122 **«Al contrario de lo que cree la gente»** Galeazzo Ciano, *Diary, 1937–1943* (Nueva York: Enigma Books, 2002), p. 117.

122 **«Durante la guerra de Etiopía»** «Purge Extension Is Urged in Italy», *NYT*, 3 septiembre 1938, p. 15.

122 **la decisión de Mussolini** «Italy Exiles Jews Entering Since '19», *NYT*, 2 septiembre 1938, p. 1.

123 **«El antisemitismo es un movimiento odioso...»** Susan Zuccotti, *Under His Very Windows* (New Haven: Yale Nota Bene, 2002), p. 45.

124 **«Los alemanes se equivocan...»** Gallagher, *Vatican Secret Diplomacy*, p. 63, y cp. 241.

124 **Durante los descansos en la redacción** Carta de LaFarge a Bacht, 22 octubre 1948, LaFarge Papers, GUL.

125 **LaFarge había incluido** Borrador de la encíclica, Stanton Papers, BLBC, 132.

125 **La guerra era un tema constante** LaFarge, «The Munich Agreement Demands Further Adjustments», *America*, 5 noviembre 1938, p. 100.

126 **«se apretara un botón...»** Ibid.

126 **«exhausto hasta el límite...»** Carta a Bacht, GUL.

126 ***Humanis generis unitas*** Borrador de la encíclica, Papers of Edward Stanton, BLBC.

127 **«Aquí se prescribe un remedio mágico...»** Ibid.

128 **«Al abordar la cuestión de la raza...»** Ibid.

129 **«no se contenta con negar la validez...»** Ibid.

130 **Mandó un mensaje** LaFarge a Talbot, 18 septiembre 1938, GUL.

132 **Se especulaba con la posibilidad** «Reich's Envoy Sees Pacelli», *NYT*, 24 septiembre 1938.

132 **Arrancaron enseguida** «Pacelli Is Bruised in MotorAccident», *NYT*, 25 septiembre 1938.

Capítulo 8: El descontento del papa

135 **«Le recordé a Ciano...»** Diario inédito de Phillips, 2696.

135 **«Yo toco la misma música...»** Ciano, *Diary*, p. 120.

136 **«Por mi parte»** Diario inédito de Phillips, p. 2696.

136 **«Si la guerra se alarga...»** Ibid.

136 **«Si llegamos a la conclusión...»** Phillips, *Ventures in Diplomacy*, edición particular, pp. 219-220.

137 **«Le recordé a Hurley que...»** Diario inédito de Phillips, 2705.

137 **Estados Unidos celebraba ver** Resumen de despacho, 21 enero 1939, Departamento de Estado, División de Asuntos Europeos, NARA, RG 84, Italia, Consulado de EE.UU. y Roma, Archivos Generales, 1936–1964.

138 **Hurley corrió un riesgo considerable** Gallagher, *Vatican Secret Diplomacy, pp.* 78–79.

138 **«Puede confiar en su pueblo...»** The Associated Press, «Text of Chancellor Adolf Hitler's Speech on the Czechoslovak Situation Yesterday, Sept 26, 1938,» *NYT*, 27 septiembre 1938.

139 **«El padre Ledóchowski se sentó...»** LaFarge, *Manner Is Ordinary*, p. 276.

139 **William Shirer, el corresponsal en Berlín** William L. Shirer, *The Rise and Fall of the Third Reich* (Nueva York: Simon & Schuster, 1960), pp. 397–398.

140 **Opinaba que el Führer era un maestro** Diario inédito de Phillips, HLHC, 2717.

140 **Hitler comenzó en tono suave** LaFarge, *Manner Is Ordinary*, p. 276.

140 **la bolsa de Nueva York continuó** «Market Seesaws to Hitler's Speech,» *NYT*, 27 septiembre 1938.

141 **«Esa noche Hitler quemó sus naves...»** Shirer, *Rise and Fall*, pp. 98–399.

141 **Jan Masaryk, el embajador checo** The Associated Press, «Masaryk Shocked», *Washington Post*, 27 septiembre 1938, x7.

142 **«La magnitud de lo que había presenciado...»** LaFarge, *Manner Is Ordinary*, pp. 276–277.

143 **«Por primera vez en todos los años...»** Shirer, *Rise and Fall*, pp. 398–399.

143 **«sonó el timbre que marcaba...»** LaFarge, *Manner Is Ordinary*, p. 276.

144 **«Y efectivamente...»** Ibid.

144 **«Que el Señor de la vida y la muerte...»** «Pope Calls on All for Peace Prayer,» *NYT*, 30 septiembre 1938.

145 **Poco después del anuncio oficial** «Pope Overjoyed at Agreement», *NYT*, 1 octubre 1938, p. 2.

145 **¿Es que no lo entiende?** Fattorini, *Hitler, Mussolini and the Vatican*, p. 174.

145 **«¡Todo esto es agua de borrajas!...»** Ibid., p. 170.

145 **Sus subordinados trataron de rebajar el tono** Ibid., p. 175.

146 **Franklin Roosevelt compartía** Phillips, *Ventures in Diplomacy;* carta de Roosevelt a Phillips, p. 219.

146 **«No puedo olvidar...»** Fattorini, *Hitler, Mussolini and the Vatican*, p. 176, y cp. 63, 245.

146 ***El Osservatore Romano* afirmó en un editorial** Informe de la embajada de EE.UU. al Departamento de Estado, 4 noviembre 1938, Phillips, NARA, RG 84, Italia, Consulado de EE.UU. y Roma, Archivos Generales, 1936–1964.

146 **El embajador estadounidense William Phillips** Ibid.

147 **ZARPO 1 OCTUBR**E Telegrama de LaFarge a Talbot, 29 septiembre 1938, LaFarge Papers, GUL, 1–10.

147 **«El miedo a la guerra, al igual que los huracanes...»** John LaFarge, «The Munich Agreement Demands Further Adjustments», *America*, 5 noviembre 1938, p. 100.

148 **«La impresión que tenía uno como extranjero en París...»** Ibid.

150 **Entre sus principales detractores** Churchill, http://www.winstonchurchill.org/learn/speeches/speeches-of-winston-churchill/101-themunichagreement.

150 **«Ese tipo [Chamberlain] ha echado a perder...»** Shirer, *Rise and Fall*, p. 427.

150 **Tal y como había acordado con LaFarge** Carta de Gundlach a LaFarge, 16 octubre 1938, Stanton Papers, BLBC.

152 **era un caso sin precedentes** Joseph F. Keaney, C.J., al reverendo Edward S. Stanton, C.J., 13 mayo 1971, Stanton Papers, BLBC.

152 **«Los judíos son simples invitados...»** «Cattolicismo e Nazismo: Idee chiare e pericolosi equivoci», *Osservatore Romano*, 10 junio 1938. Citado en Zuccotti, *Under His Very Windows*, p. 25.

153 **«Llegué aquí...»** Carta de Gundlach a LaFarge, 16 octubre 1938, Stanton Papers, BLBC.

153 **«Esta es la situación...»** Ibid.

155 **LaFarge recibió otra de Killeen** Killeen a LaFarge, 28 octubre 1938, BLBC.

155 **Killeen también le decía** Ibid.

156 **«no era un buen marinero...»** LaFarge, *Manner Is Ordinary*, p. 283.

156 **Sin que lo supieran LaFarge** «Alien Moneys Fall; Gold Receipts Huge», *NYT*, 11 octubre 1938.

157 **«El padre Talbot y yo»** Frances S. Childs a Edward S. Stanton, C.J., 3 diciembre 1973, Stanton Papers, BLBC.

157 **«¡Ay!, justo cuando me disponía...»** LaFarge, *Manner Is Ordinary*, p. 284.

Capítulo 9. Vergüenza y desesperación

159 **«El cardenal es uno de esos sacerdotes...»** Papeles de Caroline Drayton Phillips, 12–13 noviembre 1938, MC560SLRH, pp. 47–48, 21.2

160 **«¡Dígaselo así a Mussolini, padre!...»** Fattorini, *Hitler, Mussolini and the Vatican*, p. 163.

160 **el ministro de Exteriores Ciano** Ciano, *Diary*, p. 143.

161 **«Un gentío de unos mil quinientos...»** Diario de Phillips, HLHC, 2785.

161 **«Es mentira. Repetimos...»** Cardenal Innitzer, «Abroad Column», *NYT*, 16 octubre 1938.

162 **«Hoy en día la correspondencia...»** Gundlach a LaFarge, 18 noviembre 1938, Stanton Papers, BLBC.

162 **«Habida cuenta de la responsabilidad...»** Traducido del francés, carta de LaFarge al papa, 28 octubre 1938, Stanton Papers, BLBC.

163 **Aunque no podía estar seguro** Gundlach a LaFarge, 18 noviembre. El borrador original de la carta de LaFarge, escrito en francés, se halla en los Stanton Papers. Otra versión se encontró en los archivos de *Civiltà Cattolica*. Ver Giovanni Sale, *Le Leggi Razziali In Italia E Il Vaticano* (Milán: Editoriale Jaca, 2009), p. 269.

164 **En 1936 había declarado** «Mundelein sees Church Menaced», *NYT*, 16 enero 1936, p. 12.

165 **«¿Cómo es posible...?»** «Mundelein Scorns Nazi Government», *NYT*, 19 mayo 1937, p. 11.

165 **«Todo esto es de lo más interesante...»** Diario inédito de Phillips, miércoles 26 octubre 1938, 2805, HLHU.

165 **Hurley estuvo de acuerdo** Diario de Phillips, sábado 15 octubre 1938, 2785.

166 **Phillips dispensó** Associated Press, «Roosevelt Requested Honors», *NYT*, 5 noviembre 1938.

166 **La prensa nazi vilipendió** Otto D. Tolischus, «Berlin Sees Election Deal», *NYT*, 6 noviembre 1938.

167 **«Era un panorama verdaderamente...»** Diario de Caroline Drayton Phillips, pp. 49–50, SLRH, 21.2.

168 **La madrugada del 28 de octubre** http://www.holocaustresearchproject.org/holoprelude/grynszpan.html.

168 **Joseph Goebbels informó** Martin Gilbert, *Kristallnacht: Prelude to Destruction* (Nueva York: Harper Perennial, 2007), p. 29.

168 **Las patrullas nazis asesinaron** *Kristallnacht: A Nationwide Pogram*, 9–10/XI/1938, http://www.ushmm.org/wlc/en/article.php?ModuleId=10005201.

169 **El terror no conocía límites** Jill Huber, «Eyewitnesses Remember "Night of Broken Glass"», *New Jersey Jewish News*, http://njjewishnews.com/njjn.com/111308/moEyewitnessesRemember.html, 18 noviembre 1998.

169 **«Circule —le advirtió un policía...»** Otto D. Tolischus, «Bands Rove Cities», *NYT*, 10 noviembre 1938, p. 1.

169 **El presidente Roosevelt condenó** Jean Edward Smith, *FDR* (Nueva York: Random House, 2007), p. 426.

169 **Pero aunque Pío XI no dejara oír su voz** Associated Press, «Milan Cardinal Sees Racism "A Danger"», *NYT*, 17 noviembre 1938.

170 **«una forma de herejía...»** Ibid.

170 **«Alemania, que antaño se contaba entre las naciones civilizadas...»** «Beyond the Pale», *America*, 26 noviembre 1938, p. 181.

170 **los dirigentes católicos de Estados Unidos** http://archives.lib.cua.edu/education/kristallnacht/index.cfm.

171 **A pesar de la condena** Ver Donald Warren, *Radio Priest* (Nueva York: Free Press, 1996).

171 **Coughlin se situó frente al micrófono** Charles Coughlin, programa radiofónico, 27 noviembre 1938, http://ia600304.us.archive.org/11/items/Father_Coughlin/FatherCoughlin_1938-11-20.mp3.

172 **«Tiene una influencia tremenda...»** *Catholic Herald*, 20 mayo 1938, Londres, LaFarge Papers, GUL.

172 **No es de extrañar, por tanto, que Coughlin** «Nazi Papers Come to Aid of Fr. Coughlin», Associated Press, Berlín, 26 noviembre 1938.

173 **«El racismo, al igual que otras ideologías destructivas...»** «Price of Racism in United States Held a Peril by Catholic Writer», *NYT*, 30 noviembre 1938, p. 378.

173 **Pío XI se despertó a su hora de costumbre** Arnaldo Cortesi, «Pope Suddenly Striken, But Condition Improves; His Doctors are Hopeful», *NYT*, 26 noviembre 1938, p. 1.

175 **«No se preocupen por mí»** Ibid., p. 4.

175 **Entre tanto, hizo venir de Milán** Entrevista telefónica con el juez Guido Calabresi, 29 septiembre 2011.

175 **A los pocos días se reanudaron las audiencias** Associated Press, «Pope Pius Resumes Normal Activities», *Montreal Gazette*, 29 noviembre 1938, p. 1.

175 **«Desde esa fecha»** Informe de la embajada de Estados Unidos, 2 diciembre 1938, Edward C. Reed Charge, NARA, RG 84, Italia, Consulado de Estados Unidos y Roma, Archivos Generales, 1936–1964.

Capítulo 10. El nuevo año y el fin del apaciguamiento

177 **El 18 de diciembre, un día frío y lluvioso** Associated Press, «Pope Presides at Session of Academy of Science», *NYT*, 19 diciembre 1938 y http://archive.catholicherald.co.uk/article/12thjanuary-1940/5/jews-expelled- from-rome-university-to-attendponti.

177 **Carrel y Lindbergh** http://www.time.com/time/covers/0,16641,19380613,00.html.

178 **hacía largos descansos** «Pontiff Attends Chapel Services», *NYT*, 29 noviembre 1938.

178 **Un artículo aparecido en el *New York World Telegram*** Castelli, «Unpublished Encyclical», p. 13.

179 **Gundlach advirtió** Carta de Gundlach a LaFarge, GUL, 22–2.

179 ***Il Duce* le dijo a Ciano** Ciano, *Diary*, pp. 165–166.

180 **Continuando con su alocución ante los cardenales** Arnaldo Cortesi, «Pius XI Deplores Fascist Hostility; Reveals Incidents», *NYT*, 25 diciembre 1938, p. 1; Informe de la embajada de Estados Unidos en Roma al Departamento de Estado, 30 diciembre 1939, NARA, RG 84, Italia, Consulado de Estados Unidos y Roma, Archivos Generales, 1936–1964.

180 **Alemania respondió a los pocos días** «*Angriff* Assails Vatican», *NYT*, 28 diciembre 1938; «Jews Guide U.S. Policies Toward Nazis, Gayda Says», Associated Press, 27 diciembre 1938.

181 **«Este último año ha supuesto...»** John LaFarge, «Of Peace and Conflict Through Both Hemispheres», *America*, 21 diciembre 1938, p. 292.

181 **«Bienvenidos al histórico Town Hall...»** Trascripción de *America's Town Meeting on the Air*, 29 diciembre 1938, p. 3, en LaFarge Papers, GUL.

183 **«Por todas partes a nuestro alrededor se libran guerras no declaradas...»** http://www.presidency.ucsb.edu/ws/index.php?pid=15684#axzz1eRWtJTw5.

183 **«Si el pesimismo es la nota dominante...»** «Rabbi Hails Pope for 1938 Appeals», *NYT*, 1 enero 1939.

184 **LaFarge recibió malas noticias** Carta de Maher a LaFarge, 3 enero 1939, Stanton Papers, BLBC.

186 **Cuando Caroline y su marido** Diario de Caroline Drayton Phillips, 13 enero 1939, SLRH, 21.2, 21.3. y diario de William Phillips, HLHU.

186 **«Gran Bretaña tiene que vivir codo con codo...»** «Mr. Chamberlain for Rome», *The Times*, 29 noviembre 1938, p. 15.

186 **Chamberlain sabía ya a esas alturas** Informe de la embajada de Estados Unidos al Departamento de Estado, 13 enero 1939, NARA, RG 84, Italia, Consulado de Estados Unidos y Roma, Archivos Generales, 1936–1964.

186 **Un periodista del *New York Times* lo expresó** Frederick T. Birchall, «Rome Parleys End Without Results; Chamberlain Firm», *NYT*, 13 enero 1939, p. 1.

187 **«Lo seguí un par de pasos...»** Diario de Caroline Drayton Phillips, SLRH, 21.3.

187 **Pío XI repitió una vez más** Chadwick, *Britain and the Vatican*, p. 25.

188 **«ha demostrado un gran coraje...»** Ibid., y Gallagher, *Vatican Secret Diplomacy*, pp. 75–76.

188 **Hurley le refirió al embajador** Gallagher, *Vatican Secret Diplomacy*, p. 76, y cp. 244.

188 **Mussolini estaba atónito** Ciano, *Diary*, p. 177.

Capítulo 11. ¿Habrá tiempo?

189 **El papa logró dar con la pisa de la encíclica** Castelli, «Unpublished Encyclical», y Sale, *Le Leggi Razzziali*, p. 271.

189 ***«Me tomo la libertad...»*** Traducido del italiano, Sale, *Le Leggi Razziali*, p. 271.

191 **De hecho, un investigador jesuita** Stanton Papers, manuscrito, p. 56, BLBC.

191 **sin saber nada de esto** Carta de Gundlach a LaFarge, 28 enero 1939, Stanton Papers, BLBC.

192 **A fines de enero, Ciano** Ciano, *Diary*, p. 184.

192 **Diversas fuentes pontificias** «Duce's Sharp Speech,» *The Times*, 23 enero 1939, p. 11; y Associated Press, «Pope Calls Bishops to Discuss Treaty», *NYT*, 31 enero 1939.

192 **Ciano exigió respuestas** Fattorini, *Hitler, Mussolini and the Vatican*, p. 192; Wolf, *Pope and Devil*, p. 208.

192 **Ciano escribió en su diario** Ciano, *Diary*, p. 184; véase Fattorini, *Hitler, Mussolini and the Vatican*, pp. 179–180.

193 **Pío XI les confió a Penco** http://www.ilsecoloxix.it/p/genova/2008/09/21/ALJLtk5Bmussolini_hitler_scontro.shtml;jsessionid=686EED918E004BB680AD6E1D1DACA2A8.

193 **el papa se volcó** Fattorini, *Hitler, Mussolini and the Vatican*, pp. 80–187.

194 **Finalmente, sin embargo, afirmó** Ciano, *Diary*, p. 185.

195 **«El peligro político inquieta...»** «Threat of racism», LaFarge, 27 enero 1939, WMCA, trascripción de radio, GUL.

195 **Afirmó que Alemania estaba siendo objeto** Otto D. Tolischus, «Hitler Demands Stolen Colonies,» *NYT*, 31 enero 1939, p. 1.

195 **El Vaticano declaró** «Hitler Is Disputed by Vatican Organ», *NYT*, 3 febrero 1939.

196 **mientras ultimaba el discurso** Fattorini, *Hitler, Mussolini and the Vatican*, pp. 193–194.

197 **El papa le dijo a Rocchi** Confalonieri, *Pius XI*, p. 314.

197 **«El estado del aparato circulatorio...»** Ibid., p. 316.

197 **El gabinete de prensa del Vaticano** Associated Press, «Pope Marks Anniversary», *NYT*, 7 febrero 1939, p. 12.

198 **El jueves, un comunicado oficial** Confalonieri, *Pius XI*, p. 317.

198 **Joseph Hurley le comentó al embajador Phillips** Diario inédito de Phillips, HLHC, 2979.

200 **«Después de la inyección...»** Zsolt Aradi, *Pius XI: the Pope and the Man* (Garden City, NY: Hanover House, 1958), p. 249.

201 **Dejando a un lado la cuestión del contenido de la inyección** Confalonieri, *Pius XI*, p. 322.

201 **La información publicada por el *New York Times*** Camille M. Cianfarra, «Death at 5:31 a.m», *NYT*, 11 febrero 1939, p. 1.

202 **El corresponsal del *Times*** de Londres «Death of the Pope,» *The Times*, 11 febrero 1939.

202 **En una quinta versión de los hechos** «Religion: Death of a Pope», *Time*, 20 febrero 1939.

203 **Confalonieri, por su parte, no mencionaba** Confalonieri, *Pius XI*, p. 322, citando las últimas palabras del papa en latín: *Spiritus in pace con Voi l'anima mia*.

204 **Hecha la comprobación** «Death of the Pope», *The Times*, 11 febrero 1939, p. 1.

Capítulo 12. Cambio de la noche a la mañana

205 **Monseñor Carlo Grano** Castelli, «Unpublished Encyclical».

205 **«Debo decir que nos tratamos en los términos más cordiales...»** Carta de Tisserant al señor Bishop, 27 febrero 1939. Bentley Historical Library, Universidad de Míchigan.

206 **abandonó temporalmente el ejercicio del sacerdocio** http://archive.catholicherald.co.uk/article/25th-february-1972/1/cardinal-with-common-touchdies-aged-87.

206 **Ratti «solía escribirme...»** Carta de Tisserant al señor Bishop.

206 **Al llegar al Vaticano,** Tisserant Castelli, «Unpublished Encyclical».

207 **Encomendó a Joseph Hurley** Diario inédito de Phillips, HLHC, 1979.

207 **Ciano se había reunido ya** Ciano, *Diary*, pp. 188–189.

208 **El nuevo objetivo del Gobierno italiano** Fattorini, *Hitler*, *Mussolini and the Vatican*, p. 197 y Ciano, *Diary*, p. 189.

209 **Los ayudantes del papa debían** Fattorini, *Hitler*, *Mussolini and the Vatican*, pp. 189–190.

210 **el New York Times informó** Camille M. Cianfarra, «Pope Pius Made Peace with Italy, Plans for mass in Rome Indicate», *NYT*, 14 febrero 1939, p. 1.

211 **Escribía Pío XI en su alocución** Fattorini, *Hitler*, *Mussolini and the Vatican*, pp. 190–192, y texto del discurso, pp. 210–215.

213 **El papa tenía previsto** Fattorini, *Hitler*, *Mussolini and the Vatican*, p. 190.

213 **Pío XI fue enterrado** Camille M. Cianfarrra, «Pope Pius Buried in St. Peter's Crypt with Splendid Rite,» *NYT*, 15 febrero 1939, p. 1.

214 **En Alemania, su muerte se trató** Otto D. Tolischus, «A "Political Pope" is Reich Comment», *NYT*, 11 febrero 1939.

214 **En Washington, el Congreso celebró** Edward T. Folliard, «Congress to Break Precedent to Honor Memory of Pius XI», *Washington Post*, 12 febrero 1939, p. 1.

215 **Pío XI había sido «la primera voz cristiana...»** Religious News Service, rabino Edward L. Israel, 17 febrero 1939.

215 **Francis Talbot habló en nombre de la revista *America*** «Pope's Leadership in Campaign for Peace of the World is Widely Hailed», *NYT*, 11 febrero 1939.

215 **A veces «proclama ante quien quiera escucharlo...»** Carta de Gundlach a LaFarge, 16 marzo 1939, Stanton Papers, BLBC.

218 **El embajador francés François Charles–Roux** Diario de Phillips, 2990.

218 **Al acercarse el día del cónclave** Chadwick, *Britain and the Vatican*, p. 33.

219 **Charles–Roux hizo un intento de última hora** Ibid., p. 43.

219 **Había llegado a la conclusión de que las pruebas** Peter Nichols, «Support for Theory of 1939 Killing of Pope», *The Times*, 23 junio 1972, p. 1; Fattorini, *Hitler*, *Mussolini and the Vatican*, p. 198 y cf. 34, 247; *Paris Match*, 13 de mayo de 1972, pp. 81-82.

220 **Cuando en 1972 se hicieron públicas las sospechas de** Tisserant Paul Hofmann, «Cardinal's Notes Cause a Dispute», *NYT,* 12 junio 1972, p. 13.

220 **El servicio médico del Vaticano estaba formado** Annuario Pontificio, Archivio Storico «Innocenzo III,» Segni, Italia, 5 febrero 2012.

220 **«No tienes ni idea del daño...»** Nick Pisa, «Hitler He's just a big softie: the diaries of Mussolini's lover that show what italian dictator really thought», *The Daily Mail* online, 17 noviembre 2009.

221 **Un familiar suyo, quizá su padre** «POPE PIUS IMPROVING; "Seems another man", says Dr. Petacci», *NYT,* 12 agosto 1911, p. 1.

221 **Según diversos relatos, Mussolini** Ver Jasper Ridley, *Mussolini: A Biography* (Nueva York: St. Martin's, 1998), p. 289.

221 **Décadas después ... hijo de Marcello** http://ferdinandopetacci.blogspot.com/2006/02/francesco saveriopetacci_114065949615039054.html.

222 **El Vaticano negó categóricamente** Nichols, «Support for Theory».

223 **Reconoció, en cambio, que «el cardenal...»** Tisserant Hofmann, «Cardinal's Notes».

223 **«Sobre todo por el ambiente...»** http://www.ilsecoloxix.it/p/genova/2008/09/21/ALJLtk5Bmussolini_hitler_scontro.shtml;jsessionid=686EED918E004BB680AD6E1D1DACA2A8.

223 **«Dijo que le habría gustado...»** Entrevista con Guido Calabresi, 29 septiembre 2011.

224 **«Nada hacía temer que el fin...»** Carta de Tisserant al señor Bishop, 27 febrero 1939, Bentley Historical Library, Universidad de Míchigan, Bimu C410, Míchigan University Library Papers, 1837–1957 Box 46, 1936–41, Cardinal Tisserant.

224 **Según se cree, sus desavenencias** Paul Hofmann, «Strains Between Pope and Late Cardinal Reported», *NYT,* 2 julio 1972.

225 **La muerte de Pío había supuesto «una gran pérdida...»** Carta de Tisserant al señor Bishop, 27 febrero 1939, Bentley Historical Library.

Capítulo 13. El Nuevo Régimen

227 **«Lo sabrá muy pronto...»** Gallagher, *Vatican Secret Diplomacy*, p. 83.

228 **A eso de las seis de la tarde** Camille M. Cianfarra, «Vatican Door Shut on 62 Cardinals as Conclave Opens to Elect Pope», *NYT*, 2 marzo 1939, p. 1.

230 **Uno de los partidarios de Pacelli diría después** Chadwick, *Britain and the Vatican*, op. cit. p. 46.

230 **«Deseo que se me llame Pío XII»** «Pius XII Was Calm During the Voting», *NYT*, 4 marzo 1939, p. 3.

230 **«De pronto perdió pie»** Ibid.

231 **Al embajador William Phillips** Diarios de Phillips, HLHC, 3018–3020.

232 **«Hacía una mañana deliciosa...»** Diario de Caroline Drayton Phillips, pp. 47-48. SLRH, 21.5.

233 **«Después de que Su Santidad tomara asiento...»** Phillips, *Ventures in Diplomacy*, p. 253.

233 **Un coro invisible** Ibid.

233 **«Invitamos a todos a la paz...»** «Pope's First Message,» *New York Herald Tribune*, 4 marzo 1939.

234 **El embajador Phillips expresó** Diario inédito de Phillips, HLHC, 3020.

234 **su elección estaba «no solo en consonancia...»** Dorothy Thompson, «On the Record: Pius XII-The Former Diplomat», *Washington Post*, 6 marzo 1939, p. 9.

234 **«Los cardenales han dejado claro...»** Resumen de noticias del *Journal de Geneve*, 4 marzo 1939, p. 10, http://www.letempsarchives.ch/.

234 **«Hitler no era un verdadero nazi...»** Gallagher, *Vatican Secret Diplomacy*, p. 88, y cp. 246.

234 **conocía muy bien a Pacelli** Chadwick, *Britain and the Vatican*, p. 57.

235 **no criticó en modo alguno la invasión alemana** Ferdinand Kuhn Jr., «Invasion No Shock to British Leaders», *NYT*, 15 marzo 1939, p. 1.

235 **«La postura del Vaticano cambió de la noche a la mañana»** Chadwick, *Britain and the Vatican*, p. 57.

236 **Ciano le dijo al embajador Charles-Roux** Ibid., p. 47.

236 **«Le di ánimos en ese sentido...»** Ciano, *Diary*, p. 204.

236 **Todo el mundo esperaba que el papa** «A New Approach», editorial, *NYT*, 10 mayo 1939.

237 **«el nuevo papa es, naturalmente, "político"...»** John LaFarge, «Pius XII As Christ's Vicar Is Not a Political Pope», *America*, 18 marzo 1939, pp. 556–557.

237 **La Iglesia «crea una devoción inquebrantable...»** Ibid.

238 **«Si lo desea, puede aprovechar su trabajo...»** Carta de Maher a LaFarge, lunes de Pascua de 1939, Stanton Papers, BLBC.

238 **«Hay pocas probabilidades...»** Carta de Gundlach a LaFarge, Stanton Papers, BLBC.

239 **«a la espera de que se continúe...»** Ibid.

240 **«Le he pedido insistentemente al Santo Padre...»** Peter Godman, *Hitler and the Vatican* (Nueva York: Free Press, 2004), p. 163.

240 **Hurley dio un primer paso** Gallagher, *Vatican Secret Diplomacy*, p. 99; y *The Times*, 5 julio 1939, p. 3.

241 **El *Times* de Londres informó** *The Times*, 5 julio 1939.

243 **No criticó a Pío XII** Alocución del obispo Hurley, Columbia Broadcasting System, 6 julio 1942, ACDSA.

Epílogo

245 **«Había leído mi libro...»** LaFarge, *Manner Is Ordinary*, p. 273.

246 **«La vida de un sacerdote»** John LaFarge, *An American Amen: A Statement of Hope* (Nueva York: Farrar, Straus and Cudahy, 1958), p. ix.

246 **Ledóchowski había muerto** Carta del padre LaValle al padre Nota, 30 julio 1973; Passelecq Suchecky, *Hidden Encyclical*, p. 15.

247 **«Le pregunté si creía...»** Nota sin fechar a Stanton, Stanton Papers, BLBC.

247 **LaFarge respondió que sí** Ibid.

247 **«Cometí un error...»** Nota sin fechar, Walter Abbott, Stanton Papers, BLBC.

247 **«Nos contó la historia...»** Ibid.

247 **el presidente John F. Kennedy** Telegrama de Western Union, 12 junio 1963, LaFarge Papers, GUL, 1–10.

247 **estaba demasiado débil para recorrer** Laura Sessions Stepp, «King's Words Still Resound as Thousands March Today», *Washington Post*, 27 agosto 1988, p. 1.

248 **Al ser entrevistado por un periodista del *New York Times*** «March on Washington», *NYT*, 25 agosto 1963.

248 **«A fin de cuentas, el mecanismo...»** Hecht, *Unordinary Man*, relato de la muerte de LaFarge, pp. 251–253.

249 **«No puedo evitar sentir que la tragedia...»** Ibid.

250 **«Atesoremos el recuerdo...»** Ibid., p. 254, y cp. 278.

250 **«La encíclica, de haberse publicado...»** Castelli, «Unpublished Encyclical,» p. 1.

250 **el reverendo Burkhart Schneider** Passelecq y Suchecky, *Hidden Encyclical*, p. 5, y cp. 13, 279.

254 **«esperé mucho tiempo...»** Thomas Merton y Patrick Hart, *The Literary Essays of Thomas Merton* (Nueva York: New Directions Publishing, 1985), p. 266.

254 **Pío XII se refirió una vez indirectamente** Tad Szulc, *Pope John Paul II* (Nueva York: Simon & Schuster, 1995), p. 109.

254 **El arzobispo de Cracovia** Ibid., p. 107.

255 **Pacelli era «por temperamento natural...»** Ibid., p. 109.

256 **Después de la Noche de los Cristales Rotos** Conor Cruise O'Brien, «Could Pius XI Have Averted the Holocaust?» *The Times*, Londres, 10 febrero 1989, Custom Newspapers, Web., 12 abril 2011.

256 **una prueba contundente** Frank J. Coppa, «Pope Pius XI's Crusade for Human Rights and His Hidden "Encyclical", *Humanis Generis Unitas*, Against Racism and Anti-Semitism», *World Religion Watch*, 19 febrero 2011, http://www.world-religionwatch.org.

257 **«Solo un valeroso clamor público...»** Ibid.

257 **Teniendo en cuenta que Hitler solo había comenzado...** Castelli, «Unpublished Encyclical».

BIBLIOGRAFÍA

Aarons, Mark, y Loftus, John. *Unholy Trinity: the Vatican, the Nazis, and Soviet Intelligence.* Nueva York: St. Martin's Press, 1991.

Álvarez, David. *Spies in the Vatican.* Lawrence: University Press of Kansas, 2002.

Álvarez, David, y Robert A. Graham. *Nothing Sacred: Nazi Espionaje Against the Vatican.* Londres: Routledge Press, 1998.

Anderson, Robin. *Between Two Wars: The Story of Pope Pius XI.* Achille Ratti, 1922–1939/1977.

Aradi, Zsolt. *Pius* XI*: The Pope and the Man.* Garden City, Hanover House, 1958.

Baxa, Paul. *Roads and Ruins, the Symbolic Landscape of Fascist Rome.* Toronto: University of Toronto Press, 2010.

Bosworth, R.J.B. *Mussolini.* Nueva York: Arnold Publishers y Oxford University Press, 2002: [*Mussolini.* Barcelona, España: Ediciones Península, 2003].

Bottum, J., y David G. Dalin. *The Pius War: Responses to the Critics of Pius XII.* Lanham, MD, Lexington Books, 2010.

Brustein, William I. *Roots of Hate: Anti–Semitism in Europe before the Holocaust.* Londres, Cambridge University Press, 2003.

Chadwick, Owen. *Britain and the Vatican During the Second World War.* Cambridge: Cambridge University Press, 1986.

Chenaux, Phillipe. *Pie XII, diplomate et pasteur.* París: Editions du Cerf, 2003.

Ciano, Galeazzo. *Diary, 1937–1943.* Nueva York: Enigma Books, 2002 [*Diarios, 1937–1943.* Barcelona, España: Crítica, 2004].

Confalonieri, Carlo. *Pius XI, A Close–Up.* Altadena, California: The Benzinger Sisters Publishers, 1975.

Coppa, Frank J. *The Modern Papacy Since 1789*. Nueva York, Longman, 1998.

———. *The Papacy, the Jews, and the Holocaust*. Washington, DC: Catholic University of America Press, 2008.

Cornwell, John. *Hitler's Pope: the Secret History of Pius XII*. Nueva York: Penguin, 2008 [*El papa de Hitler: la verdadera historia de Pío XII*. Barcelona: Planeta, 2000]

Deutsch, Harold C. *The Conspiracy Against Hitler*. Minneapolis: University of Minnesota Press, 1968.

Falconi, Carlo. *The Silence of Pius XII*. Londres: Faber & Faber, 1970. [*El silencio de Pío XI*. Barcelona, España: Plaza y Janés, 1970].

Fattorini, Emma. *Hitler, Mussolini and the Vatican*. Malden, MA: Polity Press, 2011.

Friedlander, Saul. *Pius XII and the Third Reich*. Nueva York: Octagon, 1986. [*Pío XII y el Tercer Reich*. Barcelona, España: Ediciones Península, 2007]

Gallagher, Charles R. *Vatican Secret Diplomacy: Joseph P. Hurley and Pope Pius XII*. New Haven: Yale University Press, 2008.

Gannon, Michael. *Secret Missions*. Nueva York: HarperCollins, 1994.

Gilbert, Martin. *Kristallnacht: Prelude to Destruction*. Nueva York: Harper Perennial, 2007 [*La Noche de los Cristales Rotos: el preludio de la destrucción*. Madrid, España: Siglo XXI, 2008].

Godman, Peter. *Hitler and the Vatican*. Nueva York: Free Press, 2004.

Hecht, Robert A. *An Unordinary Man: a Life of Father John LaFarge, SJ*. Lanham, MD, Scarecrow Press, 1996.

Herczl, Moshe. *Christianity and the Holocaust of Hungarian Jewry*. Nueva York: New York University Press, 1995.

Hughes, Philip. *Pope Pius XI*. Londres: Sheed and Ward, 1937.

Kent, Peter C. «A tale of two popes». *Journal of Contemporary History* 23 (Londres: 1988) pp. 589–608.

Kertzer, David I. *The Popes Against the Jews*. Nueva York: Alfred A. Knopf, 2001 [*Los papas contra los judíos*. Barcelona, España: Plaza y Janés, 2002].

Knightley, Phillip. *The First Casualty*. Londres: Prion Books, 1975.

LaFarge, John. *The Manner Is Ordinary*. Nueva York: Harcourt Brace, 1954.

———. *Interracial Justice*. Nueva York: America Press, 1937.

Larson, Erik. *In the Garden of the Beasts*. Nueva York: Crown Books, 2011 [*En el jardín de las bestias. Una historia de amor y terror en el Berlín nazi*. Barcelona, España: Ariel, 2012].

Lewy, Guenter. *The Catholic Church and Nazi Germany*. Cambridge: DaCapo Press, 2000.

Martin, Malachi. *The Jesuits: the Society of Jesus and the Betrayal of the Roman Catholic Church*. Nueva York: The Linden Press, 1987 [*Los jesuitas*. Barcelona, España: Plaza y Janés, 1988].

Mazzenga, Maria, ed. *American Religious Responses to Kristallnacht*. Nueva York: Palgrave Macmillan, 2009.

McCormick, Anne O'Hare. *The World at Home*. Nueva York: Alfred A. Knopf, 1956.

MacDonogh, Giles. *1938: Hitler's Gamble*. Nueva York, Basic Books, 2009. [*Hitler 1938: el año de las grandes decisiones*. Barcelona, España: Editorial Crítica, 2010].

McDonough, Peter. *Men Astutely Trained: A History of the Jesuits in the American Century*. Nueva York: Free Press, 1992.

Michael, Robert. *A History of Catholic Anti-Semitism: the Dark Side of the Church*. Nueva York: Palgrave Macmillan, 2008.

Morgan, Thomas B. *A Reporter at the Papal Court*. Nueva York: Longman, 1937.

Padallaro, Nazareno. *Portrait of Pius XII*. Londres: J. M. Dent, 1956.

Painter, Borden W. *Mussolini's Rome: Rebuilding the Eternal City*. Nueva York: Palgrave Macmillan, 2007.

Passelecq, Georges, y Bernard Suchecky. *The Hidden Encyclical of Pius XI*. Nueva York: Harcourt Brace, 1997 [*Un silencio de la Iglesia frente al fascismo: la encíclica de Pío XI que Pío XII no publicó*. Boadilla del Monte, España: PPC Editorial, 1997].

Phayer, Michael. «Pope Pius XII, the Holocaust, and the Cold War». *Holocaust and Genocide Studies* 12, no. 2 (otoño de 1998): pp. 233–257.

———. *The Catholic Church and the Holocaust, 1930–1965*. Bloomington: Indiana University Press,2000.

Phillips, William. *Vatican Diplomacy*, edición particular.

Pollard, John. *The Vatican and Italian Fascism*. Londres: Cambridge University Press, 1988.

———. *Money and the Rise of the Modern Papacy*. Londres: Cambridge University Press, 2008 [*El Vaticano y sus banqueros: las finanzas del papado moderno, 1850–1950*. Barcelona, España: Melusina, 2007].

Preston, Paul. *The Spanish Civil War*. Nueva York: W. W. Norton, 2007 [*La Guerra Civil española*. Barcelona, España: Debate, 2006].

Ramati, Alexander. *While the Pope Kept Silent*. Londres: Allen & Unwin, 1978.

Rhoden, Anthony. *The Vatican in the Age of the Dictators 1922–1945*. Nueva York: Holt, Rinehart and Winston, 1973.

Ridley, Jasper. *Mussolini, a Biography*. Nueva York: St. Martin's Press, 1997.

Sale, Giovanni. *Le Leggi Razziali in Italia E Il Vaticano*. Milán: Editoriale Jaca, 2009.

Sánchez, José M. *Pius XII and the Holocaust. Understanding the Controversy*. Washington DC: The Catholic University of America Press, 2002.

Shirer, William L. *The Rise and Fall of the Third Reich*. Nueva York: Simon & Schuster, 1960 [*Auge y caída del III Reich*. Barcelona, España: Editorial Planeta, 2010].

Shoumatoff, Nicholas, y Nina Shoumatoff. *The Alps: Europe's Mountain Heart*. Ann Arbor: University of Michigan Press, 2001.

Smith, Jean Edward. *FDR*. Nueva York: Random House, 2008.

Southern, David W. *John LaFarge and the Limits of Catholic Interracialism, 1911–1963*. Baton Rouge: Louisiana State University Press, 1996.

Stille, Alexander. *Benevolence and Betrayal*. Nueva York: Penguin Books, 1991.

Szulc, Tad. *Pope John Paul II*. Nueva York: Simon & Schuster, 1995 [*El papa Juan Pablo II*. Madrid, España: Ediciones Martínez Roca, 1995].

Tisserant, cardenal Eugène. «Pius XI as Librarian». *Library Quarterly* 9 (Oct. 1939): pp. 389–403.

Walpole, Hugh. *The Roman Fountain*. Nueva York: Doubleday, Doran and Co., 1940.

Warren, Donald. *Radio Priest*. Nueva York: Free Press, 1996.

Wick, Steve. *The Long Night: William L. Shirer and the Rise and Fall of the Third Reich*. Nueva York: Palgrave Macmillan, 2011.

Wills, Garry. *papal Sin*. Nueva York: Doubleday, 2000. [*Pecado papal: las deshonestidades morales de la Iglesia Católica*. Barcelona, España, Ediciones B. 2001].

Wolf, Hubert. *Pope and Devil. The Vatican Archives and the Third Reich*. Cambridge, Massachusetts: Belknap Press of Harvard University, 2010.

Zimmerman, Joshua, ed. *The Jews in Italy Under Fascist and Nazi Rule 1922–1945*. Londres: Cambridge University Press, 2005.

Zuccotti, Susan. *Under His Very Windows*. New Haven: Yale Nota Bene, 2002.

ÍNDICE TEMÁTICO Y ONOMÁSTICO